中国金融资源错配

形成、效应与纠正

Misallocation of Financial
Resources in China

Formation,
Effect,
and Correction

杨 洋 赵 茂 史一翔 著

社会科学文献出版社
SOCIAL SCIENCES ACADEMIC PRESS (CHINA)

目 录
CONTENTS

第一章 导 论

一 研究背景与意义

（一）研究背景

自 1978 年改革开放以来，我国经济保持了 40 余年的强劲增长，1979～2020 年 GDP 年均增长率达到 9.22%，经济总量先后超过俄罗斯、加拿大、意大利、法国、英国、德国，成为仅次于美国的世界第二大经济体。人均 GDP 从 1979 年的 423 元快速增长至 2020 年的 72447 元，年均增长率达到 8.24%，基本跨越"中等收入陷阱"并努力接近高收入国家水平。尽管我国经济实现了令全球瞩目的长期快速增长，但由于资本积累速度下降、人口红利消失和"干中学"技术进步效应消减等内生增长动力缺失所带来的低效率冲击，我国经济正在进入增长减速的新的发展阶段。① 在这一过程中，伴随资本报酬递减现象的出现，我国经济增长模式亟须由依靠大规模的政府主导型投资驱动方式向依赖于

① 张平、刘霞辉等：《中国经济增长的低效率冲击与减速治理》，《经济研究》2014 年第 12 期。

资源配置效率提升的全要素生产率支撑型模式转变，[①] 这是我国经济由高速增长模式转向高质量发展模式的内在要求。当前，"我国已进入高质量发展阶段"，这是中央根据国内外发展形势新变化做出的一个新的重大判断，也是我国经济发展现阶段最鲜明的历史性新特征。在高质量发展的科学内涵与内在条件中，"追求更高效率的增长"则成为高质量发展阶段的关键目标与核心任务，是我国经济发展转型的最集中体现。因此，如何通过"效率变革"来促进经济高质量发展，已成为社会各界广泛关注与深度探讨的一个中心议题。

金融发展理论的长期大量研究表明，金融发展是推动经济增长"效率变革"的重要源泉。自银行出现以来，金融体系在各国经济发展史上发挥了异常重要的关键性作用，"金融发展与经济增长的关系"始终成为学界和业界不断加以探索的一个经久不衰且与时俱进的中心命题。经典理论一致认为，一个良好运转的金融体系能够实现有效的资本积累[②]，从而促进投资和技术进步进而推动经济增长。从我国经济增长的长期实践来看，金融发展及其带来的大规模资本积累是快速推动工业化进程和经济高速增长的重要来源，渐进式的金融改革路径则为这一作用机理的有序释放创造了重要的制度条件。然而，这种"金融-增长"的联结机

[①] 蔡昉：《中国经济增长如何转向全要素生产率驱动型》，《中国社会科学》2013 年第 1 期。

[②] McKinnon R. I., *Money and Capital in Economic Development*, Washington: Brookings Institution Press, 1974, p. 98; Levine R. & King R. G., "Finance, entrepreneurship, and growth: Theory and evidence", *Journal of Monetary Economics*, Vol. 32, No. 3 (1993): 513–542; Shaw E. S., *Financial Deepening in Economic Development*, New York: Oxford University Press, 1973, p. 102; Thiel M., "Finance and economic growth a review of theory and the available evidence", *European Economy Economic Papers 2008–2015*, No. 158 (2001), 122–124.

制更多反映在资源集聚的规模层面，而非资源配置的效率层面，这一机制虽较好地适应了改革开放以来我国粗放型快速经济增长的大规模资本积累需求，但逐渐与我国发展阶段转换（由高速增长阶段转向高质量发展阶段）进程中的更高效率的资本配置需求产生了明显背离。

作为金融发展与经济发展阶段演进存在明显背离的一个集中反映方式，来源于金融体系的严重的金融资源错配现象，已成为加剧我国资本配置扭曲进而导致全要素生产率损失与增长抑制的突出现实问题。[①]从狭义的角度来看，我国的金融资源错配现象集中表现为不同所有制企业尤其是国有企业和私营企业在生产效率和融资能力方面存在的巨大差异。[②]然而，从广义的角度来看，我国的金融资源错配现象则更为广泛地体现在不同层次，如地区间的金融资源错配（如金融虹吸现象及其引致的地区间金融资源不平衡问题）、部门间的金融资源错配（如金融资源"脱实向虚"或实体部门过度金融化问题）、产业间的金融资源错配（产业间金融资源配置扭曲所形成的产能过剩与产能缺口并存问题）、企业间的金融资源错配（所有制歧视或规模歧视所导致的民营中小企业融资难、融资贵问题）。上述不同层次所发生的金融资源错配问题正在成为弱化我国"金融－发展"联结机制进而制约我国经济高质量发展的重要来源。

显然，对金融资源错配问题进行科学和系统的研究是必要且重要的。自 Hsieh 和 Klenow 从资源的边际产出在截面上的不相等这一理论起点对资源错配问题进行开创性研究以来，资源错配

---

① 鲁晓东：《金融资源错配阻碍了中国的经济增长吗》，《金融研究》2008 年第 4 期；Hsieh C. & Klenow P. J.，"Misallocation and manufacturing TFP in China and India"，*The Quarterly Journal of Economics*，Vol. 124，No. 4（2009）：1403 - 1448.

② 邵挺：《金融资源错配、所有制结构与资本回报率：来自 1999～2007 年我国工业企业的研究》，《金融研究》2010 年第 9 期。

（包括金融资源错配）的经济效应和形成原因等一系列理论研究得到了快速发展。[①] 从经济效应方面，大量研究从生产率角度展开对资源错配或金融资源错配效应问题的深入讨论，一致认为资源错配（包括金融资源错配）是造成生产率减损的重要原因。[②] 部分研究也从创新阻碍[③]、结构扭曲等角度探讨了资源错配（包括金融资源错配）对经济增长的抑制效应[④]。从形成原因方面，国内外相关研究从不同角度对资源错配（包括金融资源错配）因何形成展开了深入讨论。①从政治关联角度。周黎安等考察了我国制造业的资源错配程度与地方党代会周期之间的内在关系，研究发现资源错配存在党代会周期效应且在国有企业密集度、产业关联效应度高或资本密集度高的行业表现得更为明显，表明地方官员的晋升激励可能对地区的资源配置效率产生负面影响。[⑤] ②从政府干预角度。李青原等基于实体经济运行的视角主要探讨

---

① Hsieh C. & Klenow P. J. , "Misallocation and manufacturing TFP in China and India", *The Quarterly Journal of Economics*, Vol. 124, No. 4 (2009): 1403 – 1448.

② Hsieh C. & Klenow P. J. , "Misallocation and manufacturing TFP in China and India", *The Quarterly Journal of Economics*, Vol. 124, No. 4 (2009): 1403 – 1448；鲁晓东：《金融资源错配阻碍了中国的经济增长吗》，《金融研究》2008 年第 4 期；张庆君、李雨霏、毛雪：《所有制结构、金融错配与全要素生产率》，《财贸研究》2016 年第 4 期；简泽、徐扬、吕大国、卢任、李晓萍：《中国跨企业的资本配置扭曲：金融摩擦还是信贷配置的制度偏向》，《中国工业经济》2018 年第 11 期。

③ 康志勇：《金融错配阻碍了中国本土企业创新吗？》，《研究与发展管理》2014 年第 5 期；张洁、唐洁：《资本错配、融资约束与企业研发投入——来自中国高新技术上市公司的经验证据》，《科技进步与对策》2019 年第 20 期。

④ 曹玉书、楼东玮：《资源错配、结构变迁与中国经济转型》，《中国工业经济》2012 年第 10 期；李勇刚、罗海艳：《土地资源错配阻碍了产业结构升级吗？——来自中国 35 个大中城市的经验证据》，《财经研究》2017 年第 9 期。

⑤ 周黎安、赵鹰妍、李力雄：《资源错配与政治周期》，《金融研究》2013 年第 3 期。

了金融系统是否发挥了提高我国地区实体经济资本配置效率的功能，研究发现金融发展促进了我国地区实体经济资本配置效率的提高，同时，当进一步考虑地方政府对银行信贷决策干预的影响时发现，地方政府的干预会妨碍金融系统对我国地区实体经济资本配置效率改善功能的有效发挥[①]；韩剑和郑秋玲基于 Hsieh and Klenow 模型，将资源错配测算扩展至行业间层面，比较了我国各地区资源错配程度的差异，并对影响资源错配的政府干预因素做回归检验，发现财政补贴、金融抑制、行政性市场进入壁垒是行业内资源错配的显著原因，而劳动力流动管制、金融抑制则是影响行业间资源错配的重要因素。[②] ③从所有制结构角度。大量研究表明国有企业和私营企业在生产效率和融资能力方面存在巨大差异[③]，这种国有和私营企业不对称的融资能力，是我国资本市场扭曲从而导致金融资源错配的具体表现。[④] ④从行政垄断角度。靳来群等认为，所有制差异所致资源错配问题的根本原因并不在于所有制差异本身，而在于政府行政权力与国有企业垄断结合而形成的行政垄断，行政部门通过设置市场进入壁垒、管制市场价

---

① 李青原、李江冰、江春、Kevin X. D. Huang：《金融发展与地区实体经济资本配置效率——来自省级工业行业数据的证据》，《经济学（季刊）》2013 年第 2 期。

② 韩剑、郑秋玲：《政府干预如何导致地区资源错配——基于行业内和行业间错配的分解》，《中国工业经济》2014 年第 11 期；Hsieh C. & Klenow P. J.，"Misallocation and manufacturing TFP in China and India," *The Quarterly Journal of Economics*, Vol. 124, No. 4 (2009): 1403 – 1448.

③ Allen F., Qian J. & Qian M., "Law, finance, and economic growth in China," *Journal of Financial Economics*, Vol. 77, No. 1 (2005): 57 – 116; Dollar D. & Wei S., "Das (Wasted) Kapital: Firm Ownership and Investment Efficiency in China," IMF Working Papers, Vol. 2007, No. 009 (2007): 585 – 594; Song F. & Thakor A. V., "Financial system architecture and the co-evolution of banks and capital markets," *The Economic Journal*, Vol. 120, No. 547 (2010): 1021 – 1055.

④ 邵挺：《金融资源错配、所有制结构与资本回报率：来自 1999 ~ 2007 年我国工业企业的研究》，《金融研究》2010 年第 9 期。

格获得垄断实力，以及通过支配国有银行占主导的金融体系为国有企业带来较低的融资成本，从而实现国有企业高利润以及员工高福利，进而导致资本要素和劳动要素的错配。[1] ⑤从借贷约束角度。张佩和马弘发现，导致我国 TFP 损失的重要原因在于微观层面上的信贷错配而非由于缺乏充足的廉价信贷，这是我国银行系统未实现利率市场化造成的银行贷款成本低于非正式渠道融资成本，使得某些易于从银行获取贷款的企业产生过度投资，从而造成资本错配进而整体 TFP 水平的下降。[2] ⑥从赶超战略与金融抑制角度。陈斌开和林毅夫对金融抑制产生机制的分析结果表明，政府发展战略是造成金融抑制的根本原因，[3] 相关研究则从相反方面肯定了金融自由化对资源配置效率的正向作用。[4] ⑦从制度变迁角度。马光荣认为，我国的市场化转型本身是一场大规模的制度变迁，如果存在制度摩擦导致资源无法有效地由生产率低的企业配置到生产率高的企业，就会带来资源误置问题，而制度能够通过提高企业内部的资源配置效率和使投入要素更多地由低生产率企业流动到高生产率企业两条渠道来减少资源误置现象。[5]

尽管相关研究为探讨金融资源错配问题提供了有益的视角、

---

①　靳来群、林金忠、丁诗诗：《行政垄断对所有制差异所致资源错配的影响》，《中国工业经济》2015 年第 4 期。

②　张佩、马弘：《借贷约束与资源错配——来自中国的经验证据》，《清华大学学报（自然科学版）》2012 年第 9 期。

③　陈斌开、林毅夫：《金融抑制、产业结构与收入分配》，《世界经济》2012 年第 1 期。

④　Abiad A., Oomes N. & Ueda K., "The quality effect: Does financial liberalization improve the allocation of capital?" *Journal of Development Economics*, Vol. 87, No. 2 (2008): 270–282；钟娟、魏彦杰、沙文兵：《金融自由化改善了投资配置效率吗?》，《财经研究》2013 年第 4 期。

⑤　马光荣：《制度、企业生产率与资源配置效率——基于中国市场化转型的研究》，《财贸经济》2014 年第 8 期。

观点和方法，但关于金融资源错配因何而成、有何效应、如何纠正等关键问题，尚未形成一个统一的理论分析框架，也尚未形成一个系统的专门研究成果。从本质上看，金融资源错配的形成与一国不当的金融发展条件密切相关。从金融发展与经济增长之间的内在关系来看，一个适宜的金融发展状态是经济实现最优增长的必要条件。[①] 在一国经济发展的特定阶段，必然内生地存在与其发展特征相匹配的最优金融条件。广义上的最优金融条件不仅表现在金融发展的规模层面，而且表现在金融发展的结构层面。对此，两类研究进行了有益的探索。一类研究集中于探讨金融发展的最优规模问题，如 Santomero 和 Seater 基于金融的发展成本证明了金融部门相对实体部门存在一个最优规模，[②] 而 Ductor 和 Grechyna 以及 Arcand 和 Berkes 等则通过实证研究分别探讨了金融发展促使经济体达到生产能力边界或不再对经济增长具有正向效应的阈值。[③] 另一类研究则集中于探讨金融发展的最优结构问题，如林毅夫等认为各个经济发展阶段的最优金融结构需要与相应阶段实体经济对金融服务的需求相适应，才能有效地实现金融体系

[①] 米建国、李建伟：《我国金融发展与经济增长关系的理论思考与实证分析》，《管理世界》2002 年第 4 期。

[②] Santomero A. M. & Seater J. J., "Is there an optimal size for the financial sector?" *Journal of Banking & Finance*, Vol. 24, No. 6（2000）：945 – 965；林毅夫、孙希芳、姜烨：《经济发展中的最优金融结构理论初探》，《经济研究》2009 年第 8 期；余静文：《最优金融条件与经济发展——国际经验与中国案例》，《经济研究》2013 年第 12 期。

[③] Santomero A. M. & Seater J. J., "Is there an optimal size for the financial sector?" *Journal of Banking & Finance*, Vol. 24, No. 6（2000）：945 – 965；Ductor L. & Grechyna D., "Financial development, real sector, and economic growth," *International Review of Economics & Finance*, Vol. 37（2015）：393 – 405；Arcand J. L., Berkes E. & Panizza U., "Too much finance?" *Journal of Economic Growth*, Vol. 20, No. 2（2015）：105 – 148.

的基本功能和促进实体经济发展。[①] 在此基础上，余静文提出最优金融条件假说，对金融自由化改革对经济发展影响的异质性进行解释，认为金融自由化改革对经济发展的影响取决于一国最优金融条件，金融自由化程度与最优金融条件的背离对一国的经济发展水平具有负面影响，同时认为我国未来最优金融条件的自由化程度仍然会呈现提高的趋势，其与当前金融自由化程度的背离将会加剧，这意味着我国金融抑制政策产生了双重的经济损失。[②] 由此可见，作为金融体系的基础与核心功能，金融资源配置功能取决于一国最优金融条件的实现程度。从我国发展的动态角度来看，在增长特征发生潜在变化的新阶段，与之相对应的最优金融条件也在内生演进并催生金融功能体系的优化，然而政府干预模式下的控制性金融体制变迁具有路径依赖型的内生锁定特征，这可能是阻碍现实金融条件向最优金融条件演化进而加剧金融资源误置的更深层次原因。[③] 与此同时，与最优金融条件偏离所形成的不同层次（或类型）的金融资源错配现象降低了"金融-增长"联结机制的有效性，进而导致不同维度的经济增长抑制效应，这些效应包括生产效率的减损效应、技术创新的阻滞效应、产业结构的扭曲效应、经济风险的累积效应等。此外，由于金融资源错配的形成及效应来源于现实金融条件与最优金融条件的潜在偏离，探索一种遵循最优金融条件的金融发展模式，并建立配套性的制度改革与政策支持体系，就成为纠正金融资源错配的科学性系统性机制。

---

① 林毅夫、孙希芳、姜烨：《经济发展中的最优金融结构理论初探》，《经济研究》2009 年第 8 期。

② 余静文：《最优金融条件与经济发展——国际经验与中国案例》，《经济研究》2013 年第 12 期。

③ 张杰、杨连星：《资本错配、关联效应与实体经济发展取向》，《改革》2015 年第 10 期。

可见，最优金融条件是客观认识金融发展与经济增长内在关系的重要基点，也是科学分析金融资源错配形成、效应与纠正机制等一系列问题的研究起点，能够为金融资源错配相关问题研究提供一个系统性的有效分析框架。然而，现有研究仍未建立起一个完整的理论分析框架，特别是金融资源错配问题研究与最优金融条件研究还处于相互割裂的状态。一方面，有关金融资源错配问题特别是关于其形成机制、经济效应等问题探讨仍然散见于不同的研究视角中，尚未形成系统性的研究框架；另一方面，有关最优金融条件的最新研究尚未将金融资源错配问题纳入研究视野，也未能从这一新的理论出发来诠释金融资源错配的形成、效应与纠正等问题。因此，本书拟从最优金融条件视角出发，为金融资源错配问题研究构建一个新的理论分析框架，系统探讨金融条件扭曲情况下我国金融资源错配的形成机理，深入研究金融资源错配对我国经济增长的各类抑制效应，在此基础上，研究构建我国金融资源错配问题的纠正机制，课题研究将对我国高质量发展阶段有效推进金融体制改革、促进金融资源配置效率提升、发挥金融服务实体经济作用，具有重要的启示意义。

（二）研究意义

促进金融资源配置效率优化是我国新发展阶段推进金融改革与发展最为关键的措施。本书从最优金融条件视角出发，深入研究我国金融资源错配的形成、效应与纠正机制问题，课题研究具有重要的学术价值和应用价值。

1. 学术价值

从理论上看，在我国要素禀赋、经济结构等增长条件发生潜在变化的过程中，由经济发展特征所内生决定的最优金融条件也在动态演进，金融改革与发展的首要任务是推动现实金融条件向最优金融条件动态演化以有效激活和提升金融体系的基本功能。然而，由于政策扭曲、市场摩擦等因素制约，现实金融条件往往会偏离最优金融条件的动态演进路径，并造成金融资源配置功能的抑制或丧失，这是导致金融资源错配形成进而破坏"金融－增长"效应的重要原因。与此同时，金融体制变迁"路径依赖"的内生锁定效应从更深层次导致现实金融条件与最优金融条件的偏离并加剧了金融条件扭曲，这是金融资源错配形成的不容忽视的根本原因。与已有研究不同，本书基于最优金融条件理论构建金融资源错配问题的理论分析框架，具有独特的学术价值。

2. 应用价值

从实践上看，如何通过有效的体制改革与政策设计，构建我国金融资源错配的纠正机制，增强金融市场在资源配置中的决定性作用、更好地发挥金融体系服务实体经济的基本能力，是当前我国经济发展过程中亟待解决的一个重大现实问题。本书围绕我国经济转型过程中金融资源错配的主要形式与典型特征，在深入分析我国金融资源错配形成机理与增长抑制效应的基础上，探索如何根据我国新发展阶段最优金融条件的动态内涵与演进规律，以优化提升金融资源配置功能为主线，从发展模式、制度改革、政策设计等多层面构建金融资源错配的纠正机制，具有独特的应用价值。

二　研究思路、目标与内容

（一）研究思路

本书以我国经济转型阶段的金融资源错配问题为研究对象，

按照"提出问题－理论分析－现实检验－解决问题"的基本逻辑
思路展开研究，试图从最优金融条件视角出发，系统深入研究：
①我国金融资源错配的主要形式与典型特征；②最优金融条件、
金融资源错配、经济增长之间的理论关系及假说；③我国金融资
源错配的测度与特征；④我国金融资源错配的形成机制；⑤我国
金融资源错配的经济增长抑制效应；⑥基于最优金融条件的我国
金融资源错配纠正机制构建。首先，从现实角度对我国转型阶段
的金融资源错配现象进行深入研究；其次，从最优金融条件视角
出发构建金融资源错配问题的理论分析框架，深入研究金融资源
错配的形成机理与增长抑制效应；再次，从地区间错配、产业间
错配、企业间错配三个维度刻画我国金融资源错配的基本特征及
趋势；又次，通过建立计量分析模型，深入研究不同金融条件扭
曲下我国金融资源错配的形成机理，系统分析金融资源错配对我
国经济增长的多重抑制效应；最后，基于最优金融条件目标导
向，从模式建设、体制改革、政策设计等角度研究构建我国金融
资源错配的合理纠正机制。

本书研究的总体框架如图 1－1 所示。

（二）研究目标

主要目标之一：本书研究通过融合发展金融理论、经济增长
理论、资源错配理论、制度经济学理论等，以最优金融条件分析
为切入点，为最优金融条件、金融资源错配与经济增长构建系统
的理论分析框架，为深入研究金融资源错配的形成机理、经济效
应与纠正机制提供新的理论思路与方法。

主要目标之二：本书通过构建计量模型，实证检验金融条件
扭曲对金融资源错配的影响机制，并从经济效率、产业结构、技
术创新、经济风险四个维度考察金融资源错配引发的经济增长抑
制效应，课题研究旨在为把握我国金融资源错配形成的深层次原

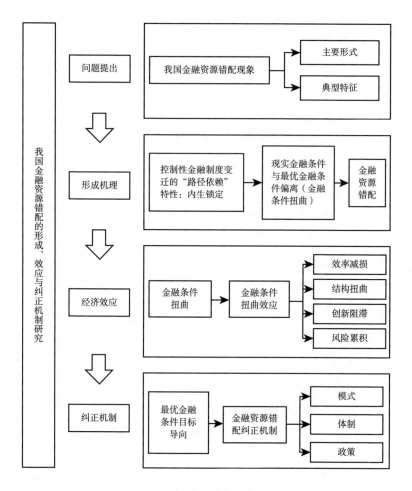

图1-1 研究框架

因及机制、科学评估我国金融资源错配所致多重增长抑制效应，提供检验方法、可靠结论与现实启示。

　　主要目标之三：基于最优金融条件的目标导向，从模式建设、体制改革、政策设计等角度探索和构建矫正我国金融资源错配的合理机制，旨在为我国新发展阶段优化提升金融资源配置功能、显著增强金融服务实体经济能力、促进金融业高质量发展提供重要参考。

（三）研究内容

1. 相关理论及文献述评

依托发展金融学、经济增长理论、资源错配理论、制度经济学理论等，围绕相关领域研究脉络与最新成果，紧扣金融发展与经济增长的内在关系、金融资源配置与经济增长、资源错配理论及其研究的新进展、金融资源错配相关问题研究等方面展开系统深入的文献述评。首先，对经典发展金融学理论中"金融发展与经济增长的关系"这一核心命题进行回顾与审视，简要评述金融体系在经济增长中的作用、金融发展对经济增长的作用机制、金融发展的线性经济增长效应与非线性经济增长效应、最优金融条件与经济增长等相关理论和文献；其次，梳理政府和市场在资源配置中的作用，回顾金融市场与资本配置之间的内在关系，总结金融资源配置对经济增长的作用机制；再次，从资源错配的内涵、度量、成因、效应等层面系统梳理资源错配理论及其研究的新进展；最后，系统梳理金融资源错配的内涵与表现、影响因素、经济效应等理论及文献，深入把握金融资源错配问题相关研究的最新进展。

2. 我国金融资源错配的主要形式与典型特征

首先，对改革开放以来我国金融体系资源配置功能的演进特征进行梳理与总结；其次，从效率测算角度，对我国资本配置效率的时空特征进行分析；再次，从地区间错配、部门间错配、产业间错配、企业间错配四个维度，深入剖析我国金融资源错配的主要表现形式；最后，根据金融资源错配的主要表现形式，分别从金融虹吸效应与地区间金融资源不平衡、"脱实向虚"与实体经济"挤出效应"、非效率投资和产能过剩与不足并存现象、所有制歧视与民营企业融资困境等典型事实出发，对我国金融资源错配的现实特征进行剖析。

3. 最优金融条件、金融资源错配与经济增长：理论框架与假说

首先，在系统梳理金融发展理论的基础上，从金融发展与经济增长的内生关系出发，结合发达与发展中经济体金融发展现实经验，论述了金融发展的经济增长效应从线性到非线性转换的特征事实，融合规模观点和结构观点提出并论证经济发展中的最优金融条件假说，分析最优金融条件的演进逻辑以及金融条件扭曲的内涵特征，研究过度金融抑制和过度金融自由化对不同类型金融条件扭曲的影响机理；其次，从最优金融条件与金融资源配置的帕累托效率之间的内在关系出发，论证现实金融条件与最优金融条件的偏离（金融条件扭曲）与金融资源错配之间的理论关系，分析金融规模扭曲和金融结构扭曲情况下金融资源错配的形成机理，并从金融制度变迁的"路径依赖"特性出发研究金融资源错配形成的制度根源；最后，从经济效率减损、产业结构扭曲、技术创新阻滞、经济风险累积等多种渠道，系统分析金融资源错配对经济增长的抑制机理。

4. 我国金融资源错配的测度与特征：来自不同层面的分析

首先，设计地区间错配、产业间错配、企业间错配等不同层面金融资源错配的测度方法；其次，对测度指标和数据来源进行说明；最后，从地区间错配、产业间错配、企业间错配三个层面，利用相应数据，对我国不同层面金融资源错配的基本特征及变化趋势进行深入分析。

5. 我国金融资源错配的形成机制：基于最优金融条件的实证分析

首先，根据最优金融条件的基本内涵，从规模维度与结构维度

出发，以 OECD 国家为参照系，建立最优金融条件估计模型，对我国省际层面的最优金融条件（最优金融规模与最优金融结构）进行测度；其次，分别计算实际金融规模与最优金融规模、实际金融结构与最优金融结构的偏离系数，建立我国省际层面金融条件扭曲的测度体系；最后，建立金融条件扭曲与金融资源错配的地区面板模型，实证分析金融条件扭曲对金融资源错配的实际影响。

6. 我国金融资源错配的经济增长抑制效应：一个多维度的经验分析

首先，从生产效率角度，借鉴 Hsieh 和 Klenow 分析框架，建立金融资源错配与全要素生产率的企业面板模型，实证分析金融资源错配对全要素生产率的减损效应；其次，从产业结构角度，建立金融资源错配与制造业结构扭曲系数的行业面板模型，实证分析金融资源错配对产业结构的扭曲效应；再次，从技术创新角度，利用非金融上市企业数据，建立金融资源错配与企业技术创新的面板模型，实证分析金融资源错配对企业技术创新的阻滞效应；最后，从经济风险角度，利用非金融上市企业数据，建立金融资源错配与企业系统性风险的面板模型，实证分析金融资源错配对经济风险的累积效应。[①]

7. 基于最优金融条件构建我国金融资源错配纠正机制

本部分主要从模式建设、体制改革、政策设计三个维度，构建"模式－体制－政策"三位一体的我国金融资源错配纠正机制体系。首先，在对我国高质量发展新阶段的内涵特征进行归纳分析的基础

---

① Hsieh C. & Klenow P. J. , "Misallocation and manufacturing TFP in China and India", *The Quarterly Journal of Economics*, Vol. 124, No. 4 (2009): 1403 – 1448.

上，提出我国新发展阶段与时俱进的最优金融条件新内涵；其次，根据最优金融条件目标导向，研究新发展阶段纠正我国金融资源错配的新型金融发展模式；再次，基于最优金融条件目标导向的制度改革逻辑，围绕我国新型金融发展模式运行的制度基础，研究我国金融体制改革的基本方向与主要路径；最后，从货币政策、金融体系、金融创新、资本市场、普惠金融、科技金融、金融治理等角度，提出优化提升我国金融资源配置效率的支持性政策。

（四）研究的重点及难点

（1）最优金融条件、金融资源错配、经济增长之间存在何种理论关联，如何基于这一关系，构建金融资源错配问题的理论分析框架，研究金融条件扭曲对金融资源错配的影响机理及其制度根源，是本书研究的重点之一，也是研究的难点之一。

（2）如何对我国金融资源错配的经济增长抑制效应进行客观、准确的评估，厘清金融资源错配抑制经济增长的主要渠道和机制，是本书研究的重点之二，也是研究的难点之二。本书将金融资源错配的经济增长抑制效应分解为经济效率减损效应、产业结构扭曲效应、技术创新阻滞效应、经济风险累积效应，为金融资源错配效应研究构建了一个系统的分析框架。

（3）如何立足我国新发展阶段最优金融条件的新内涵，基于最优金融条件的目标导向，构建"模式－体制－政策"三位一体的金融资源错配纠正机制体系，是本书研究的重点之三。

三　研究方法

1. 逻辑演绎方法

理论分析部分重点采用了以演绎逻辑为主的分析方法，具体包括：第一，在厘清金融发展、资源配置、经济增长之间内在关系的基础上，提出经济发展中的最优金融条件假说，分析最优金融条件、金融条件扭曲与金融资源错配之间的理论关系，论证金融条件扭曲下的金融资源错配形成机理，以此作为开展理论分析的重要基础；第二，从金融制度变迁的"路径依赖"特性出发，分析金融制度变迁的"路径依赖"对金融条件扭曲进而对金融资源错配形成的锁定机制，构建金融制度锁定、金融条件扭曲与金融资源错配的理论分析框架。

2. 数理模型方法

理论分析框架中大量采用了数理模型来论证重要理论和观点。第一，在最优金融条件假说的论证中，建立了两部门的索洛新古典增长模型，刻画了最优金融条件的规模内涵与结构内涵，验证了最优金融条件的存在性及其理论内涵；第二，在最优金融条件、金融市场竞争性均衡与金融资源帕累托配置的基本关系研究中，建立了一个交换经济模型，论证了最优金融条件下金融市场竞争性均衡能够产生金融资源的帕累托最优配置；第三，在金融资源错配的经济增长抑制效应分析中，根据生产效率减损效应、产业结构扭曲效应、技术创新阻滞效应、经济风险累积效应四个作用维度，分别构建了专门性的数理模型予以一一论证。

3. 计量经济方法

本书的计量经济分析主要包括两大方面：第一，借鉴余静文研究的思路，以 OECD 国家为参照系，同时考虑规模维度与结构维度构建最优金融条件与金融条件扭曲的测度模型，度量了我国省际层面的最优金融条件和金融条件扭曲程度，建立了金融条件扭曲与金融资源错配的地区面板模型，实证分析金融条件扭曲对我国金融资源错配的影响机制；第二，分别从生产效率减损效应、产业结构扭曲效应、技术创新阻滞效应、经济风险累积效应四类效应出发，建立行业面板和企业面板模型，采用计量经济实证手段，对我国金融资源错配的经济增长抑制效应进行了一个多维度的系统性分析。[①]

四　主要创新点

1. 理论研究框架的创新

本书试图从最优金融条件视角出发，构建金融资源错配问题研究的理论框架。从学理上看，最优金融条件假说源于对金融发展与经济增长内在关系的理论与现实反思，相关研究围绕最优金融规模、最优金融结构等进行了系统深入的探讨，积累了较为丰富的研究成果。与此同时，金融资源错配作为资源错配的一种重要类型，是资源错配理论研究的一个前沿与热点方向，相关研究从不同视角（层面）对金融资源错配的内涵、测度、原因、影响等问题展开探讨，形成了大量有益的理论思想、观点和方法。然而，上述两类研究仍然处于割裂状态，一方面，有关最优金融条件理论的研究尚未将金融资源错配问题纳入研究视野；另一方面，有关金融资源错配的形成、效应及治理问题的研究不仅尚未形成一个系统完整的理论框架，而且缺乏从最优金融条件这一反映"金融－增长"本质关系的新理论出发构建的分析框架。本书将最优金融条件理论与金融资源错配理论相融合，基于最优金融

[①] 余静文：《最优金融条件与经济发展——国际经验与中国案例》，《经济研究》2013 年第 12 期。

条件构建金融资源错配一系列问题的理论研究框架，具有较好的创新性。

2. 实证分析框架的创新

本书实证分析框架的创新主要体现在两大方面：其一，基于最优金融条件的理论框架，建立了包含规模维度和结构维度的省际最优金融条件测度模型，通过测算省际层面金融规模扭曲系数与金融结构扭曲系数，构建了金融条件扭曲与金融资源错配关系研究的省际面板模型，实证分析金融规模扭曲和金融结构扭曲对我国金融资源错配的影响机制。其二，目前关于金融资源错配的经济效应研究主要集中于生产效率层面，部分研究也从产业（经济）结构层面、技术创新层面关注了金融资源错配的经济影响，然而，关于金融资源错配对经济增长的抑制效应究竟通过哪些渠道（机制）发生作用，现有研究还未形成一个系统完整的分析框架。基于此，本书在相关研究的基础上，从生产效率减损、产业结构扭曲、技术创新阻滞、经济风险累积四个渠道（机制）建立了"金融资源错配－经济增长抑制"的多维度经济效应分析框架，并采用行业面板模型和企业面板模型对我国金融资源错配的四类经济增长抑制效应进行了一一验证。

3. 学术思想与观点的创新

本书充分吸收了发展金融理论、经济增长理论、资源错配理论、制度经济学理论等前沿思想，基于对金融发展与经济增长内在关系的深刻反思以及增长转型中金融功能演进和制度变迁的重要性，融合创新提出了"金融资源错配形成于一国（或地区）现实金融条件与最优金融条件偏离所致的金融条件扭曲，其深层次根源则来自金融制度变迁的'路径依赖'特性所产生的金融发展内生锁定效应"这一重要的学术思想。基于这一思想，本书重要的学术观点创新如下：第一，不同发展阶段由于增长条件差异，理论上客观存在与增长条件有效匹配的最优金融条件，经济转型阶段增长条件的变化是引致最优金融条件演进的内生性原因，遵从最优金融条件演进规律的金融发展模式能够充分发挥其功能尤其是资源配置功能；第二，由于制度变迁存在"路径依赖"特性，金融体制变迁如由政府控制型向市场决定型转变过程中存在极强的内生锁定效应，这是导致现实金融条件与最优金融条件偏离进而发生各种形式金融条件扭曲的重要根源；第三，不同表现形式的金融资源错配正是在上述作用机制下形成的，并且在增长转型过程中愈加显著，金融资源错配会加剧经济体的资本配置扭曲，并通过生产效率减损效应、产业结构扭曲效应、技术创新阻滞效应、经济风险累积效应等渠道或机制对经济增长形成抑制；第四，根据金融资源错配的发生机理，纠正金融资源错配的有效方式在于遵循一国（或地区）的最优金融条件演进规律来有序推进匹配性的模式建设、体制改革与政策设计。

第二章 相关理论及文献述评

本部分在梳理发展金融理论、经济增长理论、资源错配理论、制度经济学理论等理论的基础上，主要对金融发展与经济增长的内在关系、金融资源配置与经济增长、资源错配理论及其新进展、金融资源错配影响因素和经济效应等理论及文献进行回顾与述评。

一 金融发展与经济增长的内在关系

（一）金融体系在经济增长中的作用：一个简要回顾

自 Bagehot 和 Schumpeter 较早论述银行在经济增长中的重要作用以来，人们对经济增长中金融体系作用的认知经历了由机构观向功能观、由结构主义观向新结构主义观的转变，这种转变为更加深入认识金融体系在经济增长中的作用奠定了理论基础。[1]

Bagehot 认为，银行体系通过提供大型工业项目融资所需要的资本，在英国工业革命进程中发挥了关键作用。[2] Schumpeter 强

---

[1] Bagehot W. , *Lombard Street : A Description of the Money Market*, London : HS King & Company, 1873, p. 122; Schumpeter, Joseph, *The Theory of Economic Development*, Cambridge : Harvard University Press, 1912, p. 145.

[2] Bagehot W. , *Lombard Street : A Description of the Money Market*, London : HS King & Company, 1873, p. 122.

调了银行的功能在于鉴别出最有可能实现产品和生产过程创新的企业家，并通过向其提供资金来促进技术进步进而经济增长。20世纪50年代以来，众多学者延续 Bagehot 和 Schumpeter 的观点，充分论证了金融体系在经济增长中的重要作用。Shaw 和 Gurley 等认为金融发展是推动经济增长的动力源泉，金融体系在经济增长中的作用随着经济发展阶段的提升而提高。[①] Hicks 认为，金融系统的创新相比通常意义的创新是引发英国工业革命的更真实原因，金融机构向需要资本的大型项目融资，金融创新通过为需要资本的大型项目融资使技术得以实现并贡献于经济增长。[②]

与此同时，现代金融理论指出，信息不对称、垄断等金融摩擦往往导致了真实世界中的信贷市场的不完善。Jaffee 和 Russell 较早对信贷市场不完善问题进行了开创性研究。[③] 此后，大量文献开始关注金融结构对经济增长的影响，并形成了以下三种不同的早期理论观点：首先，一些研究认为，银行主导型的金融体系在动员储蓄、选择项目、监督企业和管理风险等方面都优于市场主导型的金融体系[④]；

[①] Shaw E. S. & Tarshis L., "A program for economic mobilization", *The American Economic Review*, Vol. 41, No. 1 (1951): 30 – 50; Gurley J. G., "The central bank potential in economic activity", *Social Science*, Vol. 29, No. 4 (1954): 208 – 217; Shaw E. S. & Tarshis L., "A program for economic mobilization", *The American Economic Review*, Vol. 41, No. 1 (1951): 30 – 50.

[②] Hicks, John, *A Theory of Economic History*, Oxford: Clarendon Press, 1969, p. 57.

[③] Jaffee D. M. & Russell T., "Imperfect information, uncertainty, and credit rationing", *The Quarterly Journal of Economics*, Vol. 90, No. 4 (1976): 651 – 666.

[④] Gerschenkron A., "Economic backwardness in historical perspective", *The Political Economy Reader: Markets as Institutions* (1962): 211 – 228; Diamond D. W., "Financial intermediation and delegated monitoring", *The Review of Economic Studies*, Vol. 51, No. 3 (1984): 393 – 414; Stiglitz J. E. & Weiss A., "Credit rationing in markets with imperfect information", *The American Economic Review*, Vol. 71, No. 3 (1981): 393 – 410; Boyd J. H. & Prescott E. C., "Financial intermediary-coalitions", *Journal of Economic Theory*, Vol. 38, No. 2 (1986): 211 – 232.

其次，另一些研究则认为，市场主导型金融体系在信息透明化、价格发现、推动科技创新、管理风险以及改善企业管理等方面要优于银行主导型金融体系[1]；最后，Allen 和 Gale 等部分研究强调，银行主导型金融体系和市场主导型金融体系均具有其优劣，一种金融结构必定始终优于另一种金融结构的观点是值得商榷的。[2]

在后续研究中，学术界对金融体系在经济增长中作用的认知，逐渐转向了金融功能观点，即"功能观"。Merton 和 Bodie 以及 Levine 认为，金融体系的整体功能相比金融结构安排更为重要，这是由于金融功能相比金融结构而言具有对经济增长更显著的影响，即金融发展促进经济增长的主要途径在于金融功能而非金融结构。[3] Merton 和 Bodie 以及 Levine 进一步认为，由融资合约、金融市场和金融中介体所构成的金融安排通过提供一定的金

---

① Jensen M. C. & Murphy K. J., "Performance pay and top-management incentives", *Journal of Political Economy*, Vol. 98, No. 2（1990）：225 – 264; Holmstrom B. & Tirole J., "Financial intermediation, loanable funds, and the real sector", *the Quarterly Journal of Economics*, Vol. 112, No. 3（1997）：663 – 691; Boot A. W. & Thakor A. V., "Financial system architecture", *The Review of Financial Studies*, Vol. 10, No. 3（1997）：693 – 733; Boyd J. H. & Smith B. D., "The evolution of debt and equity markets in economic development", *Economic Theory*, Vol. 12, No. 3（1998）：519 – 560; Stulz R., "Does financial structure matter for economic growth? A corporate finance perspective", *Financial Structure and Economic Growth：A Cross-country Comparison of Banks, Markets, and Development*（2001）：143 – 188.

② Franklin Allen, and Dougals Gale, *Comparing Financial Systems*, Cambride：MIT Press, 2000, p. 245.

③ Merton, R. C., and Z. Bodie, *A Conceptual Framework for Analyzing the Financial Environment*, *The Global Financial System A Functional Perspective*, Brighton：Harvard Business School Press, 1995, p. 322; Levine R., "Bank-based or market-based financial systems：which is better?" *Journal of Financial Intermediation*, Vol. 11, No. 4（2002）：398 – 428.

融服务削弱了市场不完美所造成的不利影响，即金融安排的形成
和演进有利于评估潜在投资机会、实施公司控制、便利风险管
理、增强市场流动性和动用储蓄资金。可见，在金融发展与经济
增长的关系中，最重要的问题并非金融体系究竟是市场导向型还
是银行导向型，而是金融中介和金融市场能否提供完善的金融服
务（金融功能）。针对金融中介和金融市场提供服务（功能）的
差异，Allen 和 Gale 从风险管理功能角度进行了探讨，认为金融
中介和金融市场所提供的风险管理功能具有差异性，主要表现为
金融中介提供了跨时期风险分担功能而金融市场则允许个人通过
利用投资组合来对冲异质风险，这种横向风险分担功能使得金融
市场为投资者表达不同意见提供了一个良好的机制。[1] 另外大量
研究也对金融功能观进行了肯定性论证。例如，Beck 和 Levine、
Levine 与 Demirgüç-Kunt 和 Maksimovic 等研究发现，在控制金融
发展水平之后，银行主导型或者市场主导型的金融结构差异并不
对经济增长产生显著影响。[2] 国内学者如孙立坚等提出了金融体
系存在的六大基本功能，即投融资服务、流动性供给、风险分
散、价格发现、信息传递和公司治理。[3] 白钦先和谭庆华将金融
功能划分为基础功能、主导功能、派生或衍生性功能三大层次，

---

① Allen, Franklin, and Dougals Gale, *Comparing Financial Systems*, Cambridge：MIT Press, 2000, p. 324.

② Beck T. & Levine R. , "Industry growth and capital allocation：does having a market-or bank-based system matter?" *Journal of Financial Economics*, Vol. 64, No. 2 (2002)：147 – 180; Levine R. , "Bank-based or market-based financial systems：which is better?" *Journal of Financial Intermediation*, Vol. 11, No. 4 (2002)：398 – 428; Demirgüç-Kunt A. & Maksimovic V. , "Funding growth in bank-based and market-based financial systems：evidence from firm-level data", *Journal of Financial Economics*, Vol. 65, No. 3 (2002)：337 – 363.

③ 孙立坚：《金融体系的脆弱性不会影响经济增长吗？——来自对中国案例实证分析的答案》，（厦门）全国金融理论高级研讨会会议论文，2003。

其中基础功能包括服务功能与中介功能，主导功能包括核心功能（资源配置功能）和扩展功能（经济调节功能和风险规避功能），派生或衍生性功能包括资产重组、公司治理、资源再配置、财富再分配、信息生产与分配、风险分散等功能，并提出"金融功能的扩展与提升即金融演进，金融功能的演进即金融发展"等重要理论观点。[1]

　　然而，什么样的金融结构于经济增长而言是最佳的，即是否存在一个最优的金融结构。近年来一些研究从新结构主义观点出发，论证了金融结构的最优性及动态性，认为内生于一国要素禀赋结构进而经济结构的金融结构是最优且动态演化的。[2] 基于金融结构对经济发展阶段的内生适应性思想，林毅夫等提出了新结构主义经济学中的最优金融结构理论，阐释了特定金融结构于特定经济发展阶段内生匹配的重要性。[3] 最优金融结构理论认为，在每一个经济发展阶段，经济体的要素禀赋结构、比较优势、最优产业结构、企业规模和风险特性均有不同，由此决定了为这些不同性质的产业或者企业提供金融服务的不同金融机构，其所代表的融资方式也具有各自的比较优势，因此金融结构中各种金融安排的特性是否与实体经济的产业特性和企业特性相匹配，就决定了一个经济体在特定发展阶段的金融结构之优劣，从而不同的经济发展阶段必然对应于不同的最优金融结构。

[1]　白钦先、谭庆华：《论金融功能演进与金融发展》，《金融研究》2006年第7期。

[2]　Allen, Franklin, and Dougals Gale, *Comparing Financial Systems*, Cambridge：MIT Press, 2000, p. 324；林毅夫、姜烨：《经济结构、银行业结构与经济发展——基于分省面板数据的实证分析》，《金融研究》2006年第1期；Lin J. Y. & Rosenblatt D., "Shifting patterns of economic growth and rethinking development", *Journal of Economic Policy Reform*, Vol. 15, No. 3（2012）：171 - 194。

[3]　林毅夫、孙希芳、姜烨：《经济发展中的最优金融结构理论初探》，《经济研究》2009年第8期；陈斌开、林毅夫：《金融抑制、产业结构与收入分配》，《世界经济》2012年第1期。

（二）金融发展对经济增长的作用机制

自 20 世纪 90 年代以来，大量文献研究了金融发展对经济增长的促进效应及其作用机制，一个普遍的共识是，金融发展能够通过有效的资本积累与效率提升来促进投资增长和技术进步进而推动经济增长。[①] 大量研究论证了金融发展对经济增长的促进作用，如 Levine 和 King、Levine 和 Zervos 利用跨国面板数据分析并肯定了银行和股票市场对经济增长的促进作用，Demirgüç-Kunt 和 Maksimovic 利用跨国厂商数据检验了包含银行和证券市场的金融发展与企业表现的正相关关系，Rajan 和 Zingales 以及 Wurgler 利用产业部门数据验证了金融发展对外部融资依赖型产业部门增长的正向作用。[②] 在此基础上，Levine 归纳了金融发展促进经济增长的四个途径：一是提高私人储蓄率；二是通过降低信息与交易费用来提高金融中介效

[①] McKinnon R. I., *Money and Capital in Economic Development*, Washington: Brookings Institution Press, 1974, p. 133; Levine R. & King R. G., "Finance, entrepreneurship, and growth: Theory and evidence", *Journal of Monetary Economics*, Vol. 32, No. 3 (1993): 513 – 542; Shaw E. S., *Financial Deepening in Economic Development*, New York: Oxford University Press, 1973, p. 201; Thiel M., "Finance and economic growth a review of theory and the available evidence", *European Economy Economic Papers 2008 – 2015*, No. 158 (2001).

[②] Levine R. & King R. G., "Finance, entrepreneurship, and growth: Theory and evidence", *Journal of Monetary Economics*, Vol. 32, No. 3 (1993): 513 – 542; Levine R. & Zervos S., "Stock market development and long-run growth", *The World Bank Economic Review*, Vol. 10, No. 2 (1996): 323 – 339; Levine R. & Zervos S., "Stock markets, banks, and economic growth", *American Economic Review* (1998): 537 – 558; Demirgüç-Kunt A. & Maksimovic V., "Funding growth in bank-based and market-based financial systems: evidence from firm-level data", *Journal of Financial Economics*, Vol. 65, No. 3 (2002): 337 – 363; Rajan R. G. & Zingales L., "Financial dependence and growth", *American Economic Review* (1998): 559 – 586; Wurgler J., "Financial markets and the allocation of capital", *Journal of Financial Economics*, Vol. 58, No. 1 – 2 (2000): 187 – 214.

率，进而提高储蓄向投资转化的比率；三是金融中介通过信息搜集与筛选，将资金配置到最有效率的投资项目和生产用途来支持技术和产品创新，并提高了资本生产率；四是大规模和有效率的金融市场有助于经济主体的交易、保值和分散风险以及减少金融约束等。① 陈平等认为金融发展对经济增长的作用主要源自金融体系能够通过提高居民储蓄率与资本效率来促进经济增长。②

从拓宽全要素生产率增长渠道，许多学者也研究了金融发展对经济增长的作用机制。Benhabib 和 Spiegel 认为，金融发展主要是通过提高 TFP 的途径而不是通过资本积累或提高储蓄向投资转化的途径来促进经济增长和转型。③ Pagano 和 Bailliu 应用 AK 模型论证了封闭经济条件下与开放经济条件下金融发展提高要素生产率和金融效率进而促进经济增长的作用和机制。④ Nourzad 利用跨国面板数据分析了包含金融中介和金融市场的金融发展程度提高对全要素生产率以及经济增长速度提升的正向影响。⑤ Rioja 和Valev 研究认为，相对较贫困的国家或发展中国家加快经济增长速度的方式主要为大规模的资金投资，而发达国家则主要依靠全

① Levine R., "Financial development and economic growth: views and agenda", *Journal of Economic Literature*, Vol. 35, No. 2 (1997): 688–726.

② 陈平、李广众：《经济增长中金融体系作用的功能分析》，《中山大学学报（社会科学版）》2000 年第 5 期。

③ Benhabib J. & Spiegel M. M., "The role of financial development in growth and investment", *Journal of Economic Growth*, Vol. 5, No. 4 (2000): 341–360.

④ Pagano M., "Financial markets and growth: an overview", *European Economic Review*, Vol. 37, No. 2–3 (1993): 613–622; Bailliu J., *Private Capital Flows, Financial Development, and Economic Growth in Developing Countries* (Ottawa: Bank of Canada, 2000), p. 102.

⑤ Nourzad F., "Financial development and productive efficiency: A panel study of developed and developing countries", *Journal of Economics and Finance*, Vol. 26, No. 2 (2002): 138–148.

要素生产率的提高来促进经济增长速度提升。① 王晓芳等认为，金融发展通过推动技术进步来提高全要素生产率，具有利于经济可持续发展的长远作用。② 吴信如也发现金融发展通过提高资本生产率和金融效率促进财富与消费的增长，并认为这种"增长率收益"对跨期福利产生了正面作用。③ 姚耀军等基于界限检验法的研究结论认为，经济自由度对全要素生产率具有短期影响，而金融发展则对全要素生产率存在长期影响。④ 唐松等基于空间模型主要考察了金融发展尤其是金融科技对省级全要素生产率的提升和空间溢出作用。⑤ 赵勇等则强调，金融发展影响全要素生产率增长的显著程度与经济发展水平和阶段具有紧密联系，金融发展是实现经济集约式增长的有效方式。⑥ Butler 和 Cornaggia 在技术进步内生化的假设下研究了金融发展对生产率提高的内在作用机制，认为金融发展显著地促进了生产率增长。⑦ 孙国茂和孙同岩认为，金融相关比与全要素生产率之间存在显著正向关系，

① Rioja F. & Valev N., "Does one size fit all? a reexamination of the finance and growth relationship", *Journal of Development Economics*, Vol. 74, No. 2 (2004): 429–447.

② 王晓芳、高继祖：《中国金融发展与经济效率的实证分析》，《中南财经政法大学学报》2006 年第 3 期。

③ 吴信如：《金融发展的福利收益和"门槛效应"——一个动态最优增长分析》，《财经研究》2006 年第 2 期。

④ 姚耀军、董钢锋：《中小企业融资约束缓解：金融发展水平重要抑或金融结构重要？——来自中小企业板上市公司的经验证据》，《金融研究》2015 年第 4 期。

⑤ 唐松、赖晓冰、黄锐：《金融科技创新如何影响全要素生产率：促进还是抑制？——理论分析框架与区域实践》，《中国软科学》2019 年第 7 期。

⑥ 赵勇、雷达：《金融发展与经济增长：生产率促进抑或资本形成》，《世界经济》2010 年第 2 期。

⑦ Butler A. W. & Cornaggia J., "Does access to external finance improve productivity? Evidence from a natural experiment", *Journal of Financial Economics*, Vol. 99, No. 1 (2011): 184–203.

而证券化率与全要素生产率之间则显示为负向关系。①

从激励技术创新的渠道，部分研究拓展了金融发展对经济增长作用机制的研究成果。Arestis 等从技术效率角度研究了金融发展对技术创新的激励机制，认为：金融发展与技术效率在技术效率较高的 OECD 国家存在正相关关系，在技术效率低的 OECD 国家存在不显著的负相关关系，而非 OECD 国家的金融发展则稳健正向地促进了技术效率的提高。② 王永中在技术创新的内生增长模型中得出了金融部门通过刺激技术创新和鼓励应用新技术来推动技术进步的有益结论。③ 然而，部分国内学者也对此持有不同观点。比如师文明等从金融发展与经济增长之间的非线性关系出发认为，金融发展相对缓慢会给技术进步带来负面影响。④ 王春桥等认为，我国现阶段的金融发展无助于技术效率的改善，尤其是投向国有企业的信贷对技术效率改善产生了较为严重的抑制作用。⑤

此外，一些文献还从金融科技角度研究了金融发展对经济增长的作用机制。盛天翔等基于金融科技能够缓解银企信息不对称的假定，考察了金融科技对省级层面小微企业信贷供给总量的影

① 孙国茂、孙同岩：《金融相关比率，证券化率与全要素生产率的关系研究——以山东省数据为例》，《山东社会科学》2017 年第 3 期。
② Arestis P., Chortareas G. & Desli E., "Technical efficiency and financial deepening in the non-OECD economies", *International Review of Applied Economics*, Vol. 20, No. 3 (2006): 353 – 373.
③ 王永中：《浅析金融发展、技术进步与内生增长》，《中国社会科学院研究生院学报》2007 年第 4 期。
④ 师文明、王毓槐：《金融发展对技术进步影响的门槛效应检验——基于中国省际面板数据的实证研究》，《山西财经大学学报》2010 年第 9 期。
⑤ 王春桥、夏祥谦：《金融发展与全要素生产率：技术进步还是效率改善——基于随机前沿模型的实证研究》，《上海金融》2015 年第 4 期。

响。[①] 宋敏等则在盛天翔和范从来的基础上，进一步实证研究了金融发展"赋能"对微观企业全要素生产率的真实效应及其潜在机制。[②] 部分研究者认为，金融科技主要通过"技术溢出效应"和"竞争效应"影响传统金融机构。[③] 其中，"技术溢出效应"是指金融科技公司利用其在信息技术上的比较优势对传统金融机构进行"赋能"，缓解传统金融机构面临的信息不对称难题[④]，进而降低贷款成本、提高信贷配置效率；而"竞争效应"是指金融科技公司会挤压传统金融机构的表内业务和表外业务，导致其盈利能力降低、经营风险上升[⑤]，进而迫使银行业深化改革，提高服务效率和质量。[⑥]

（三）金融发展的经济增长效应：从线性到非线性

自银行产生以来，金融体系的发展在一国经济增长过程中发挥了关键作用，金融发展对经济增长具有正向效应的线性推论也一度成为金融发展经典理论的普遍共识。然而，金融危机不可避免地在世界范围内周期性地出现，从现实角度打破了金融发展与经济增长之间的线

---

① 盛天翔、范从来：《金融科技、最优银行业市场结构与小微企业信贷供给》，《金融研究》2020 年第 6 期。

② 宋敏、周鹏、司海涛：《金融科技与企业全要素生产率——"赋能"和信贷配给的视角》，《中国工业经济》2021 年第 4 期。

③ Fuster A., Plosser M. & Schnabl P. et al., "The role of technology in mortgage lending", *The Review of Financial Studies*, Vol. 32, No. 5（2019）：1854 – 1899；孟娜娜、粟勤、雷海波：《金融科技如何影响银行业竞争》，《财贸经济》2020 年第 3 期。

④ Lin J. Y. & Rosenblatt D., "Shifting patterns of economic growth and rethinking development", *Journal of Economic Policy Reform*, Vol. 15, No. 3, 2012.

⑤ 戴国强、方鹏飞：《利率市场化与银行风险——基于影子银行与互联网金融视角的研究》，《金融论坛》2014 年第 8 期。

⑥ 黄益平、黄卓：《中国的数字金融发展：现在与未来》，《经济学（季刊）》2018 年第 4 期。

性关系。事实上，金融发展对经济增长的作用存在非线性结构[1]，这种非线性的增长效应主要体现为金融发展对经济增长的正向效应会因条件变化而出现不同程度的弱化、消失甚至逆转。通过对广泛的国家样本进行考察，Rousseau 和 Wachtel 发现金融的增长效应正在实质性地减弱和消失。[2] 通过分别考察市场经济国家和转型国家的面板数据，Fink 等人发现市场经济国家金融发展的增长效应是脆弱的，而转型国家的金融部门则具有明显的短期增长效应。[3] 同样地，按照国家的收入水平进行划分，Bangaké 和 Eggoh 发现低收入国家的"金融 - 增长"效应要强于高收入国家，持类似结论者还有 Masten 和 Coricelli。[4] 以上依据国家经济发展水平的划分方法似乎并不能清晰地表达金融发展程度与经济增长的关系，因为即使是具有相同人均收入水平的国家，其金融发展也可能存在程度上的差异，进而不能

[1] Ram R., "Financial development and economic growth: Additional evidence", *Journal of Development Studies*, Vol. 35, No. 4 (1999): 164 - 174; Fink G., Haiss P. R. & Mantler H. C., "The Finance-Growth Nexus: Market Economies vs. Transition Countries", *Transition Countries* Vol. 28, No. 3 (2005): 167 - 171; Caporale G. M., Rault C. & Sova A. D. et al., "Financial development and economic growth: Evidence from 10 new European Union members", *International Journal of Finance & Economics*, Vol. 20, No. 1 (2015): 48 - 60; Rousseau P. & Wachtel P., "Financial Intermediation and Economic Performance: Historical Evidence from Five Industrialized Countries", *Journal of Money, Credit and Banking*, Vol. 30, No. 4 (1998): 657 - 678.

[2] Rousseau P. & Wachtel P., "Financial Intermediation and Economic Performance: Historical Evidence from Five Industrialized Countries", *Journal of Money, Credit and Banking*, Vol. 30, No. 4 (1998): 657 - 678.

[3] Fink G., Haiss P. R. & Mantler H. C., "The Finance - Growth Nexus: Market Economies vs. Transition Countries", *Transition Countries* Vol. 28, No. 3 (2005): 167 - 171.

[4] Bangaké C. & Eggoh J., "Finance-Growth Link In Oecd Countries: Evidence From Panel Causality And Cointegration Tests", *Brussels Economic Review*, Vol. 53, No. 3/4 (2010): 375 - 392; Masten A. B., Coricelli F. & Masten I., "Non-linear growth effects of financial development: Does financial integration matter?" *Journal of International Money and Finance*, Vol. 27, No. 2 (2008): 295 - 313.

很好地识别"金融－增长"效应随金融发展程度的变化。对此，如
果依据金融发展程度将国家划分为三个层次，就会发现金融发展程
度低的国家其"金融－增长"效应没有统计上的显著性，而金融发
展程度中等的国家其增长效应为正并且很强，而金融发展程度高的
国家这种效应虽然为正但弱化了。[①] 由此可见，金融发展对经济增
长的效应并不满足线性条件，而是存在一种非线性的结构，比如
倒"U"形结构。[②] 从资本错配角度，陈国进等认为无论从省级还
是行业层面看，金融发展与资本错配之间均存在显著倒"U"形关
系：当金融发展处于较低水平时，资本积累速度加快会导致资本错
配程度加剧，但当金融发展达到较高水平时，这种效应会发生逆
转。[③] 从金融科技发展角度，孙志红等研究发现，金融科技对经济
增长的影响存在基于金融发展的双门限效应：当金融发展处于较低
水平时，金融科技会抑制经济发展，而随着金融发展水平的不断提
高，金融科技促进经济发展的作用明显增强。[④] 然而，关于金融发
展与经济增长之间究竟存在何种系统性的非线性结构关系，相关研
究仍缺少必要且深入的回答。杨洋和赵茂采用1981～2010年88个
国家的跨国面板数据，应用以金融发展变量为门限的面板门限模型
对金融发展的经济增长效应是否存在系统性的非线性结构变化及其
一般化形式进行实证分析，研究结果指出金融发展的经济增长效应

① Rioja F. & Valev N., "Does one size fit all: a reexamination of the finance and growth relationship", *Journal of Development Economics*, Vol. 74, No. 2 (2004): 429–447.
② 苏基溶、廖进中：《金融发展的倒U型增长效应与最优金融规模》，《当代经济科学》2010年第1期；Ductor L. & Grechyna D., "Financial development, real sector, and economic growth", *International Review of Economics & Finance*, Vol. 37 (2015): 393–405。
③ 陈国进、陈睿、杨翱、赵向琴：《金融发展与资本错配：来自中国省级层面与行业层面的经验分析》，《当代财经》2019年第6期。
④ 孙志红、张娟、周婷：《金融可得性、居民幸福感与特色小镇建设研究——基于新疆特色小镇居民的调研》，《新疆农垦经济》2020年第12期。

存在双重门限的近似斜"S"形非线性结构形式，表明适宜的金融发展水平是经济实现最优增长的重要条件。[1]

（四）最优金融条件与经济增长

金融发展的非线性经济增长效应表明，在一国（或地区）经济发展过程中，可能存在一个使经济实现最优增长的金融发展适宜条件，即最优金融条件。这是由于：一方面，发展中国家普遍存在金融抑制现象，McKinnon 和 Shaw 认为，金融抑制是阻碍发展中国家经济发展的主要原因。[2] 发展中国家的利率限制与市场管制，限制了金融资产和负债的增长，特别是降低了储蓄激励，从而抑制了投资与配置效率，难以有效支持经济增长；另一方面，金融自由化主义的泛滥成为导致金融过度繁荣进而催生金融危机的直接原因。更为普遍的情况是，一个过度繁荣的金融体系往往蕴含某些抑制经济增长的内在机制或渠道，即使在那些没有发生金融危机的国家，金融过度发展仍会通过不同机制或渠道对经济增长产生阻碍，如金融部门对实体部门的"挤出效应"[3]、金融虚拟化与独立化[4]、金融脆弱性与风险积累[5]，因此在那些金融

---

[1] 杨洋、赵茂：《金融发展的经济增长效应：线性还是非线性——基于面板门限模型的跨国经验研究》，《现代财经（天津财经大学学报）》2016 年第 8 期。

[2] McKinnon R. I. , *Money and Capital in Economic Development*, Washington： Brookings Institution Press, 1974, p. 322；Shaw E. S. , *Financial Deepening in Economic Development*, New York：Oxford University Press, 1973, p. 248.

[3] Santomero A. M. & Seater J. J. , "Is there an optimal size for the financial sector?" *Journal of Banking & Finance*, Vol. 24, No. 6（2000）：945 – 965；苏基溶、廖进中：《金融发展的倒 U 型增长效应与最优金融规模》，《当代经济科学》2010 年第 1 期。

[4] 王国忠、王群勇：《经济虚拟化与虚拟经济的独立性特征研究——虚拟经济与实体经济关系的动态化过程》，《当代财经》2005 年第 3 期。

[5] Haiss P. , Juvan H. & Mahlberg B. , "The impact of financial crises on the finance-growth relationship：A European perspective", *Economic Notes：Review of Banking, Finance and Monetary Economics*, Vol. 45, No. 3（2016）：423 – 444.

发展过度的国家，反而可能存在金融发展对经济增长促进效应弱化或消失的特征。由此可见，适宜的金融发展水平是推动经济增长的最优金融条件。

那么，何谓适宜的（最优的）金融条件？现有研究从不同角度进行了有益的探讨。从增速角度：Ductor 和 Grechyna 认为当金融部门的产出增长率等于生产性部门产出增长率的 4.5% 时，就达到了经济的生产能力边界；Arcand 和 Berkes 等认为当金融系统向私人部门提供的信用规模增速超过了 GDP 增速 110% 时，金融发展开始对产出增长具有负效应。[①] 从规模角度：Santomero 和 Seater 论证了金融发展的成本与收益，认为存在一个最优的金融发展规模；苏基溶和廖进中利用 OECD 国家 18 年的样本研究发现经济中存在最优的金融规模，这种潜在的最优金融规模由经济发展水平和人力资本存量来决定。[②] 从结构角度：Harris 和张春发现经济发展不同阶段银行和金融市场的作用存在显著差异，发展相对落后国家其金融体系以银行为主，更有利于促进经济的动态增长，而随着经济迈入更高的发展阶段，金融市场的重要性则会不断提升。[③] 林毅夫等认为处于一定发展阶段的经济体的要素禀赋结构决定了该经济体的最优产业结构、具有自生能力的企业的规

[①] Ductor L. & Grechyna D. , "Excess financial development and economic growth", *Social Science Research Network Working Paper*, No. 2087 (2011): 1002 – 1011; Arcand J. L. , Berkes E. & Panizza U. , "Too much finance?" *Journal of Economic Growth*, Vol. 20, No. 2 (2015): 105 – 148.

[②] Santomero A. M. & Seater J. J. , "Is there an optimal size for the financial sector?" *Journal of Banking & Finance*, Vol. 24, No. 6 (2000): 945 – 965; 苏基溶、廖进中：《金融发展的倒 U 型增长效应与最优金融规模》，《当代经济科学》2010 年第 1 期。

[③] Harris R. D. , "Stock markets and development: A re-assessment", *European Economic Review*, Vol. 41, No. 1 (1997): 139 – 146; 张春：《经济发展不同阶段对金融体系的信息要求和政府对银行的干预：来自韩国的经验教训》，《经济学（季刊）》2001 年第 1 期。

模特征和风险特性，从而形成对金融服务的特定需求，因而各个经济发展阶段的最优金融结构需要与相应阶段实体经济对金融服务的需求相适应，才能有效地发挥金融体系的基本功能和促进实体经济发展；龚强等建立理论框架来分析最优金融结构，认为金融结构会随着产业结构的变化而变迁。① 张成思等从金融监管视角，利用一般均衡分析框架阐释了最优金融结构与社会福利最大化的内在机制，论证了最优金融结构的动态特征和经济增长效应，认为当且仅当对规模适中的企业进行监管时，社会福利才能实现最大化，此时存在唯一的最优金融结构与实体经济相匹配。② 从金融抑制水平（或金融自由化水平）角度：余静文从金融自由化水平的角度提出了最优金融条件假说，认为经济发展过程中客观存在一个最优金融条件，该条件取决于经济发展水平、法律制度等因素，一国金融发展的最优策略就是使金融自由化程度与最优金融条件相适应，反之，金融自由化程度与最优金融条件的背离则会对经济发展产生负面影响。余静文认为中国金融自由化程度对经济发展将产生两方面影响。首先，金融自由化程度与最优金融条件的背离对经济发展的负面影响随着经济发展水平的提高而增强。其次，中国未来最优金融自由化程度仍然会呈现提高的趋势，其与当前金融自由化程度的背离将会扩大，这意味着中国金融抑制政策产生了双重的经济损失。③

---

① 林毅夫、孙希芳、姜烨：《经济发展中的最优金融结构理论初探》，《经济研究》2009 年第 8 期；龚强、张一林、林毅夫：《产业结构、风险特性与最优金融结构》，《经济研究》2014 年第 4 期。

② 张成思、刘贯春：《中国实业部门投融资决策机制研究——基于经济政策不确定性和融资约束异质性视角》，《经济研究》2018 年第 12 期。

③ 余静文：《最优金融条件与经济发展——国际经验与中国案例》，《经济研究》2013 年第 12 期。

相关研究基于金融发展与经济增长的内生适应性观点，从不同角度提出并论证了适宜性（最优性）金融发展的重要性及其条件，逐步形成了最优金融条件这一重要前沿理论，为金融发展相关问题研究提供了系统完善的理论分析框架，也为不同国家有序推进金融改革与发展提供了重要的思想遵循。

二 金融资源配置与经济增长

（一）金融资源配置的决定：政府还是市场

资源配置是金融体系最为基础与核心的功能，在金融发展与经济增长的关系中发挥着至关重要的桥梁作用。与一般性资源配置中政府与市场的角色讨论相一致，关于应当由政府主导金融资源配置还是市场主导金融资源配置的争论一直备受关注。

以 McKinnon、Shaw 为代表的金融发展理论认为，发展中国家普遍存在金融抑制现象，表现为政府对金融体系和金融活动的过多干预，会导致金融体系发展滞后并阻碍经济增长，因而一个国家需要通过不断的金融深化来打破金融抑制困局进而实现经济腾飞。[①] McKinnon、Shaw 指出，政府对金融体系的过多干预扭曲了金融价格并抑制了金融发展，其弊端体现在金融体系的资金筹集与分配功能无法充分发挥上。Reinhart 和 Sbrancia 认为政府对金融机构的所有权、制定较高的行业准入标准、制定较高的法定

---

① McKinnon R. I., *Money and Capital in Economic Development*, Washington: Brookings Institution Press, 1974, p. 322; Shaw E. S., *Financial Deepening in Economic Development*, New York: Oxford University Press, 1973, p. 248.

存款准备金率、限制金融机构的投资渠道、对资本项目进行管制等干预行为，均不利于金融资源的有效配置。[①] 曾康霖认为，国家或政府掌握金融资源、商业性金融机构没有完全按商业化运作、国有银行的不良资产状况不容乐观，是我国金融资源配置存在资源浪费的原因。[②] 然而，相反的观点则认为，一国不应该追求过度的金融深化或金融自由化，即不应该违背本国的发展阶段来过早或过快推进金融深化或金融自由化改革，而应该采取一种渐进改革的策略。这是由于，一方面，以过度金融深化或过度金融自由化为代表的过度金融发展会导致资产价格泡沫激增、金融监管难度加大、金融内在不稳定性提高、金融"脱实向虚"、实体经济融资成本增加等问题，反而会破坏金融资源配置功能并阻碍经济增长。McKinnon 以中国为案例进行研究的结论显示，中国渐进式改革的宏观经济表现较为稳定，其原因在于政府对价格的控制特别是政府对金融价格的控制获得了隐性的财政收入，如果过度推进金融自由化则会造成剧烈的经济波动。[③] 另一方面，政府主导的金融抑制政策在某些国家如中国反而起到了促进经济增长的关键作用。Huang 和 Wang 等发现中国改革开放之后的二十年里，金融抑制政策非但没有阻碍中国经济发展，反而还起到了促进作用。[④]

---

① Reinhart C. M. & Sbrancia M. B., "The liquidation of government debt", *Economic Policy*, Vol. 30, No. 82 (2015): 291 – 333.

② 曾康霖:《试论我国金融资源的配置》,《金融研究》2005 年第 4 期。

③ McKinnon R. I., "Financial growth and macroeconomic stability in China, 1978 – 1992: Implications for Russia and other transitional economies", *Journal of Comparative Economics*, Vol. 18, No. 3 (1994): 438 – 469.

④ Wang K., Chen Y. & Huang S., "The dynamic dependence between the Chinese market and other international stock markets: A time-varying copula approach", *International Review of Economics & Finance*, Vol. 20, No. 4 (2011): 654 – 664.

（二）金融市场化与资本配置

尽管目前关于政府和市场在金融资源配置中作用的认识还存在一定的理论分歧，但分歧的焦点事实上集中于一国（或地区）是否适时或依何策略来优化政府与市场在金融资源配置中的关系及作用。总体而言，一国（或地区）以金融市场化改革为核心来优化提升金融资源配置效率，是符合金融发展的功能本质和经济发展演进特征的一种制度安排，其关键在于把握好政府与市场的角色结构及作用关系。

从学理上来看，金融市场化与资本配置之间存在显著和明确的理论关联，相关研究关于金融市场化对资本配置的作用认识主要集中于：金融市场化有利于"逆向选择"和"道德风险"问题的解决，通过减少代理冲突和信息不对称的市场后果，减轻企业的融资约束进而提高投资分配与资本效率。[1] 具体来看：第一，金融市场化通过增加金融资源和产品来降低投资者的交易成本，有利于扩大企业的融资渠道，由此带来的规模效应能够有效分散贷款风险。[2] 第二，发达的金融市场化能够更加有效地促进资金资源分配[3]，帮助融资企业实现融资便利并获得投融资决策的相

---

[1] Love I., "Financial development and financing constraints: International evidence from the structural investment model", *The Review of Financial Studies*, Vol. 16, No. 3 (2003): 765 – 791; Galindo A., Schiantarelli F. & Weiss A., "Does financial liberalization improve the allocation of investment: Micro-evidence from developing countries", *Journal of Development Economics*, Vol. 83, No. 2 (2007): 562 –587.

[2] 沈红波、寇宏、张川：《金融发展，融资约束与企业投资的实证研究》，《中国工业经济》2010 年第 6 期。

[3] Greenwood J. & Jovanovic B., "Financial development, growth, and the distribution of income", *Journal of Political Economy*, Vol. 98, No. 5, Part 1 (1990): 1076 – 1107; Levine R. & King R. G., "Finance, entrepreneurship, and growth: Theory and evidence", *Journal of Monetary Economics*, Vol. 32, No. 3 (1993): 513 – 542.

关信息①，有利于更好地把握投资机会并推动企业成长。② 第三，金融市场化能够降低利率和融资契约成本③，降低对抵押品的价值要求④，减少契约不完备和信息不对称所致的金融市场不完善，进而提高资金分配的效率并缓解融资约束。⑤ 第四，金融市场化能够通过影响企业的融资环境进而影响公司的投资效率，比如，金融市场化通过缓解企业融资约束进一步影响企业的投资行为，即金融市场化对企业投资与内部现金流的敏感性产生了重要影响。⑥ 第五，Galindo 等研究发现金融自由化提高了投资资金的配置效率，即金融自由化改善了投资的分配，提升了资金的配置效率。⑦ 从我国发展的现实情况来看，部分学者如饶品贵等认为，在货币政策紧缩期，相对于国有企业，非国有企业面临来自金融

---

① Demirgüç-Kunt A. & Maksimovic V. , "Funding growth in bank-based and market-based financial systems: Evidence from firm-level data", *Journal of Financial Economics*, Vol. 65, No. 3 (2002): 337 – 363; Khurana I. K. , Martin X. & Pereira R. , "Financial development and the cash flow sensitivity of cash", *Journal of Financial and Quantitative Analysis*, Vol. 41, No. 4 (2006): 787 – 808.

② Rajan R. G. & Zingales L. , "Financial dependence and growth", *American Economic Review* (1998): 559 – 586.

③ Lerner J. & Schoar A. , "Does legal enforcement affect financial transactions? The contractual channel in private equity", *The Quarterly Journal of Economics*, Vol. 120, No. 1 (2005): 223 – 246; Qian J. & Strahan P. E. , "How laws and institutions shape financial contracts: The case of bank loans", *The Journal of Finance*, Vol. 62, No. 6 (2007): 2803 – 2834.

④ Liberti J. M. & Mian A. R. , "Collateral spread and financial development", *The Journal of Finance*, Vol. 65, No. 1 (2010): 147 – 177.

⑤ 唐建新、陈冬：《金融发展与融资约束——来自中小企业板的证据》，《财贸经济》2009 年第 5 期。

⑥ 朱红军、何贤杰、陈信元：《金融发展、预算软约束与企业投资》，《会计研究》2006 年第 10 期。

⑦ Galindo A. , Schiantarelli F. & Weiss A. , "Does financial liberalization improve the allocation of investment? Micro-evidence from developing countries", *Journal of Development Economics*, Vol. 83, No. 2 (2007): 562 – 587.

机构信贷歧视的更大冲击，不得不以商业信用作为替代银行信贷的融资方式来弥补资金供给缺口，说明我国银行体系存在信贷歧视所导致的资源配置效率低下问题。[①]

（三）金融资源配置对经济增长的作用机制

在金融资源配置与经济增长具有显著正相关关系基本共识的基础上，相关研究展开了金融资源配置对经济增长作用机制的广泛探讨。Romer 认为金融通过资本积累来促进经济增长的作用机制不可持续，而通过金融对技术进步的促进才是长期经济增长的关键。[②] Beck 等、Calderón 和 Liu 也认为相比资本积累，全要素生产率才是金融促进经济增长的更重要路径，但技术进步和贸易是促进全要素生产率提升的两大主要因素[③]，然而融资约束会严重抑制企业研发以及扭曲企业对出口的选择。[④] 更为重要的是，金融资源配置效率的提升会在很大程度上通过全要素生产率、技术进步等渠道作用于经济增长。具体来看，Hsieh 和 Klenow 指出，资源错配是中国全要素生产率下降的重要来源，假设中国的资源配置效率达到美国的水平，中国的生产率将上升

① 饶品贵、姜国华：《货币政策、信贷资源配置与企业业绩》，《管理世界》2013 年第 3 期。

② Romer P. M. , "Endogenous technological change", *Journal of Political Economy*, Vol. 98, No. 5, Part 2 (1990): S71 – S102.

③ Beck T. , Levine R. & Loayza N. , "Finance and the sources of growth", *Journal of financial economics*, Vol. 58, No. 1 – 2 (2000): 261 – 300; Calderón C. & Liu L. , "The direction of causality between financial Development and Economic growth", *Journal of Development Economics*, Vol. 72, No. 1 (2003): 321 – 334.

④ 李春涛、闫续文、宋敏、杨威：《金融科技与企业创新——新三板上市公司的证据》，《中国工业经济》2020 年第 4 期；Caggese A. & Cuñat V. , "Financing constraints, firm dynamics, export decisions, and aggregate productivity", *Review of Economic Dynamics*, Vol. 16, No. 1 (2013): 177 – 193.

30% ～50%。① Song 和 Wu 指出，金融资源错配会导致全要素生产率损失，资本配置不当将导致中国的全要素生产率减少20%。② 鲁晓东也认为，金融资源错配对资本积累和全要素生产率具有抑制效应，进而对经济增长形成阻碍。③ 安强身等认为，金融资源配置不均衡会通过降低全要素生产率来损害经济增长。④ 赵强的研究结果表明，金融资源配置扭曲不仅会直接抑制 TFP，而且会通过实物资本和人力资本渠道来间接抑制 TFP，进而影响经济增长。⑤ 巴曙松等从新结构经济学的视角出发，指出金融发展尤其是金融科技创新能通过提升企业的全要素生产率促进地区经济增长。⑥ 田树喜等对中国金融资源配置的产出效应及其约束条件进行了实证分析，认为金融资源配置对经济增长的影响主要体现在"量"的扩张方面而非"质"的提升方面，并且，随着中国经济增长约束条件的变化，政府主导下金融资源配置的结构性失衡和价格"双轨"带来的问题日益突出，金融资源配置的边际产出开始出现递减，因此只有通过有效的制度安排来使金融约束的"租金"由国有部门转移到民间部门，才能激励金融创新和技术进步，最终实现金融资源配置的市场化和全要

---

① Hsieh C. & Klenow P. J., "Misallocation and manufacturing TFP in China and India", *The Quarterly Journal of Economics*, Vol. 124, No. 4 (2009): 1403 – 1448.

② Song Z. & Wu G L., "Identifying capital misallocation", *Working Paper of the University of Chicago*, Vol. 132, No. 45 (2015): 147 – 161.

③ 鲁晓东：《金融资源错配阻碍了中国的经济增长吗》，《金融研究》2008 年第 4 期。

④ 安强身、姜占英：《金融资源配置效率、TFP 变动与经济增长——来自中国的证据 (2003 ~ 2013)》，《金融经济学研究》2015 年第 3 期。

⑤ 赵强：《金融资源配置扭曲对全要素生产率影响的实证分析》，《河南社会科学》2017 年第 12 期。

⑥ 巴曙松、白海峰、胡文韬：《金融科技创新、企业全要素生产率与经济增长——基于新结构经济学视角》，《财经问题研究》2020 年第 1 期。

素生产率的提高。[①]

此外，针对金融资源配置与经济高质量发展之间的内在关系机理，一些研究也进行了深入探讨。王广谦认为经济高质量发展更加突出质量和效益，技术进步、效率提高和规模经济构成了全要素生产率提高的重要来源，其中，技术进步是 TFP 提高的内在动力，而效率改善和规模经济则是 TFP 提升的外在要素。[②] 在这一过程中，金融资源有效配置是经济高质量发展的重要动力因素，其主要通过全要素生产率来间接发挥对经济高质量发展的助推作用，而全要素生产率则构成了金融资源配置影响我国经济高质量发展的重要传导渠道。魏蓉蓉也认为金融资源配置不仅通过自身不断优化来直接推动经济增长，而且通过促进技术进步、效率改善和规模经济来提升 TFP 进而间接推动经济高质量发展。[③]

三 资源错配理论及其研究的新进展

（一）资源错配的内涵与度量

关于资源错配的内涵，现有研究主要采取两种方式进行界定。一是以发达国家为基准，假设这些国家已经达到资源配置的理想状态，那么欠发达国家相对发达国家的效率损失部分，即可

① 田树喜、恽晓方、王毅：《中国金融资源配置对经济增长作用的实证分析》，《东北大学学报（社会科学版）》2012 年第 5 期。
② 王广谦：《真正把金融业作为现代产业来发展》，《金融信息参考》1997 年第 1 期。
③ 魏蓉蓉：《金融资源配置对经济高质量发展的作用机理及空间溢出效应研究》，《西南民族大学学报（人文社会科学版）》2019 年第 7 期。

被界定为资源错配。二是将资源错配的度量与产业结构、政策、制度等变量的度量相关联，来证明确实存在某种要素价格扭曲所致的经济效率损失。[①] Hsieh 和 Klenow 首次将资源错配界定为资源的边际产出在截面上的不相等，即如果企业的生产技术均具有凸性，那么资源最优配置状态下生产要素在各企业的边际产出均相等，否则就存在资源错配现象。[②] 沈春苗等将资源错配的内涵界定为：当狭义口径行业内的所有企业的边际收益产品相等，意味着该行业实现了资源的有效配置；当行业内不同企业的要素投入的边际收益产品呈现出横截面差异，意味着该行业存在资源错配。[③]李欣泽等认为要素市场在存在要素自由流动摩擦和障碍时会发生扭曲，生产要素将从效率较高的企业流向效率较低的企业，资源配置状况会偏离帕累托最优状态并造成资源配置效率和产出的损失，这种情况下就形成了资源错配。[④] 类似地，陈永伟等也将资源错配定义为相对资源有效配置而言的帕累托改进状态，可划分为内涵式资源错配和外延式资源错配，内涵式资源错配是指生产技术凸性假设下企业间生产要素的边际产出不相等的状态，而外延式资源错配是指经济中所有企业的要素边际产出相等时仍可以通过要素再分配来提升产量的状态。[⑤]

① 张建华、邹凤明：《资源错配对经济增长的影响及其机制研究进展》，《经济学动态》2015 年第 1 期。

② Hsieh C. & Klenow P. J., "Misallocation and manufacturing TFP in China and India", *The Quarterly Journal of Economics*, Vol. 124, No. 4 (2009): 1403 – 1448.

③ 沈春苗、郑江淮：《资源错配研究述评》，《改革》2015 年第 4 期。

④ 李欣泽、陈言：《金融摩擦与资源错配研究新进展》，《经济学动态》2018 年第 9 期。

⑤ 陈永伟、胡伟民：《价格扭曲、要素错配和效率损失：理论和应用》，《经济学（季刊）》2011 年第 4 期。

关于资源错配的度量，大多数研究主要在 Hsieh 和 Klenow 测算框架的基础上展开探讨。王文等在 Hsieh 和 Klenow 测算方法的基础上，将所有制、地区及行业因素纳入分析框架，同时研究了类型内、类型间资源错配效应。[①] 龚关和胡关亮则放松了 HK 模型中规模报酬不变的假设条件来构建测度体系。[②] 周申等在龚关和胡关亮研究的基础上，放松了 Hsieh 和 Klenow 模型中规模报酬不变假设，推导出企业的劳动力边际产出价值（MPRL）表达式，并用 MPRL 的离散程度来度量劳动力资源错配水平（散度越大，错配程度越高）。[③] Brandt 等将国有和非国有部门纳入 HK 模型进行了研究。[④] 沈春苗等给出了基于半参数法的资源错配测算模型，该模型通过实际 TFP 与有效 TFP 的差距或者实际产出与有效产出的差距来测度资源错配程度。[⑤] 其中，半参数法主要是通过竞争环境下伴随要素自由流动呈现出的企业规模和生产率水平正相关的表征，运用 OP 方法对全要素生产率进行分解得到反映资源错配程度的 OP 协方差[⑥]，协方差越小意味着市场扭曲越大，而协方差越大则意味着市场扭曲越小。张兴龙在封闭型经济、内需主导型经济和出口导向型经济三种经济类型下，探讨了所有可能导致资源错配的途径，分析了投入产出关联对资源错配损失效应放大

---

① 王文、牛泽东：《资源错配对中国工业全要素生产率的多维影响研究》，《数量经济技术经济研究》2019 年第 3 期。

② 龚关、胡关亮：《中国制造业资源配置效率与全要素生产率》，《经济研究》2013 年第 4 期。

③ 周申、海鹏、张龙：《贸易自由化是否改善了中国制造业的劳动力资源错配》，《世界经济研究》2020 年第 9 期。

④ Brandt L. , Tombe T. & Zhu X. , "Factor market distortions across time, space and sectors in China", *Review of Economic Dynamics*, Vol. 16, No. 1 (2013): 39 - 58.

⑤ 沈春苗、郑江淮：《资源错配研究述评》，《改革》2015 年第 4 期。

⑥ Olley G. S. & Pakes A. , "The dynamics of productivity in the telecommunications equipment industry", *Econometrica*, Vol. 64, No. 6 (1996): 1263 - 1297.

机制的异同。[①] 杭静等发现由于面临要素价格更高的企业更有激励提高产能利用率，与不考虑产能利用率的模型相比，考虑产能利用率的模型所测算出的实际生产率分布和收入生产率分布的分散程度较低，并认为 Hsieh 和 Klenow 高估了我国 2005 年制造业资源错配约 31.5%，强调了产能利用率的动态调整对于测算资源配置程度和生产率的重要性。[②]

（二）资源错配的形成原因

国内外相关研究从不同角度对资源错配的形成原因展开大量充分的讨论。①从行政垄断角度。靳来群等认为尽管中国所有制差异所致资源错配程度总体上呈下降趋势，但资源错配情况依然严重，所有制差异导致的资源错配问题的根本原因并不在于所有制差异本身，而在于政府行政权力与国有企业垄断所结合而形成的行政垄断。[③] 行政部门通过设置市场进入壁垒、管制市场价格获得垄断势力，以及通过支配国有银行占主导的金融体系为国有企业带来较低的融资成本，从而实现国有企业高利润以及员工高福利，进而导致资本要素和劳动要素的错配。陈林等研究发现中国工业行业存在总体上的资源错配，行业间资本错配和行业内国有企业的资源错配是导致总体资源错配的主要原因，且工业行业的行政性垄断程度与其资源错配程度呈现显著的正相关关系，行业的行政性垄断程度越高，资源错配

---

① 张兴龙：《投入产出关联对资源错配损失效应的放大机理及实证——基于中国投入产出表的分析》，《产业经济研究》2019 年第 4 期。

② 杭静、郭凯明、牛梦琦：《资源错配、产能利用与生产率》，《经济学（季刊）》2021 年第 1 期；Hsieh C. & Klenow P. J., "Misallocation and Manufacturing TFP in China and India", *The Quarterly Journal of Economics*, Vol. 124, No. 4 (2009): 1403 – 1448。

③ 靳来群、林金忠、丁诗诗：《行政垄断对所有制差异所致资源错配的影响》，《中国工业经济》2015 年第 4 期。

程度越严重。① ②从市场分割角度。王宋涛等研究发现要素市场
分割程度越严重的地区，其资源错配程度也越严重，而劳动收入
份额则越低。② 王磊等研究计算出国内市场分割指数每减少 1 个
百分点可以使资源错配程度降低 3.94%。③ ③从政府干预角度。
余壮雄等认为政府对经济的干预会加剧地区产业资源错配，而制
造业空间集聚与外向型经济发展则能够有效降低产业资源错配程
度。④ ④从借贷约束角度。简泽等发现资本扭曲不仅形成于金融
市场的信息不对称，而且内生于金融部门信贷配置的非市场化，
尤其是银行信贷配置的国有企业偏向政策。⑤ ⑤从贸易自由角度。
邓富华等发现进口贸易自由化能够改善资本错配但会加剧劳动
力错配，资源再配置效应、产业集聚效应和企业规模均匀分布
是进口贸易自由化改善资本错配的主要途径，而劳动力市场分
割是进口贸易自由化恶化劳动力错配的主要渠道。⑥ 周申等研究
发现最终品贸易自由化的促竞争效应和中间品贸易自由化的中
间品进入效应通过促进高效率与低效率企业之间的市场份额转
移和增强企业之间的优胜劣汰机制来达到对劳动力错配的改善
效果，同时，地区的市场化进程能够强化两种贸易自由化对劳
动力资源配置的影响，即市场化程度越高，贸易自由化的劳动

① 陈林、李康萍：《公平竞争审查视阈下行政性垄断与资源错配》，《产业经济研究》2018 年第 4 期。

② 王宋涛、温思美、朱腾腾：《市场分割、资源错配与劳动收入份额》，《经济评论》2016 年第 1 期。

③ 王磊、邓芳芳：《市场分割与资源错配——基于生产率分布视角的理论与实证分析》，《经济理论与经济管理》2016 年第 11 期。

④ 余壮雄、米银霞：《地区产业转型中的企业行为与资源错配》，《中国工业经济》2018 年第 6 期。

⑤ 简泽、徐扬、吕大国、卢任、李晓萍：《中国跨企业的资本配置扭曲：金融摩擦还是信贷配置的制度偏向》，《中国工业经济》2018 年第 11 期。

⑥ 邓富华、沈和斌：《进口贸易自由化对制造业资源错配的影响——基于中国加入 WTO 的自然实验》，《国际经贸探索》2020 年第 6 期。

力资源错配改善效应就越大。① ⑥从金融摩擦角度。李欣泽等认为金融摩擦分别从异质性借贷成本、借贷约束、信息不对称、不完全契约下的受限执行、企业进入与退出决策和部门间的资源再分配等多个途径影响资本、劳动和企业家才能等要素的配置效率，并最终对企业及总体经济的全要素生产率和产出产生影响。② 林滨等发现金融摩擦会通过收紧高效率企业的融资约束产生资源错配。③ ⑦从税负扭曲角度。李旭超等研究发现僵尸企业显著提高了正常企业（非僵尸企业）的实际所得税税率，企业规模越大，实际所得税税率提高越多，"鞭打快牛"造成了资源错配。④ ⑧从住房价格角度。陈斌开等认为高房价导致的企业利润率与全要素生产率"倒挂"机制是产生资源错配、降低资源配置效率的重要原因；余静文等发现高房价对行业全要素生产率产生了负面影响，房价收入比每提高 10% 会导致行业全要素生产率下降 2.56%，这说明高房价并没有通过流动性效应来改善资源配置效率，反而导致要素配置扭曲程度的加大。⑤ ⑨从政府行为角度。张少辉等认为土地出让过程中，地方政府抬高商服住宅用地价格以"横向补贴"工业用地低价出让的模式，导致土地价格和

---

① 周申、海鹏、张龙：《贸易自由化是否改善了中国制造业的劳动力资源错配》，《世界经济研究》2020 年第 9 期。

② 李欣泽、陈言：《金融摩擦与资源错配研究新进展》，《经济学动态》2018 年第 9 期。

③ 林滨、王弟海、陈诗一：《企业效率异质性，金融摩擦的资源再分配机制与经济波动》，《金融研究》2018 年第 8 期。

④ 李旭超、鲁建坤、金祥荣：《僵尸企业与税负扭曲》，《管理世界》2018 年第 4 期。

⑤ 陈斌开、金箫、欧阳涤非：《住房价格、资源错配与中国工业企业生产率》，《世界经济》2015 年第 4 期；余静文、谭静、蔡晓慧：《高房价对行业全要素生产率的影响——来自中国工业企业数据库的微观证据》，《经济评论》2017 年第 6 期。

土地要素资源配置的扭曲，进一步抑制了全要素生产率的提升。[①]

沈春苗等从真实层面和制度层面对资源错配的成因进行了总结：从真实层面认为只有在完全竞争市场结构下才能实现所有企业的边际收益产品相等，进而实现资源的有效配置，但有关完全竞争市场结构的几点假设在现实中又是很难成立的，因而将经济运行过程中不可避免的现实因素导致的错配称为真实因素导致的错配；从制度层面认为政府的制度安排、政策安排等是资源错配的重要原因，试图运用政府力量改变市场结果的做法不可避免地会带来道德风险、效率损失和资源配置扭曲等问题。[②]

（三）资源错配的经济影响

自 Hsieh 和 Klenow 采用开创性的测度体系研究中美印三国资源错配所致的生产率损失效应以来，大量文献从不同角度展开了资源错配对生产率和产出的影响研究。[③] ①从资本配置效率角度。沈春苗等把资源配置效率纳入 Solow 的增长核算框架，得出产出水平除了受要素投入数量和技术状况的影响，还受到资源配置效率的影响[④]；文东伟利用 1998～2007 年中国制造业企业微观数据发现中国大多数制造业行业资本配置不足、劳动配置过度，且制造业整体的资源错配程度在下降，但国家所有权降低了资源配置

---

① 张少辉、余泳泽：《土地出让、资源错配与全要素生产率》，《财经研究》2019 年第 2 期。

② 沈春苗、郑江淮：《资源错配研究述评》，《改革》2015 年第 4 期。

③ Hsieh C. & Klenow P. J., "Misallocation and manufacturing TFP in China and India", *The Quarterly Journal of Economics*, Vol. 124, No. 4 (2009): 1403 – 1448.

④ Solow R. M., "A contribution to the theory of economic growth", *The Quarterly Journal of Economics*, Vol. 70, No. 1 (1956): 65 – 94.

效率。① 中国制造业整体资源配置效率的提高缩小了实际产出与有效产出之间的缺口，进一步提高资源配置效率是释放我国经济增长潜力和实现经济持续快速增长的重要途径。②从行业生产率角度。周新苗等将资源错配的分析纳入经济增长核算框架中发现，资源在行业间的配置对生产率提升的贡献极为有限，资源错配制约了制造行业生产效率的改进，矫正资本配置的扭曲可以提高 TFP 水平。② ③从微观企业生产率角度。张庆君研究发现我国工业企业的确存在较为明显的资源错配，如果达到资源配置的最优条件，我国工业企业的总产出将会明显上升，企业资源错配能够在一定程度上解释全要素生产率的变动，同时我国工业企业的资源错配与企业规模具有正相关关系；③ 戴小勇分析发现企业的边际收入产品或生产率的离散化程度越高，整个经济体的全要素生产率损失就越严重；④ 李俊青等认为资源错配会形成外生行业壁垒，致使企业之间表现出不同的边际生产力，直接制约了企业全要素生产率提升，且更高的税率和融资成本会进一步加重资源错配的扭曲效应；⑤ 王文等构建包含异质性企业的垄断竞争模型，以 2008～2017 年中国工业 A 股上市公司为研究样本，研究了不同类型（不同所有制、不同地区、不同行业）内部的资源错配与不同类型之间的资源错配对工业上市公司总体 TFP 损失

① 文东伟：《资源错配、全要素生产率与中国制造业的增长潜力》，《经济学（季刊）》2019 年第 2 期。
② 周新苗、钱欢欢：《资源错配与效率损失：基于制造业行业层面的研究》，《中国软科学》2017 年第 1 期。
③ 张庆君：《要素市场扭曲、跨企业资源错配与中国工业企业生产率》，《产业经济研究》2015 年第 4 期。
④ 戴小勇：《资源错配视角下全要素生产率损失的形成机理与测算》，《当代经济科学》2018 年第 5 期。
⑤ 李俊青、苗二森：《资源错配、企业进入退出与全要素生产率增长》，《产业经济研究》2020 年第 1 期。

的影响。① ④从投入产出角度。张兴龙实证分析发现投入产出关联会放大资源错配导致的产出损失，平均而言，能够使产出损失放大 2～3 倍。②

与此同时，相关研究也从不同渠道研究了资源错配所可能产生的经济影响。①对出口贸易的影响。祝树金等研究发现资本扭曲对企业出口行为具有显著正向的作用，但劳动扭曲对出口行为的影响则为负，表明资源错配在我国出口贸易发展过程中起到了一定的积极作用，但随着贸易增长方式转变和技术转型升级，这种积极作用将难以持续。③ ②对地方政府债务的影响。毛文峰等基于一套新口径城投债数据的研究发现，土地资源错配程度越高，地方政府举债概率就越高，举债规模也就越大，这种效应在中西部城市、中小城市和人口流出地城市更为明显。④ ③对产业结构升级的影响。张苗等发现土地资源错配及其滞后效应对产业结构升级产生了显著负向影响。⑤ ④对产能利用的影响。刘满凤等发现在垄断竞争的市场格局下，要素扭曲导致的资源错配严重阻碍了产能的释放，致使低端产能堆积，因此化解产能过剩有赖于资源配置优化、削减投入冗余。⑥ ⑤对经济波动的影响。胡本田等研究发现整体上资本错配和劳动力错配均表现出稳健的部分

① 王文、牛泽东：《资源错配对中国工业全要素生产率的多维影响研究》，《数量经济技术经济研究》2019 年第 3 期。

② 张兴龙：《投入产出关联对资源错配损失效应的放大机理及实证——基于中国投入产出表的分析》，《产业经济研究》2019 年第 4 期。

③ 祝树金、赵玉龙：《资源错配与企业的出口行为——基于中国工业企业数据的经验研究》，《金融研究》2017 年第 11 期。

④ 毛文峰、陆军：《土地资源错配、城市蔓延与地方政府债务——基于新口径城投债数据的经验证据》，《经济学家》2020 年第 4 期。

⑤ 张苗、彭山桂、刘璨：《土地资源错配阻碍新旧动能转换的作用机制研究》，《中国土地科学》2020 年第 11 期。

⑥ 刘满凤、刘熙、徐野、邓云霞：《资源错配、政府干预与新兴产业产能过剩》，《经济地理》2019 年第 8 期。

中介效应，即政府行为可以直接或通过资源错配间接地影响经济波动，且资源错配对经济波动的影响呈现出"U"形特征；分区域来看，东部和中部地区的资源错配中介效应分别表现为完全中介效应和部分中介效应，而在西部地区的中介效应不明显。[①]

四 金融资源错配的相关问题研究

（一）金融资源错配的内涵与表现

作为资源错配的一种重要类型，金融资源错配不仅具有资源错配的一般性内涵，而且具有金融属性资源错配的独特内涵。资源配置理论认为，金融资源只有流向效率最高的部门才能实现金融资源配置的帕累托最优。[②] Banerjee 和 Moll 将金融资源错配界定为"内涵型错配"和"外延型错配"两种类型，认为内涵型错配是指生产要素之间没有按照"等边际法则"实现配置，比如银行偏好国有企业授信，而外延型错配则指小企业出于产业壁垒等原因无法与大企业开展公平竞争的情况。[③] 周煜皓等认为金融资源错配是金融资源配置结构与效率之间的不匹配性。[④]

围绕金融资源错配的表现形式，大量研究从不同层面展开了

---

① 胡本田、王一杰：《地方政府行为与经济波动——基于资源错配的中介效应》，《软科学》2020 年第 5 期。

② Eisfeldt A. L. & Rampini A. A., "Managerial incentives, capital reallocation, and the business cycle", *Journal of Financial Economics*, Vol. 87, No. 1 (2008): 177 – 199.

③ Banerjee A. V. & Moll B., "Why does misallocation persist?" *American Economic Journal: Macroeconomics*, Vol. 2, No. 1 (2010): 189 – 206.

④ 周煜皓、张盛勇：《金融错配、资产专用性与资本结构》，《会计研究》2014 年第 8 期。

有益的讨论。① 从企业所有制和企业规模层面。企业层面的讨论主要集中于不同所有制企业和不同规模企业之间的金融资源错配现象。鲁晓东指出，国有企业和非国有企业不对称的融资能力是现阶段我国金融错配的集中体现。① 陈小亮等认为在垂直生产结构之下，国企尤其是亏损国企不仅凭借垄断地位挤占了非国企在上游行业的投资空间，而且通过抬高中间品价格削弱了非国企在下游行业的投资动机，导致资本明显错配。② 邢天才等将企业规模和经济周期纳入研究框架，认为小企业比大企业面临更高的资金使用成本，但拥有更高的资本边际生产率；同时，企业整体上在经济下行时比经济上行时面临更严重的资本错配，大企业的资本边际生产率对其资本错配程度的变化在经济下行时反而更敏感。③ 于泽等认为，自 2010 年我国在合意贷款规模的名义下重拾贷款规模管制以来，大型企业和国有企业更多受到投资机会约束，而成长性中小企业则更多面临融资约束，表明我国存在流动性错配环境，完美运行的金融市场应该将资金配置给投资机会多的企业，但现实中这些企业却由于抵押品等问题较难获得信贷，这种流动性错配降低了资源配置效率，不仅影响企业投资的速度，更影响整个经济的投资质量。④ ② 从产业内和产业间层面。简泽等发现，与劳动力的配置相比，我国制造业部门存在严重的资本扭曲，表现为生产率低的企业过多地使用了资本而生产

---

① 鲁晓东：《收入分配、有效要素禀赋与贸易开放度——基于中国省际面板数据的研究》，《数量经济技术经济研究》2008 年第 4 期。

② 陈小亮、陈伟泽：《垂直生产结构、利率管制和资本错配》，《经济研究》2017 年第 10 期。

③ 邢天才、庞士高：《资本错配、企业规模、经济周期和资本边际生产率——基于 1992 - 2013 年我国制造业上市企业的实证研究》，《宏观经济研究》2015 年第 4 期。

④ 于泽、陆怡舟、王闻达：《货币政策执行模式、金融错配与我国企业投资约束》，《管理世界》2015 年第 9 期。

率高的企业则过少地使用了资本，这种微观层面的资本扭曲引起了资本、劳动和产出的配置与企业间全要素生产率分布的偏离，进而造成了企业间的资源错配和产业组织的扭曲，由资本扭曲引起的企业间资源错配是造成总量层面全要素生产率损失的重要原因。① 王韧等发现产能过剩领域的金融资源配置更多受非市场化因素影响而与实际经营效益脱节，金融资源和利率补贴被优先提供给了那些经营绩效差，但在存量负债、存续年限或所有制上拥有优势的企业；微观金融资源错配映射于宏观货币层面，会引发产能过剩领域企业债务负担的"逆周期"变化和"逆调控"特征，既会通过"僵尸企业贷款"等方式恶化产能格局，也会因为"劣币驱逐良币"诱发"杠杆率悖论"。②

③从金融与实体的部门间层面。金融资源在金融部门和实体部门之间的错配是金融资源错配的重要形式，典型表现为金融资源"脱实向虚"或实体企业过度金融化问题。张成思等发现，近年来我国实体企业出现了严重的"脱实向虚"现象。③ 彭俞超等认为，宏观层面上的经济"脱实向虚"反映为资金不断向虚拟经济集聚引致的金融资产空转、资产价格上升以及影子信贷市场过度膨胀等方面，而微观层面上则表现为企业金融资产配置比重提高而实体投资意愿不断降低的现象。④ 杨胜刚等认为虚拟经济的过度繁荣使得不同层次的货币界限逐渐模糊，基于"金融资产－货币－金融资产"的交易方式导致大量资金的

---

① 简泽、徐扬、吕大国、卢任、李晓萍：《中国跨企业的资本配置扭曲：金融摩擦还是信贷配置的制度偏向》，《中国工业经济》2018 年第 11 期。

② 王韧、张奇佳：《金融资源错配与杠杆响应机制：产能过剩领域的微观实证》，《财经科学》2020 年第 4 期。

③ 张成思、张步昙：《中国实业投资率下降之谜：经济金融化视角》，《经济研究》2016 年第 12 期。

④ 彭俞超、黄志刚：《经济"脱实向虚"的成因与治理：理解十九大金融体制改革》，《世界经济》2018 年第 9 期。

"脱实向虚"。① 曹源芳等研究发现互联网金融及其利率优势正依靠"虹吸"效应不断从金融系统和实体企业抽走资金，使得大量金融资源游离在实体经济和传统金融体系之外，因而金融错配风险无法实现收敛。② 韩珣等发现金融错配程度的提高会从整体上加大企业影子银行化规模，这种效应仅在金融深化程度较高、经济资源市场化配置程度偏低的地区显著，并且金融错配水平的上升将会通过提高融资约束程度来降低企业实体投资水平，这种效应在资产专用性较强的企业中更为明显。③ 曹源芳进一步发现当前我国经济高速增长积累的矛盾和风险在不断凸显，金融服务实体经济的本质被扭曲以及金融领域"国进民退"等金融错配现象正在成为风险来源。④

（二）金融资源错配的影响因素

目前，有关金融资源错配特别是我国金融资源错配影响因素的研究，不同学者从不同角度出发进行了有益的探讨。张庆君等发现所有制歧视是金融错配发生的重要原因之一，所有制歧视程度与金融错配程度之间存在正向关联。⑤ 陈小亮等研究发现在垂直生产结构之下，借助利率市场化改革和国企改革（核心是消除行政进入壁垒），当经济体达到新的均衡时，国企和非国企资本错配的问题将会显著改善，总产出将增加 24.2% ，居民消费将增

---

① 杨胜刚、阳旸：《资产短缺与实体经济发展——基于中国区域视角》，《中国社会科学》2018 年第 7 期。

② 曹源芳、袁秀文、张景菲：《强监管下金融错配风险趋于收敛了吗？——基于互联网金融发展的视角》，《经济问题》2019 年第 10 期。

③ 韩珣、李建军：《金融错配、非金融企业影子银行化与经济"脱实向虚"》，《金融研究》2020 年第 8 期。

④ 曹源芳：《金融错配对宏观经济下行风险存在异质性冲击吗？——基于规模效应与效率效应的维度》，《审计与经济研究》2020 年第 2 期。

⑤ 张庆君、李雨霏、毛雪：《所有制结构、金融错配与全要素生产率》，《财贸研究》2016 年第 4 期。

加 66.9%。① 刘朝等认为补贴差异化程度、免税额差异程度、国有资本比重的提高可以显著提升行业内资本错配程度；而行业平均规模、知识、高技能劳动力密集度的提高则可以显著降低错配程度，进而提出推进补贴和免税模式改革来降低行业内资本错配这一重要手段。② 刘盛宇等分析发现生产率波动与资本错配程度显著正相关，调整成本是二者关系传递的重要因素。③ 陈国进等认为无论是省级层面还是行业层面，金融发展与资本错配之间均存在倒"U"形关系；当金融发展处于较低水平时，资本积累速度加快会导致资本错配加剧，而当金融发展达到较高水平时，这种效应会发生逆转。④ 杨校美等利用 2003～2018 年中国省级面板数据发现双向直接投资协同发展会显著降低中国资本错配和劳动力错配，双向直接投资的协同发展能够通过提高金融深化水平和劳动力成本水平来缓解资本错配和劳动力错配，进而提高经济效益。⑤ 宁薛平等以我国沪深两市 A 股上市公司为样本，研究了杠杆率水平对金融错配的非线性影响，当杠杆率水平低于杠杆率门限阈值时，债务的扩张与经济增长的运动方向一致，对缓解金融错配有正向效应；而当杠杆率继续升高、逼近并超过杠杆率阈值时，对缓解金融错配具有负向效应。⑥ 崔书会等利用我国 280 个

① 陈小亮、陈伟泽：《垂直生产结构、利率管制和资本错配》，《经济研究》2017 年第 10 期。

② 刘朝、赵志华、步晓宁：《资本动态投入、生产率波动与资本错配》，《南开经济研究》2018 年第 1 期。

③ 刘盛宇、尹恒：《资本调整成本及其对资本错配的影响：基于生产率波动的分析》，《中国工业经济》2018 年第 3 期。

④ 陈国进、陈睿、杨翱、赵向琴：《金融发展与资本错配：来自中国省级层面与行业层面的经验分析》，《当代财经》2019 年第 6 期。

⑤ 杨校美、肖红叶：《双向直接投资协同发展对中国资源错配的影响》，《商业经济与管理》2020 年第 7 期。

⑥ 宁薛平、张庆君：《企业杠杆率水平、杠杆转移与金融错配——基于我国沪深 A 股上市公司的经验证据》，《南开管理评论》2020 年第 2 期。

地级市的面板数据研究了产业协同集聚与资本错配、劳动力错配的关系，研究发现，产业协同集聚的提高总体上能够显著降低资本错配和劳动力错配程度，进一步分析表明，产业协同集聚水平的提高会通过提升金融业的专业化分工水平来降低资本错配程度，同时也会通过提高劳动力成本来改善劳动力错配。[①] 王亚飞等将自由贸易试验区和产业集聚同时纳入资本配置效率分析框架，发现资本错配在时间维度上存在"路径依赖"现象，自贸区设立在整体上加剧了资本错配。[②]

（三）金融资源错配对经济增长的影响机制

现有研究从全要素生产率、技术创新、产业结构、宏观经济风险等角度对金融资源错配的效应问题进行了讨论，为系统探讨金融资源错配对经济增长的影响机制提供了有益的思路、观点和方法。

1. 金融资源错配与全要素生产率

沿袭 Hsieh 和 Klenow 的研究框架和思路，[③] 在金融资源错配的相关经济效应的讨论中，金融资源错配与全要素生产率之间的关系自然成为研究的一个焦点。张庆君等研究发现金融资源错配对全要素生产率的抑制效应具有显著的滞后性，即滞后一期的金融错配对全要素生产率具有显著的抑制效应；在所有制结构中，国有企业的比重越高，对全要素生产率的促进作用就越小；政府

---

① 崔书会、李光勤、豆建民：《产业协同集聚的资源错配效应研究》，《统计研究》2019 年第 2 期。

② 王亚飞、廖甍、陶文清：《自由贸易试验区设立能矫正资本错配吗？——兼论产业集聚的调节效应》，《中国管理科学》2021 年第 5 期。

③ Hsieh C. & Klenow P. J., "Misallocation and manufacturing TFP in China and India", *The Quarterly Journal of Economics*, Vol. 124, No. 4 (2009): 1403 - 1448.

通过金融发展来缓解金融资源错配进而推动全要素生产率提高的作用并不显著。① 李思龙等研究微观企业层面资本错配率对全要素生产率的影响发现,资本错配率对企业全要素生产率的影响因产权性质的不同而存在差异,而市场依赖度的不同进一步加大了这种差异,主要表现为:国有企业的资本错配率对企业全要素生产率具有显著的正向影响,市场依赖度越高的国有企业其正向影响越大;非国有企业的资本错配率对全要素生产率具有显著的负向影响,市场依赖度越低的非国有企业其负向影响越大。② 王欣等将要素价格扭曲系数引入分析框架,研究了要素错配对制造业全要素生产率的影响,结论表明:金融资源错配对制造业全要素生产率具有显著抑制作用,且这种抑制效应具有一定的时滞性;所有制结构方面,国有企业的金融错配对全要素生产率的抑制作用更强;分行业研究显示,金融错配对全要素生产率的边际影响在资本密集型行业中最为显著。③ 吴仁水等研究发现宏观经济政策的外生冲击会改变资本在部门间的配置效率,导致全要素生产率(TFP)发生内生性波动,政策冲击对 TFP 的影响主要由民营企业受到信贷约束决定;紧缩货币政策以及民营部门信贷抵押要求的上升都会降低资源配置效率,从而导致 TFP 出现长时间下降。④

2. 金融资源错配与技术创新

从金融资源错配与技术创新的关系角度来研究金融资源错配

① 张庆君、李雨霏、毛雪:《所有制结构、金融错配与全要素生产率》,《财贸研究》2016 年第 4 期。

② 李思龙、郭丽虹:《市场依赖度、资本错配与全要素生产率》,《产业经济研究》2018 年第 2 期。

③ 王欣、曹慧平:《金融错配对中国制造业全要素生产率影响研究》,《财贸研究》2019 年第 9 期。

④ 吴仁水、董秀良、钟山:《信贷约束、资源错配与全要素生产率波动》,《宏观经济研究》2019 年第 6 期。

的经济效应是目前研究的另一个焦点。张建华等将政府干预引入模型，研究发现金融资源错配抑制了制造业企业的创新，而政府干预的影响是复杂的，取决于政府干预手段对企业的直接作用以及其通过影响金融资源配置对企业的间接作用，且这两种作用通常是相反的，即金融错配会削弱政府干预对企业创新的影响，且非国有企业和技术密集型产业具有更高的研发强度；加大对技术密集型产业和民营企业的金融资源配置和政府补助，加快竞争性国有企业行业改革等政策有助于促进企业创新。① 张洁等基于中国高新技术上市公司年报数据，研究发现资本错配对企业研发投入存在抑制效应；融资约束不仅对企业研发具有直接负向影响，还会强化资本错配对研发投入的抑制效应，但上述融资约束的影响仅在非国有企业中存在，而对国有企业没有显著影响。② 冉茂盛等同样发现金融错配对企业创新产出产生显著的抑制效应，政治关联可以弱化金融错配对企业创新产出的这种抑制作用。③ 李玉山等利用我国省际层面的面板数据进行分析后发现：金融歧视和金融错配对技术创新具有显著的抑制作用；金融歧视强化了金融错配对技术创新的抑制效应，且这一效应在东、中、西部三大区域依次增强；金融错配是金融歧视影响技术创新的重要路径，随着金融歧视跨越一定的临界值，金融错配对技术创新的抑制效应更为突出。④

---

① 张建华、杨小豪：《政府干预、金融错配与企业创新——基于制造业上市公司的研究》，《工业技术经济》2018 年第 9 期。

② 张洁、唐洁：《资本错配、融资约束与企业研发投入——来自中国高新技术上市公司的经验证据》，《科技进步与对策》2019 年第 20 期。

③ 冉茂盛、同小歌：《金融错配、政治关联与企业创新产出》，《科研管理》2020 年第 10 期。

④ 李玉山、陆远权：《金融歧视、金融错配与技术创新》，《研究与发展管理》2020 年第 4 期。

3. 金融资源错配与产业结构

部分研究尝试从产业结构或经济结构角度来探讨金融资源错配可能存在的经济效应，形成了某些重要的观点和结论。曹玉书和楼东玮在分析和分解各地区及三次产业资源误置程度的基础上，通过在传统的增长核算框架内引入错配系数的方法，重新测算了我国在资源误置条件下的经济增长，并将除去资源错配因素后的实际技术进步分解为结构变迁效应和净增长效应，得到了资源错配、结构变迁和经济转型间的关系。① 战明华发现银行信贷渠道的强化对产业结构升级具有结构性错配效应，而紧缩性货币政策则显著地放大了这种效应；企业的国有属性强化了银行信贷渠道的信贷资源错配效应，而紧缩性货币政策则对这种效应没有显著影响；由于不同产业间国有比重的分布不均衡，因而总体上经济中国有比重的提高仍会对货币政策银行信贷渠道的信贷资源错配效应产生显著的强化效应。②

4. 金融资源错配与宏观经济风险

林滨等利用一个具有金融摩擦和异质性效率厂商的 DSGE 模型展开探讨，结果表明外生技术冲击和金融冲击都会通过改变企业融资约束产生资源再分配效应，并放大整体经济波动。③ 曹源芳利用宏观经济下行风险指数和 SVAR 模型，实证检验了金融错配对宏观经济下行风险的异质性冲击，研究发现以效率效应为主

---

① 曹玉书、楼东玮：《资源错配、结构变迁与中国经济转型》，《中国工业经济》2012 年第 10 期。

② 战明华：《金融摩擦、货币政策银行信贷渠道与信贷资源的产业间错配》，《金融研究》2015 年第 5 期。

③ 林滨、王弟海、陈诗一：《企业效率异质性、金融摩擦的资源再分配机制与经济波动》，《金融研究》2018 年第 8 期。

导的"内涵型错配"对宏观经济下行风险的当期冲击效应和累积冲击效应较小，而规模效应主导的"外延型错配"正在成为引发我国宏观经济下行风险的主渠道。①

五 简要述评

本部分在发展金融理论、经济增长理论、资源错配理论等相关理论梳理的基础上，主要对金融发展与经济增长的内在关系、金融资源配置与经济增长、资源错配理论及其研究的新进展、金融资源错配的影响因素及经济效应等相关理论以及文献进行了回顾与述评，相关研究成果为系统开展金融资源错配问题讨论奠定了重要的理论基础、思想观点、方法手段等研究支撑。然而，关于我国金融资源错配问题研究的系统性分析框架尚未形成，有关金融资源错配的形成机理与经济效应研究仍然散落于不同视角之中而未能形成系统性的思想、观点与方法，也尚未形成从完整理论框架出发的金融资源错配纠正机制。鉴于此，课题研究将金融资源错配问题回溯至经典的金融发展理论的讨论之中，基于最优金融条件的理论前沿建立金融资源错配问题的系统分析框架，深入探讨我国金融资源错配的形成机理、经济效应与纠正机制等关键核心问题，以期为我国金融改革与发展的理论与实务工作提供重要参考与决策依据。

---

① 曹源芳：《金融错配对宏观经济下行风险存在异质性冲击吗？——基于规模效应与效率效应的维度》，《审计与经济研究》2020 年第 2 期。

第三章 我国金融资源错配的主要形式与典型事实

本部分在回顾改革开放以来我国金融体系资源配置功能演进和金融资源配置效率时空特征的基础上，从地区间错配、部门间错配、产业间错配、企业间错配四个层面深入研究了我国金融资源错配的主要形式及典型事实，为深刻把握我国金融资源错配的基本特征提供现实依据。

一 改革开放以来我国金融体系资源配置功能的演进

1. 形成阶段（1978～1984 年）

改革开放初期（1978～1984 年），我国金融体系建设处于起步期，中国人民银行的中央银行制度框架基本确立，以国有银行为主导的银行业结构基本成形，适应改革开放初期要求的金融体系初显雏形。在这一时期，机构单一、行政主导、管理体制高度集中构成了我国金融体系发展的基本特点，金融体系运行仍然无法满足市场取向的经济体制改革要求，并逐渐暴露出金融资源供给渠道匮乏、应对潜在金融风险能力不足等问题，这些问题成为制约我国经济社会发展的突出短板。因此，加快建设适应社会主义市场经济要求的现代金融体系就成为这一时期金融改革与发展的首要任务。与金融体系的初步发展相对应，这一时期我国金融体系的资源配置功能尚处于形成阶段。特别是，在传统的"大一统"金融体制下，金融体系主要发挥储蓄动员作用而非资本配置作用。一个重要现象是，该时期我国居民储蓄存款连年大幅度增加，但银行因厌恶风险而惜贷导致存贷差额不断扩大，资金资源并未得到充分有效的转化利用与配置，金融资源配置功能的发挥仍存在极大障碍。

2. 深化阶段（1985～1993年）

随着改革开放的持续推进，1985～1993年我国金融发展已经进入金融体系的全面建设时期。在这一时期，我国金融业开始向法制化发展，金融体系更加完善，中国人民银行领导下的商业银行职能逐渐明晰，业务范围逐渐扩大，银行业金融机构和资本市场不断发展，金融体系发展更加适应市场经济需求，并为推动经济高速发展奠定了重要基础。从金融资产结构来看，该时期国债、股票、银行资产三者占据了我国金融资产总额的绝大部分。然而，银行部门金融资产的高增长并未带来资源配置效率的显著提高，股票市场发展也主要表现出金融资产增长的规模效应而非金融资产配置的效率效应，国债市场的发展也尚未起到提升金融资源配置效率的良好效果。尽管该时期我国金融深化进程中确实存在储蓄效应与投资效应，但这与"渠道效应论"无关，对提高金融资源配置效率的作用也十分有限。虽然这一时期金融资源实现了快速增长，市场化资源配置机制也在逐渐深化，对促进经济快速增长起到重要作用，但是金融资源粗放扩张、效率低下等问题，限制了金融体系资源配置功能的有效发挥，因此该时期我国金融体系的资源配置功能还处于缓慢深化和改进受限的发展阶段。

3. 转型阶段（1994~2000 年）

1994~2000 年，随着改革开放逐渐进入深水期，我国金融发展也步入全面配套改革与转型发展的重要时期。国务院集中出台了包含中央银行体系、金融宏观调控体系、金融组织体系、金融市场体系和外汇管理体系等领域的一系列金融改革措施，初步建成了有管理的浮动汇率制度，基本确立了政策性银行体系框架，不断完善了保险监管机制和分业监管机制。具体来看，该时期随着金融改革的持续深化，中国人民银行的货币调控职能不断加强，银行外的金融监管职能由银监会、证监会、保监会承担；政策性银行逐步建立，银行证券法制化不断推进，金融体系各系统职能更加清晰完善、分工更加明确，期货市场等新兴金融市场加快发展；传统的金融体制逐渐从原先诸多行政管制下解放出来，各类金融机构能够更加自由地开展各项金融服务；金融自由化改革不断推进，包括放开利率管制、放松或取消市场准入限制、减少金融机构业务范围限制、制定统一的金融产品和金融服务标准、降低金融产品和服务收费等领域改革初见成效。在这一时期，我国仍然是一个典型的银行主导型金融体系，股票市场等资本市场尚未在企业筹资、居民资产选择、资源动员与配置等方面形成对银行体系的重要补充。在这样的发展背景下，我国金融体系的资源配置功能仍然处于尚未被有效激活的发展状态，金融资源配置效率改进和提升的效果并不十分明显。这一时期，我国金融结构仍以银行尤其是国有控股的大型商业银行为主导，虽然在储蓄动员、促进增长方面的宏观效率不断提升，但在资源配置及效率改进方面，仍存在非常突出的问题。主要表现在：①政府主导型金融体系特征仍较为突出，与经济体系的市场化改革进程产生了一定的滞后性；②金融管制限制、市场化金融主体培育不足、金融市场信息披露不健全、市场操纵和违规违法事件频发等问题突出，在一定程度上限制了金融体系有效发挥金融资源配置功能的空间；③货币市场发展相对滞后导致经济金融运行中的流动性短缺问题仍较为严峻；④资本市场发展尚未充分发挥出有效分散风险和资源再分配功能，以市场化机制和方式推动存量资源结构调整的能力仍然不足。

4. 市场化阶段（2001 年至今）

自 2001 年以来，我国进入金融改革的加速期，金融发展开始从政策性开放转向制度性开放，改革步伐明显加快，金融管理"一行三会"的格局基本形成。经过历次变革，中国人民银行实现了货币政策与银行、证券、保险监管职能的分离，并专注于"制定和执行货币政策、维护金融稳定、提供金融服务"的三大支柱职能。同时，银保监会与证监会共同构筑了一个严密的监管体系，全方位地覆盖金融机构与金融市场。同时，实施人民币汇率形成机制改革，逐步取消外资银行经营人民币业务的地域限制。随着金融市场化改革的加速深入，多样化的金融机构体系、复杂的产品结构体系和更加开放的金融市场正在加快形成，我国金融体系的资源配置功能得到了明显强化。主要表现在以下几方面：首先，金融市场将资源从低效率利用部门转移到高效率利用部门的趋势逐步确立，社会经济资源利用效率不断提升；其次，社会财富通过金融市场资产价格的波动逐步实现了财富的再分配；再次，随着金融工具的不断丰富，不同风险厌恶程度的交易者能够在市场中寻找到所需的基本交易工具进行风险的再分配。

二 我国资本配置效率的时空特征：
一个简单测算

（一）测算方法

从产业角度看，拥有较高资本配置效率的国家往往表现为资本流出低成长的产业、流入高成长的产业。同样地，从地区角度看，资本配置效率也可以通过资本在该国不同地区间的流动来考察。资本的地区间流动，也应表现为流出低成长地区、流入高成长地区。参考潘文卿等[①]，地区间资本配置效率可通过建立如下模型来测度：

$$\ln(I_{it}/I_{it-1}) = \alpha_{it} + \eta_{it}\ln(GDP_{it}/GDP_{it-1}) + \varepsilon_{it} \qquad (3.1)$$

式（3.1）中，I 代表固定资本形成，i 代表不同地区，t 代表时间。参数 η 表示资本关于 GDP 变化的弹性。从不同地区组成的截面数据来测度，η 综合地反映了不同时期资本在不同地区间的配置效率；从时间序列数据来测度，η 则反映了不同地区在某一时期内资本配置的平均效率。

（二）时序特征

我们首先采用 1993 ~ 2017 年地区截面数据测算我国每一年的资本配置效率，然后形成时序变化图（见表 3 - 1 和图 3 - 1）。

---

① 潘文卿、张伟：《中国资本配置效率与金融发展相关性研究》，《管理世界》2003 年第 8 期。

表 3 - 1 1993 ~ 2017 年我国的资本配置效率

年份	1993	1994	1995	1996	1997	1998	1999	2000	2001
η	1.855	0.988	1.352	1.175	0.886	- 0.445	0.765	0.136	0.435

年份	2002	2003	2004	2005	2006	2007	2008	2009	2010
η	2.322	1.277	0.797	0.827	0.084	0.335	1.386	- 0.107	0.487

年份	2011	2012	2013	2014	2015	2016	2017
η	0.971	1.634	1.035	1.036	0.668	2.538	0.789

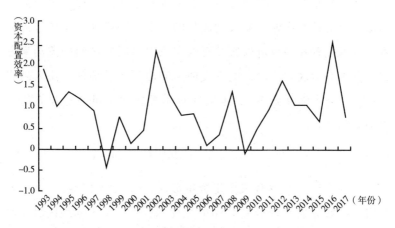

图 3 - 1 1993 ~ 2017 年我国资本配置效率的时序变化情况

分析结果表明：1993 年以来，我国资本配置总体效率在 2016 年达到最大值 2.538，在 1998 年达到最小值 - 0.445，资本配置效率的时序变化存在较大幅度的波动，且并未体现出较为稳定的增长趋势。1993 ~ 2017 年资本配置效率平均取值为 0.92，意味着如果国民生产总值增加 1 个百分点，则固定资本形成会增长 0.92 个百分点。总体来看，2009 年以来我国的资本配置效率呈现出一定的上升趋势，但也存在某些年份波动下行的基本特征，表明虽然国内资本配置总体状况在不断改善，但仍然存在某些制约资本配置效率不断优化的复杂因素或潜在障碍。

（三）空间特征

基于前文的分析，该部分分析采用每个地区的时间序列，测量每个地区在考察期间内的平均效率，然后按照资本配置效率（高、中、低）进行分类。表3-2给出了我国31个省区市在1993~2017年的平均资本配置效率，表3-3则对结果进行了分类。

表3-2 1993~2017年我国分地区资本配置效率估计

省份	$\dot\eta$	t-value	R^2	省份	$\dot\eta$	t-value	R^2
北京市	2.01	5.53	0.5704	湖北省	1.57	7.14	0.69
天津市	1.18	5.60	0.5769	湖南省	1.06	6.04	0.61
河北省	1.34	8.19	0.74	广东省	1.04	5.36	0.56
山西省	0.43	1.49	0.09	广西壮族自治区	1.47	3.78	0.38
内蒙古自治区	1.76	3.72	0.38	海南省	1.48	5.84	0.60
辽宁省	2.02	5.02	0.52	重庆市	0.48	1.75	0.14
吉林省	1.25	3.75	0.38	四川省	1.01	7.87	0.73
黑龙江省	0.86	5.07	0.53	贵州省	0.34	1.89	0.13
上海市	1.75	8.03	0.74	云南省	0.59	1.86	0.13
江苏省	1.05	5.72	0.59	西藏自治区	2.16	1.73	0.12
浙江省	1.49	8.45	0.76	陕西省	1.13	6.14	0.62
安徽省	1.42	7.74	0.72	甘肃省	0.72	2.13	0.16
福建省	1.41	9.98	0.81	青海省	0.16	0.51	0.01
江西省	1.06	3.96	0.41	宁夏回族自治区	0.13	0.54	0.01
山东省	0.66	3.88	0.4	新疆维吾尔自治区	1.01	4.47	0.47
河南省	1.15	7.16	0.69				

表3-3 1993~2017年我国不同资本配置效率的地区分组

	省份	西藏	辽宁	北京	内蒙古	上海	湖北	浙江	海南	广西
高	$\dot\eta$	2.16	2.02	2.01	1.76	1.75	1.57	1.49	1.48	1.47
	t-value	1.73	5.02	5.53	3.72	8.03	7.14	8.45	5.84	3.78
	R^2	0.12	0.52	0.5704	0.38	0.74	0.69	0.76	0.6	0.38

	省份	安徽	福建	河北	吉林	天津	河南	陕西	江西
中	$\dot{\eta}$	1.42	1.41	1.34	1.25	1.18	1.15	1.13	1.06
	$t-value$	7.74	9.98	8.19	3.75	5.6	7.16	6.14	3.96
	R^2	0.72	0.81	0.74	0.38	0.58	0.69	0.62	0.41
	省份	湖南	江苏	广东	四川		新疆	黑龙江	甘肃
	$\dot{\eta}$	1.06	1.05	1.04	1.01		1.01	0.86	0.72
	$t-value$	6.04	5.72	5.36	7.87		4.47	5.07	2.13
	R^2	0.61	0.59	0.56	0.73		0.47	0.53	0.16
低	省份	山东	云南	重庆	山西	贵州	青海	宁夏	
	$\dot{\eta}$	0.66	0.59	0.48	0.43	0.34	0.16	0.13	
	$t-value$	3.88	1.86	1.75	1.49	1.89	0.51	0.54	
	R^2	0.4	0.13	0.14	0.09	0.13	0.01	0.01	

上述结果显示：1993～2017 年间，排除统计检验不显著的 7 个省区市外①，我国其余 24 个省区市的平均资本配置效率均显著为正，其中辽宁最高、贵州最低，总体处于［0.34，2.02］的变化区间。从资本配置效率程度的地区分组情况来看，东、中部地区整体较西部地区资本配置效率的水平高，资本配置效率的空间分布呈现从东部地区到中部地区再到西部地区的梯度递减特征。

三　我国金融资源错配的主要表现形式

我国资本配置效率总体不高且改进缓慢，一个重要原因在于我国金融体系仍然存在较为普遍且严重的金融资源错配现象。

① 统计检验没有拒绝山西、重庆、贵州、云南、西藏、青海、宁夏效率为零的假设。

结合相关研究，本书从地区间错配、部门间错配、产业间错配、企业间错配四个层面对我国金融资源错配的主要表现形式进行归纳分析，以更为全面和系统地把握我国金融资源错配的基本特征。

（一）地区间错配

地区间错配是我国金融资源错配的主要表现形式之一，是构成我国金融资源错配的重要类型。金融资源的地区间错配是指各地区之间金融资源配置存在扭曲和不平衡的现象，即生产率高的地区配置了较少的金融资源，而生产率低的地区配置了较多的金融资源，具体表现为东中西部、各省区市等地区之间存在的资本配置扭曲现象（见表3-4、表3-5、表3-6）。

表3-4 1999~2007年我国制造业在各地区的资本相对扭曲系数

年份	1999	2000	2001	2002	2003	2004	2005	2006	2007
东部	0.9127	0.9147	0.9082	0.7065	0.7080	0.7487	0.7784	0.7462	0.7997
中部	1.2814	1.2611	1.3075	2.0079	2.0239	1.7808	1.6855	1.7395	1.3827
西部	1.2425	1.2749	1.2807	2.0226	2.1513	2.0660	1.3497	1.4593	1.7330

资料来源：周海波、胡汉辉、谢呈阳、戴萌《地区资源错配与交通基础设施：来自中国的经验证据》，《产业经济研究》2017年第1期。

表3-5 1992~2015年省际资源错配程度

年份	总资源错配程度	资本错配程度	年份	总资源错配程度	资本错配程度
1992	0.0834	0.0107	2004	0.1095	0.0077
1993	0.0990	0.0130	2005	0.1109	0.0074
1994	0.1048	0.0142	2006	0.1090	0.0065
1995	0.1026	0.0137	2007	0.1013	0.0056
1996	0.1013	0.0123	2008	0.0945	0.0043
1997	0.1002	0.0100	2009	0.0909	0.0050

续表

年份	总资源错配程度	资本错配程度	年份	总资源错配程度	资本错配程度
1998	0.1028	0.0079	2010	0.0869	0.0050
1999	0.1085	0.0067	2011	0.0751	0.0057
2000	0.1132	0.0065	2012	0.0700	0.0067
2001	0.1188	0.0064	2013	0.0644	0.0088
2002	0.1222	0.0067	2014	0.0667	0.0119
2003	0.1224	0.0080	2015	0.0720	0.0160

表 3 - 6　2015 年各省区市要素配置扭曲程度

地区	省份	资本	地区	省份	资本
环渤海	北京	0.5392	中部	河南	1.5204
环渤海	天津	1.1437	中部	湖北	0.8304
环渤海	河北	1.3745	中部	湖南	0.7308
西北	山西	1.5269	东南	广东	0.6427
西北	内蒙古	1.4681	西南	广西	1.5254
东北	辽宁	1.0029	西南	海南	1.2063
东北	吉林	1.4873	西南	四川	0.9241
东北	黑龙江	1.2539	西南	贵州	0.8974
东南	上海	0.7374	西南	云南	1.3055
东南	江苏	0.6164	西北	陕西	0.8792
东南	浙江	0.7989	西北	甘肃	1.1622
中部	安徽	0.9130	西北	青海	1.9471
东南	福建	1.0150	西北	宁夏	1.5264
中部	江西	0.8159	西北	新疆	1.3007
环渤海	山东	0.9913			

资料来源：靳来群《地区间资源错配程度分析（1992 - 2015）》，《北京社会科学》2018 年第 1 期。

首先是我国东中西部的资源错配。1999～2007 年，东部地区资本扭曲系数均小于 1，而中西部地区资本扭曲系数均大于 1。根据资本扭曲系数的定义，当资本扭曲系数为 1 的时候，该地区不存在资本错配，因此我国东部地区作为经济先发地区，1999～

2007 年一直处于资本配置不足的状态，且扭曲系数逐渐变小，从 0.9127 下降到 0.7997，这表明东部地区在资本配置不足上越来越严重；与之相反的是经济后发的中西部地区，1999～2007 年的资本扭曲系数一直大于 1 且有逐渐增加的趋势，中部地区扭曲系数从 1.2814 上升至 1.3827，西部地区扭曲系数从 1.2425 上升至 1.733，表明中西部地区不仅长期处于资本投入过剩的状态，且随时间推移这种扭曲程度逐渐加深。东部和中西部截然相反的资本扭曲系数变化，以及对应经济发展的不同状况，说明了我国存在严重的地区间错配，经济发达的东部地区资本配置不足，而经济欠发达的中西部地区资本配置却有剩余。同时，这也说明我国资本要素还未实现完全流动，且 1999～2007 年我国东部和中西部之间的资本错配程度在进一步加剧。

通过现有文献进一步发现，我国省际同样存在资源错配，截至 2015 年我国省际总资源错配程度达到了 7.2%，省际资本错配程度达到 1.6%。具体来看，1992～2008 年我国省际资本错配程度属于下降阶段，而 2008～2015 年省际资本错配程度却在逐渐提升。从具体省区市来看，2015 年北京、上海、江苏、浙江、江西、湖北、湖南、广东等经济相对发达省区市的资本配置扭曲系数小于 1，而河北、山西、内蒙古、吉林、青海、宁夏等经济发展相对落后省区市的资本配置扭曲系数则大于 1，说明我国经济发达省市大多面临资本配置不足的问题，而经济相对落后省区市却大多面临资本配置过剩的现象，这表明资本错配在我国地区间已经普遍存在。进一步从西北、东北、西南、东南、中部、环渤海地区来看，我国西北、西南地区几乎处于资本过度投入的状态，东南则处于资本配置不足的状态。

综上所述，我国存在较为普遍且严重的地区间资本错配现象，主要表现为经济发达地区资本配置不足而经济落后地区资本配置过剩的基本特征。

（二）部门间错配

部门间错配是指金融资源在金融部门和实体部门之间的错配现象，构成了我国金融资源错配的第二种重要类型。目前，国内广泛出现的金融"脱实向虚"以及实体部门（企业）过度金融化问题，已成为深刻反映金融资源部门间错配的重要现象，主要体现为金融部门游离于服务实体经济资金融通、风险分散的本质要求，过度地占有实体部门的资本、劳动力等资源而导致"脱实向虚"问题，以及实体部门（企业）逐渐脱离实际业务，选择通过大量投资房地产、金融资产来寻求快速的高额回报所导致的实体部门（企业）过度金融化问题。

本书从实体企业金融化角度对此进行说明。根据大部分文献的度量标准，我们采用企业通过金融类资产的获利占总营业利润比重指标来衡量实体企业金融化的程度，采用企业固定资产投资占比指标来衡量企业的实业投资率。分析发现，我国实体企业金融化水平除 2008 年金融危机时有所下降外，2006～2014 年从10% 左右逐渐上升至 20%，而对应的企业实业投资率从 2006 年的 5% 左右上升到 2008 年的 9% 之后就处于不断下降的趋势，至2014 年我国企业的实业投资率又回到 2006 年 5% 的水平。1999～2016 年我国金融相关资产占 GDP 的比例从 255.01% 上升至460.05%，说明我国经济金融化程度在不断加深。上述几个数据的变化说明，我国正在发生严重的金融资源"脱实向虚"问题，随着金融化水平的不断提高，我国实体企业出于短期利润追逐或金融套利动机，出现了过度金融化迹象，造成企业实体投资进一步萎缩和金融部门过度挤出实体部门资源等问题。

综上所述，我国金融部门和实体部门之间同样存在普遍且严重的金融资源错配问题，随着部门间错配程度的加深，资本等资源要素将不断从实体部门流出而进入金融部门空转，金融部门对实体部门的资源挤出效应进一步显现，是抑制我国实体部门持续发展的重要原因。

（三）产业间错配

产业间错配作为我国金融资源错配的又一种形式，是指产业之间（如三大产业及其细分产业之间）的金融资源配置不平衡，即大量金融资源被投入生产率较低的产业，而生产率较高的产业却无法获得相应足够的金融资源支持，造成金融资源在产业间的错配现象（见表3-7）。

表3-7 各个经济周期中分地区三次产业的金融资源错配系数

地区	时期	第一产业	第二产业	第三产业
东部	1986~1990年	1.09	0.66	0.47
	1991~1999年	1.13	0.44	0.35
	2000~2009年	0.89	0.37	0.39
	2010年	0.71	0.38	0.48
	1986~2010年	1.01	0.45	0.40
中部	1986~1990年	0.93	0.55	1.15
	1991~1999年	1.19	0.51	1.12
	2000~2009年	1.07	0.62	0.89
	2010年	1.03	0.55	1.08
	1986~2010年	1.08	0.57	1.03
西部	1986~1990年	0.78	0.54	0.63
	1991~1999年	1.30	0.54	0.72
	2000~2009年	1.47	0.51	0.66
	2010年	1.50	0.41	0.71
	1986~2010年	1.27	0.52	0.68
全国	1979~1981年	0.59	0.52	0.62
	1982~1986年	0.72	0.57	0.65
	1987~1990年	0.99	0.60	0.71
	1991~2999年	1.43	0.62	0.80
	2000~2009年	1.54	0.65	0.85
	2010年	1.51	0.68	1.14

资料来源：曹玉书、楼东玮《资源错配、结构变迁与中国经济转型》，《中国工业经济》2012年第10期。

　　以三次产业间错配情况来看，第二产业和第三产业的金融资源错配系数基本小于 1，而第一产业错配系数在 1990 年以前小于 1，在 1990 年以后大于 1。根据定义，当错配系数小于 1 时，表明该产业具有过多的资本和过少的劳动力，当错配系数大于 1 时，表明该产业具有过多的劳动力和过少的资本，当错配系数等于 1 时，表明不存在资源错配。在此我们仅对资本错配情况进行讨论，从测算结果来看，我国总体上对第二产业和第三产业投入了大量的资本，而对第一产业的资本投入不足。就错配系数与均衡值 1 的偏离程度而言，第二产业的偏离程度即资本错配程度要大于第三产业和第一产业。从三次产业间错配的地区分布特征来看，东部地区第二产业和第三产业资本错配程度较大且存在明显的资本配置过剩问题，这说明东部地区对加工制造业以及现代服务业的资本投入较大；中部地区对第二产业的资本投入过多，对第一产业和第三产业暂没有明显的资本错配也没有很大的波动；西部地区的第一产业即农业存在明显的资本配置不足，而第二三产业尤其是第二产业还存在相对明显的资本配置过剩问题。

　　综上所述，目前我国存在较为显著的产业间金融资源错配问题，从三次产业的角度看主要表现为第一产业资本配置不足而第二三产业资本配置过剩的基本特征，三次产业间的资本错配已成为我国产业间资本错配的最集中反映。

（四）企业间错配

　　企业间错配是目前我国金融资源错配最广泛也是最集中体现的领域，是指金融资源的企业间配置与企业生产效率不一致的现象，即金融资源过多配置于低生产效率企业而过少配置于高生产效率企业的现象。在我国，不同类型（不同所有制和不同规模等）企业之间存在金融资源错配现象，其中又以不同所有制企业之间如国有企业和民营企业之间的金融资源错配问题最为典型（见表3-8）。

表3-8 企业资本要素投入的生产率弹性

行业代码	资本投入的生产率弹性
1810	- 0. 6892 ***
1351	- 0. 7194 ***
3411	- 0. 6328 ***
3010	- 0. 7142 ***
3220	- 0. 6992 ***
2311	- 0. 8095 ***
3721	- 0. 7350 ***
3512	- 0. 7076 ***
4071	- 0. 5877 ***
4111	- 0. 7568 ***
4041	- 0. 4346 ***
2710	- 0. 5871 ***

注：*** 表示数据在1%的水平上显著。
资料来源：简泽、徐扬、吕大国、卢任、李晓萍《中国跨企业的资本配置扭曲：金融摩擦还是信贷配置的制度偏向》，《中国工业经济》2018年第11期。

　　现有研究以企业资本投入的生产率弹性来反映企业间的资本错配状况，发现我国企业固定资本投资的产出弹性均显著为负，即资本投入的增长率和企业生产率的增长呈负相关关系，这意味着资本投入的增长并没有促进企业生产率的增长，也就是说增加的资本并没有投入生产率相对较高的企业，反而配置到了低生产率的企业，造成了我国企业间显著的资本错配问题。特别是，从企业的所有制角度来看，国有企业可以通过较强的政治关联以及更好的信贷关系，以相对较低的成本来获取更多的银行信贷资金，即金融资本更多流入了国有企业；而对于民营企业，非国有性质并不能为其带来类似于国有企业的较强政治关联或信贷关系，其需要以更高的融资成本去获取甚至无法获取足够的信贷资金支持，即金融资本更少或以更高成本流向民营企业，从而导致其面对更强的融资约束以及资本配置不足的状况。相关研究发现，由于国有企业普遍具有较低的生产率，而民营企业普遍拥有较高的生产率，这就意味着生产率高的民营企业存在资本配置不足而生产率低的国有企业却存在资本配置过剩的情况，即国有企业和民营企业之间的金融资源配置和生产率存在不一致现象。类似的情况也出现在不同规模的企业之间，如较低产出效率的大企业由于其具有较好的关联优势与资产抵押优势，因而容易获得大量的金融资源支持，反之，中小微企业由于关联优势弱、缺乏抵押资产等融资条件劣势，需要以较高成本获得或者无法获得足够的金融资源支持，从而导致大企业和中小微企业之间在金融资源可得性与产出效率之间存在不一致现象。

综上所述，来自不同类型特别是不同所有制类型、不同规模类型的企业之间的金融资源错配现象在我国已普遍存在。低生产率的国有企业和大型企业面临金融资源投入过剩而高生产率的民营企业和中小微型企业面临金融资源投入不足的矛盾，成为突出反映我国金融资源在企业间错配的重要表现形式，并已成为抑制我国宏观经济发展的重要微观来源。

四　我国金融资源错配的几个典型事实

为更进一步理解不同层面我国金融资源错配的表现形式与基本特征，我们针对地区间错配、部门间错配、产业间错配、企业间错配四种类型，分别选取了具有代表性的典型事实进行进一步论证。

（一）地区间错配：金融虹吸效应与地区间金融资源不平衡

金融虹吸是指在一个资源有限的经济体中，当优先发展一个或者几个地区以带动其他地区发展时，该地区会吸引大量的资本投入，甚至将其他区域的金融资源吸引过去的一种现象，这种现象是导致地区间金融资源不平衡的重要原因。

发达地区与欠发达地区之间的金融资源不平衡是我国地区间金融资源不平衡的集中表现，而来自发达地区向欠发达地区的资本虹吸效应是导致这种不平衡的最重要原因。长期以来，由于我国以东部地区为代表的发达地区具有良好的区位、经济、政策等条件，成为吸引国内外资本集聚的核心区域。资本要素向东部等发达地区的不断汇聚固然能够通过强化这些地区的增长极效应并向周边地区进行辐射扩散带动相关区域发展，但资本在地区间的流动效应远大于经济增长的辐射扩散效应，这必然导致发达地区的资本虹吸效应不断强化，资本要素不断从欠发达地区加速流入发达地区，进而造成地区间资本要素不平衡持续加剧。从最新数据来看，2020年各地区社会融资规模增量占比中，东部地区占比达到59.8%，中部地区、西部地区、东北地区占比仅分别为18.3%、19.7%、2.2%，与发达地区占比形成较大差距。从2020年末各地区金融机构本外币各项贷款余额及增长率来看（见图3-2），东部等发达地区相较中西部等欠发达地区具有非常明显的贷款资源及增长优势。由此可见，发达地区和欠发达地区之间的金融资源不平衡正在成为反映我国金融资源地区间错配的重要形式。

（二）部门间错配："脱实向虚"与实体经济"挤出效应"

当前，我国经济领域的"脱实向虚"现象正在成为各界讨论

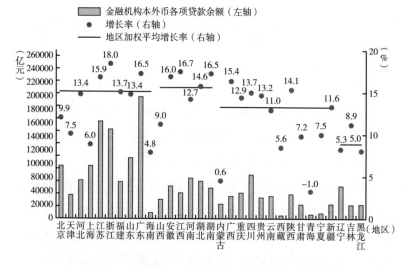

图 3 - 2 2020 年末各地区金融机构本外币各项贷款余额及增长率

资料来源：中国人民银行《中国区域金融运行报告（2021）》。

的焦点。从宏观层面看，"脱实向虚"是指资本大量从实体经济抽离而转入虚拟经济运行的现象，导致金融体系冗余和空转了大量来自实体经济的投资资本，不仅是金融资产价格泡沫的重要来源，而且是导致实体经济投资资本不足进而对实体部门形成"挤出效应"的重要原因。从微观层面看，"脱实向虚"往往与实体企业的过度金融化行为相联系，即实体企业更多出于利润追逐或金融套利的动机，将本该用于实业投资的大量资本过度投资金融资产的现象，这是导致实体企业投资不足和生产效率下降的重要原因。

从实体企业金融资产持有总额的角度看，近年来我国实体企业金融化程度呈不断上升的趋势，2018 年我国 A 股上市制造业企业持有的金融资产总额已达 6850 亿元，约为 2007 年的 7 倍之多。① 同时，随着金融资产与固定资产收益率差额的不断扩大，

---

① 谢富胜、匡晓璐：《制造业企业扩大金融活动能够提升利润率吗？——以中国 A 股上市制造业企业为例》，《管理世界》2020 年第 12 期。

我国实体企业的金融资产占比也在不断提升（见图3-3）。上述指标数据表明，我国实体企业正在发生过度金融化所导致的不断上升的"脱实向虚"倾向，表明来自金融部门与实体部门之间的资本配置扭曲已成为反映我国金融资源部门间错配的重要方面。随着金融资产与固定资产收益率之差不断扩大，实体企业金融资产占比提升势必会导致实体资本占比下降进而形成实体部门"挤出效应"，总体上损害了我国实体经济的整体绩效和发展动力。

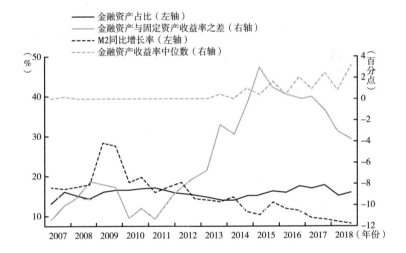

图3-3 我国实体企业金融化程度的几个重要指标

资料来源：张成思、郑宁《中国实体企业金融化：货币扩张、资本逐利还是风险规避？》《金融研究》2020年第9期。

（三）产业间错配：非效率投资与产能过剩、产能不足并存现象

非效率投资是指未按照生产率原则进行投资的一种表现，产业领域的非效率投资主要包括投资不足和投资过度两种类型。一方面，某些产业存在融资不足问题，导致这些产业容易出现投资不足进而产能不足问题；另一方面，某些产业能够获得大量融

资，导致这些产业会出现投资过度进而产能过剩问题。因此，产业非效率投资所引发的产能过剩与产能不足并存的现象是反映金融资源在产业间错配的重要形式。

从我国现实情况来看，产能不足与产能过剩并存已成为我国经济发展中的一个重要现象。从传统产业与新兴产业来看，我国在较长时期内存在着来自传统产业的产能过剩与来自新兴产业的产能不足并存的发展困境。由于传统产业与新兴产业整体上在稳定盈利、市场风险、信贷关联等方面存在明显差异（如传统产业往往较新兴产业具有更加稳定的盈利、更加可控的市场风险以及更为紧密的信贷关联等优势），因此两类产业在信贷资金获取能力方面存在较大差异，传统产业融资相对充足，容易导致过度投资倾向进而引发产能过剩问题，相反，新兴产业由于融资相对受限，往往存在投资不足制约进而导致产能不足问题。特别是，在传统的金融体系下，受来自银行金融机构的所有制偏好、企业规模偏好、长期信贷关系偏好、风险规避偏好等非市场化借贷行为影响，信贷资金较多地流向了生产率和盈利水平相对不高的传统优势行业，而较少地流向生产率和盈利水平相对较高的新兴潜力产业，这种来自产业间的金融资源错配是导致产业非效率投资进而形成产能不足与产能过剩矛盾的重要原因。

（四）企业间错配：所有制歧视与民营企业融资困境

所有制歧视所引发的金融资源错配是我国企业层面金融资源错配的最集中表现。基于所有制歧视的金融资源错配是指由于金融机构的所有制融资偏好，不同所有制企业如国有企业和民营企业在金融资源可得性及融资成本上存在较大差异，进而使得生产率相对低的国有企业能以较低的融资成本获得大量信贷资源，而生产效率相对高的民营企业则需要以较高的融资成本才能获得或无法获得足够信贷资金，这是造成当前民营企业特别是民营中小微企业融资困难的重要原因。

表 3-9　1998~2007 年国有企业部门与非国有企业部门的金融资源错配程度

年份	国有部门资本价格扭曲系数 τ_p	非国有部门资本价格扭曲系数 τ_n	国有部门实际生产率 A_p	非国有部门实际生产率 A_n
1998	0.6279	1.5874	5.0646	5.5107
1999	0.5623	1.7266	4.9359	5.3904
2000	0.5570	1.7476	4.7857	6.6893
2001	0.5803	1.7219	4.6979	7.8171
2002	0.5851	1.6982	4.5055	9.6237
2003	0.6503	1.7918	4.3136	12.2472
2005	0.8927	2.0115	3.6616	20.3490
2006	1.0224	2.3919	5.6013	21.1840
2007	1.1927	2.6818	5.8072	26.1168

资料来源：靳来群《地区间资源错配程度分析（1992—2015）》，《北京社会科学》2018 年第 1 期。

　　现有研究通过测算国有企业和非国有企业部门的实际生产率以及资本价格扭曲系数发现，1998~2007 年我国非国有企业部门的实际生产率均大于国有企业部门的实际生产率，且随时间变化非国有企业部门的生产率在逐年上升，从 1998 年的 5.5107 提升到 2007 年的 26.1168，2007 年的生产率是 1998 年的将近 5 倍；而国有企业的实际生产率则基本没有变化，从 1998 年的 5.0646 增加到 2007 年的 5.8072，且 1998~2005 年国有企业部门的生产率一直处于下降的状态。通过观察国有企业部门和非国有企业部门的资本价格扭曲系数发现，各年份国有企业部门的资本价格扭曲系数均小于非国有企业部门，这说明相对于非国有企业而言，生产率较低的国有企业能以更低的成本获得资金，相反，生产率较高的民营企业获得资金的成本则更高，说明我国存在着典型的基于所有制歧视的资本错配问题。从国有上市公司和民营上市公

司的平均总资产收益率以及银行贷款比例的对比情况来看，
2009～2015年民营上市公司的平均总资产收益率远高于国有上市
公司，而过去十几年中民营企业获得的银行贷款则不到国有企业
的30%，这一现象不仅说明了国企和民企之间的金融资源错配现
象普遍存在，而且反映出我国民营企业特别是民营中小微企业正
在面临严峻的融资困境。

第四章　最优金融条件、金融资源错配与经济增长：理论框架与假说

作为刻画金融资源的边际产出在截面上不相等的重要事实，金融资源错配现象的发生与一国（或地区）不当的金融发展条件密切相关。从一国（或地区）特定发展阶段所决定的最优金融条件出发，探讨金融条件扭曲如何导致金融资源错配的形成及其深层次的制度根源，以及金融资源错配对经济增长的不同抑制机制，能够为金融资源错配问题研究提供一个系统性的理论分析框架。

一　经济发展阶段、最优金融条件与金融条件扭曲

从金融发展的理论演进和普遍事实来看，一个国家（或地区）的最优金融条件客观地由该国（或该地区）的特定经济发展条件（特定经济发展阶段）所决定，即最优金融条件内生于特定的经济发展进程。最优金融条件描绘了金融发展过程与经济发展过程实现良性互动、耦合互促的一种理想的金融发展模式，是一国（或地区）金融体系功能高效充分运行的一种最优状态。然而，现实金融发展往往会以不同形式产生对最优金融条件的偏离

（金融条件扭曲），这种扭曲是形成一国（或地区）各种金融体系功能缺失或障碍的系统性因素。

（一）金融发展与经济增长：从线性到非线性

金融发展与经济增长的内在关系研究是金融发展理论中的一个古老但持久不衰的关键理论命题。自 Goldsmith、Mckinnon 和 Shaw 等具有开创性的研究以来，金融发展在经济增长中的重要性被充分论证。一个运转良好的金融体系能够实现有效的资本积累与效率提升从而促进投资和技术进步，推动实体经济的增长。[①] 近 20 多年来，随着计量经济技术的进步与跨国实验数据可获取性的提高，涌现出大量关于金融发展与经济增长关系的实证研究，以 King 和 Levine 为代表的很多学者基于不同跨国样本考察了金融发展与经济增长的关系，得出了金融发展对经济增长具有显著正向效应的一般性结论。[②]

然而，世界范围内金融危机现象的周期性出现，成为从现实角度打破金融发展与经济增长之间线性推论的重要典型事实。更为重要的是，后期大量的实证研究似乎让金融发展与经济增长的理论关系变得扑朔迷离。第一类研究关注了金融发展对经济增长具有正向

[①] McKinnon R. I., *Money and Capital in Economic Development*, Cambridge：Brookings Institution Press, 1974, p. 77; King, Robert G., and Ross Levine. "Finance and growth：Schumpeter might be right", *The Quarterly Journal of Economics*, Vol. 108, No. 3（1993）：717 – 737; Shaw E. S., *Financial Deepening in Economic Development*, Cambridge：Oxford University Press, 1973, p. 124; Thiel, Michael. "Finance and economic growth-a review of theory and the available evidence", *European Economy-Economic Papers*, Vol. 2008 – 2015, No. 158（2001）; Goldsmith, Raymond William, "Financial structure and development", No. HG174 G57（1969）.

[②] King, Robert G., and Ross Levine. "Finance and growth：Schumpeter might be right", *The quarterly journal of economics*, Vol. 108, No. 3（1993）：717 – 737.

效应的初始条件，这一条件被称为金融发展的"门槛效应"①，即人均收入水平低于"门槛"的国家其金融发展的经济增长效应并不明显，而只有当人均收入水平跨越"门槛"之后金融发展才具有显著的正向增长效应。然而，即使在那些已经跨越收入"门槛"的国家之间，金融发展的经济增长效应也会存在差异，并可能出现与传统理论预测相悖的结论。基于此，第二类研究侧重于考察金融发展的经济增长效应是否随某些条件（如经济发展水平或金融发展水平）的变化而体现异质性。从经济发展水平变化的角度来看，一部分研究者发现了转型国家或低收入国家金融发展的经济增长效应反而强于市场经济国家或高收入国家的直接证据。② 从金融发展水平变化角度，另一部分研究结论则表明金融发展的经济增长效应随金融发展程度的提高而呈现弱化的趋势③，尤其在那些金融发展过度的国家，金融发展对经济增长存在一定的负向效应（见图4-1）。④

可见，经典理论预测与现实经验之间以及现实经验相互之间

① Lee, Jaewoo, "Financial development by learning", *Journal of Development Economics*, Vol. 50, No. 1 (1996): 147 - 164.

② Fink, Gerhard, Peter R. Haiss, and Hans C. Mantler, "The Finance-growth nexus: market economies vs. transition countries", *Transition Countries (February 2005)*; Eggoh, Jude C., Chrysost Bangaké, and Christophe Rault. "Energy consumption and economic growth revisited in African countries", *Energy Policy*, Vol. 39, No. 11 (2011): 7408 - 7421.

③ De Gregorio, Jose, and Pablo E. Guidotti, "Financial development and economic growth", *World Development*, Vol. 23, No. 3 (1995): 433 - 448; Beck, Thorsten, Asli Demirgüç-Kunt, and Ross Levine, "A new database on the structure and development of the financial sector", *The World Bank Economic Review*, Vol. 14, No. 3 (2000): 597 - 605; Rousseau P. & Wachtel P., "Financial intermediation and economic performance: Historical evidence from five industrialized countries", *Journal of Money, Credit and Banking*, Vol. 30, No. 4 (1998): 657 - 678.

④ Ductor L. & Grechyna D., "Financial development, real sector, and economic growth", *International Review of Economics & Finance*, Vol. 37 (2015): 393 - 405.

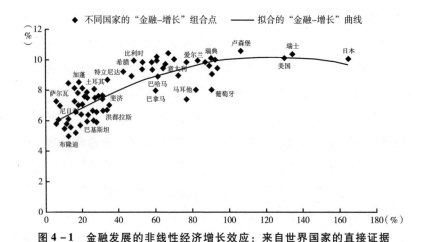

图 4 - 1   金融发展的非线性经济增长效应：来自世界国家的直接证据

注：为直观反映长期内金融发展是否对经济增长具有非线性效应，本章对 1971 ~ 2010 年 76 个发达国家与发展中国家的金融发展与经济增长历史数据进行拟合观测，其中，采用私人信用水平（由货币存款银行和其他金融机构向私人部门提供的信用占 GDP 比重衡量）作为金融发展程度的代理指标，采用真实人均 GDP 的自然对数衡量经济增长水平。通过简单计算 40 年 76 个国家的金融发展平均程度与经济增长平均水平，绘制反映二者变化关系的散点图。

资料来源：杨洋、赵茂《金融发展的经济增长效应：线性还是非线性——基于面板门限模型的跨国经验研究》，《现代财经（天津财经大学学报）》2016 年第 8 期。

研究结论的不一致使得金融发展与经济增长之间的理论关系变得扑朔迷离，不同研究者选取了不同的观测样本或采用了不同的技术方法，导致研究结论存在显著差异。然而，值得我们再次深究的核心命题则是，从长期来看，金融发展的经济增长效应是否客观存在某种系统性的变化特征。尽管相关研究对金融发展的经济增长效应在不同的国家、不同的时期或不同的发展阶段（以经济发展阶段或金融发展阶段考量）所存在的异质性进行了探讨，刻画了金融发展与经济增长之间可能存在一种非单调的关系。[1] 那么，这种非单调关系的一般化形式究竟如何？Rioja 和 Valev 试图以金融发展程度作为

---

① Deidda, Luca, and Bassam Fattouh, "Non-linearity between finance and growth", *Economics Letters*, Vol. 74, No. 3 (2002): 339 – 345.

划分国家样本的重要依据，采用系统 GMM 方法分别对金融发展程度较低、中等、较高三个样本区域金融发展对经济增长的效应进行研究，结论显示，金融发展程度低的国家样本其金融发展对经济增长的效应并不明显，金融发展程度中等的国家样本其金融发展对经济增长具有显著的正向效应，而金融发展程度高的国家样本其金融发展对经济增长则存在弱化的正向效应。[①] 杨洋和赵茂采用1981～2010 年 88 个国家的面板数据，建立以金融发展变量为门限的面板门限模型，对金融发展的经济增长效应是否存在系统性的非线性结构变化及其一般化形式进行实证分析，结果显示，金融发展的经济增长效应存在双重门限的近似斜"S"形非线性结构形式，表明适宜的金融发展水平是经济实现最优增长的前提条件。[②]

以上表明，金融发展与经济增长之间确实存在一个系统性显著的非线性关系，这种非线性关系不仅为深刻认识"金融－增长"关系的演变特征及其形成条件奠定了重要基础，而且为进一步探索"金融－增长"的最优效应特别是特定增长条件下的最优金融状态（条件）提供了理论前提。

（二）经济发展中的最优金融条件假说

在一个特定的经济发展阶段或给定的经济发展条件下，是否存在着一个由特定的经济发展阶段或给定的经济发展条件所内生决定的最优金融条件？这是一个值得深入思考的理论问题。"金融－增长"的非线性关系为探寻特定经济发展阶段（条件）下的最优金融条件提供了理论前提。对"金融－增长"非线性关系形成的理论反思需要基于金融发展的本质（金融服务实体经济）来

① Rioja, Felix, and Neven Valev, "Finance and the sources of growth at various stages of economic development", *Economic Inquiry*, Vol. 42, No. 1 (2004): 127–140.
② 杨洋、赵茂：《金融发展的经济增长效应：线性还是非线性——基于面板门限模型的跨国经验研究》，《现代财经（天津财经大学学报）》2016 年第8 期。

进行探索，进而回答在什么条件下金融发展能够实现最优的增长效应（最优金融条件）。事实上，金融发展必须以满足实体经济对金融服务的需求为根本目的，这种需求催生了新的金融机构、服务和产品并推进了金融体系的深化。[①] 因此，一国或地区的金融发展水平必须与实体经济的发展水平相匹配，这也就意味着，相对于实体经济的发展水平而言，金融的发展水平过低或过高都可能会不利于实体经济的增长，从而，在理论上就必然存在一个金融发展的最优条件，即存在一个能够产生最优增长效应的金融发展水平。对此，Ductor 和 Grechyna、Arcand 和 Berkes 等以及林毅夫等的研究从金融发展的规模或结构角度，探讨了金融发展与实体经济的最优匹配问题，很具启发性。[②] Ductor 和 Grechyna 认为当金融部门的产出增长率等于生产性部门产出增长率的 4.5% 时，就达到了经济的生产能力边界；Arcand 和 Berkes 认为当金融系统向私人部门提供的信用规模增速超过 GDP 增速的 110% 时，金融发展开始对产出增长具有负效应；林毅夫等从金融结构角度，认为处于一定发展阶段的经济体的要素禀赋结构决定了该经济体的最优产业结构、具有自生能力的企业的规模特征和风险特性，进而形成对金融服务的特定需求，因而各个经济发展阶段的最优金融结构需要与相应阶段实体经济对金融服务的需求相适应，这是有效实现金融体系基本功能并促进实体经济发展的关键。[③]

---

① Ang, James B. "A survey of recent developments in the literature of finance and growth", *Journal of Economic Surveys*, Vol. 22, No. 3 (2008)：536 – 576.

② Ductor L. & Grechyna D., "Financial development, real sector, and economic growth", *International Review of Economics & Finance*, Vol. 37 (2015)：393 – 405；Arcand J. L., Berkes E. & Panizza U., "Too much finance?" *Journal of Economic Growth*, Vol. 20, No. 2 (2015)：105 – 148；林毅夫、孙希芳、姜烨：《经济发展中的最优金融结构理论初探》，《经济研究》2009 年第 8 期。

③ 林毅夫、孙希芳、姜烨：《经济发展中的最优金融结构理论初探》，《经济研究》2009 年第 8 期。

事实上，不管是从规模还是从结构角度讲，一个理想状态下的最优金融条件的实现必须同时具备两个条件：第一，存在一个与实体经济发展水平最优匹配的金融发展规模；第二，存在一个与实体经济发展结构最优匹配的金融发展结构。为了证明金融发展的确在理论上存在一个理想的最优条件，我们采用一个简化的模型并首先做如下假定：①经济是封闭的，并且经济体系由金融部门和实体部门构成，将实体部门按照其风险类型划分为低风险部门和高风险部门，[①] 相对应，金融部门也依据实体部门的结构划分为为低风险部门创造信用的金融部门 A 和为高风险部门创造信用的金融部门 B。②假定经济增长来源于实体部门的真实资本积累[②]和从金融部门获取的金融资本数量，并且，真实资本和金融资本之间不存在相互转移。③依据王定祥等的研究，实体部门的结构处于均衡状态，规模报酬不变，技术进步呈中性，资源自由流动且资本和其他生产要素始终处于最优配置条件，[③] 并借鉴 Parente 和 Prescott 的方法对劳动力实行容量控制。[④] 因此，最优金融条件（实现与实体部门相匹配的最优金融资本规模与最优金融资本结构）实际上可等同于结构层面的最优金融资本规模的实现，即金融资本的结构性规模分别实现与低风险和高风险实体部门发展的匹配。

在均衡条件下，存在生产函数：

---

① 这里仅依据林毅夫等（2009）的思想，对实体部门结构按风险类型进行简单划分，高风险部门可以理解为处于初创或成长期的中小企业部类，而低风险部门则为成熟的大型企业部类。

② 实体部门真实资本的积累水平反映了实体部门的利润实现能力，可以代表实体部门的发展水平。

③ 王定祥、李伶俐、冉光和：《金融资本形成与经济增长》，《经济研究》2009年第 9 期。

④ Stephen Parente, and Edward C. Prescott, "Technology adoption and growth", NBER Working Paper 3733, 1991.

$$Y = Y_l + Y_h = F_l(K_l) + F_h(K_h) \qquad (4-1)$$

$$K_l = K_{lr} + K_{lf}$$

$$K_h = K_{hrl} + K_{hf}$$

其中，Y 表示实体部门的总产出，由低风险部门产出 Y_l 和高风险部门产出 Y_h 构成，$F_l(K_l)$ 和 $F_h(K_h)$ 分别表示低风险和高风险部门的生产函数。低风险部门的总资本 K_l 由真实资本 K_{lr} 和来自金融部门 A 的金融资本 K_{lf} 构成，而高风险部门的总资本 K_h 由真实资本 K_{hr} 和来自金融部门 B 的金融资本 K_{hf} 构成。

由于规模报酬不变，且生产函数满足一次齐次函数条件，资本同质，则生产函数为：

$$Y = Y_l + Y_h = K_{lr}F_l(1,K_{lf}/K_{lr}) + K_{hr}F_h(1,K_{hf}/K_{hr})$$

$$y_l = Y_l/K_{lr} = f_l(K_{lf}/K_{lr})$$

$$y_h = Y_h/K_{hr} = f_h(K_{hf}/K_{hr}) \qquad (4-2)$$

其中，K_{lf}/K_{lr} 表示低风险部门金融资本与真实资本的比例，用 k_l 表示，即 $k_l = K_{lf}/K_{lr}$，同理，K_{hf}/K_{hr} 表示高风险部门金融资本与真实资本的比例，用 k_h 表示，即 $k_h = K_{hf}/K_{hr}$。

那么，两部门的产出函数分别可以写为：

$$Y_l = K_{lr}f_l(k_l) \qquad (4-3)$$

$$Y_h = K_{hr}f_h(k_h) \qquad (4-4)$$

对低风险部门，分别对式（4-3）中的变量 K_{lr} 和 K_{lf} 求导，得到：

$$Y'_{K_{lr}} = f_l(k_l) - k_lf'_l(k_l)$$

$$Y'_{K_{lf}} = f'_l(k_l) \qquad (4-5)$$

同理，对高风险部门，分别对变量 K_{hr} 和 K_{hf} 求导，得到：

$$Y'_{K_{hr}} = f_h(k_h) - k_h f'_h(k_h)$$

$$Y'_{K_{hf}} = f'_h(k_h) \tag{4-6}$$

由式（4-5）、式（4-6）可知，对于低风险部门（高风险部门同理），当 $f'_l(k_l) > 0$ 时，产出 Y_l 是金融资本 K_{lf} 的增函数，当 $f''_l(k_l) < 0$ 时，金融资本 K_{lf} 的产出效应边际递减。

参照王定祥等的研究成果，根据索洛新古典增长模型的定义，两部门的产出函数必须满足以下条件[①]：

对于低风险部门，满足：

$$k'_l = K'_{lf}/K_{lf} - K'_{lr}/K_{lr} \tag{4-7}$$

$$Y'_l/Y_l - n_l = \delta_l(k_l)(K'_{lf}/K_{lf} - n_l) \tag{4-8}$$

$$k'_l = k_l(b_l Y_l/K_{lf} - n_l) = b_l(Y_l/K_{lf})(K_{lf}/K_{lr}) - n_l k_l = b_l f_l(k_l) - n_l k_l \tag{4-9}$$

其中，$\delta_l(k_l) = k_l f'_l(k_l)/f_l(k_l)$ 表示低风险部门金融资本的产出弹性，$n_l = K'_{lr}/K_{lr}$ 表示该部门真实资本的增长率，$b_l = K'_{lf}/Y_l$ 表示该部门金融资本增量占产出的比例。

同理，对于高风险部门，满足：

$$k'_h = K'_{hf}/K_{hf} - K'_{hr}/K_{hr} \tag{4-10}$$

$$Y'_h/Y_h - n_h = \delta_h(k_h)(K'_{hf}/K_{hf} - n_h) \tag{4-11}$$

$$k'_h = k_h(b_h Y_h/K_{hf} - n_h) = b_h(Y_h/K_{hf})(K_{hf}/K_{hr}) - n_h k_h = b_h f_h(k_h) - n_h k_h \tag{4-12}$$

从式（4-8）～式（4-12）可以得出，若 n_l 和 b_l、n_h 和 b_h 均保持不变，那么当 $k'_l = 0$ 时，低风险部门的金融资本和真实资

---

① 王定祥、李伶俐、冉光和：《金融资本形成与经济增长》，《经济研究》2009年第9期。

本存在合意比例 k_l^*［见图 4 - 2（a）］，实现了等产量线与资本预算线相切的最优产出；当 $k'_h = 0$ 时，高风险部门的金融资本和真实资本存在合意比例 k_h^*［见图 4 - 2（b）］，也实现了等产量线与资本预算线相切的最优产出。因而，低风险和高风险部门金融资本与真实资本的合意比例，决定了金融体系的金融资本与实体部门的真实资本的合意比例 $k^* = k_l^* + k_h^*$，从而实现了金融资本对实体部门的最优产出（见图 4 - 3），图中的 k_f^* 点决定了与真实资本存在合意比例的最优金融条件。

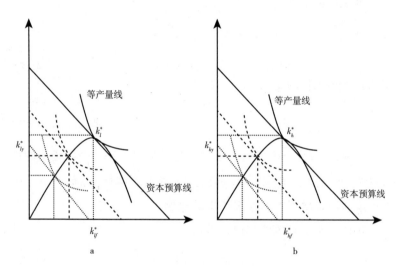

图 4 - 2　低风险和高风险部门的最优金融资本规模

由图 4 - 3 可见，笔者采用一个简化的模型（尽管可能不尽合理），在理论上证明了与实体经济发展水平和结构均实现最优匹配的金融发展规模和结构，能够产生最优的"金融 - 增长"效应，形成了金融发展的最优条件。从现实来看，最优金融条件客观存在于一国（或地区）经济发展过程中，由该国（或该地区）特定的经济发展阶段或条件决定。更重要的是，随着该国（或该地区）发展阶段的演进或发展条件的变化，其内生决定的最优金融发展条件也在动态变化，因此，最优金融条件具有动态更迭的特征，这种特征

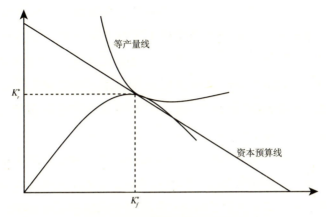

图 4 - 3　金融发展的最优条件

决定了一国（或地区）的最优金融发展模式需要与经济发展阶段的演进或发展条件的变化形成动态一致。

（三）过度金融抑制、过度金融自由化与金融条件扭曲

根据前述分析，在规模层面和结构层面共同刻画了最优金融条件的内涵属性，也共同构成了最优金融条件实现的双重基本条件。然而，如果违背上述的双重条件之一，则最优金融条件就难以形成。这是由于，如果满足条件一，即实现了与实体经济发展水平最优匹配的金融发展规模，但如果在该特定规模下金融发展结构与实体经济发展结构不一致，那么就会导致金融发展相对实体经济而言出现结构性短缺与结构性过剩共存的局面，这种金融结构性失衡的一个现实例子就是我国目前存在的民企融资相对不足而国企融资相对过剩的困境，这种结构性的错配可能会使实体经济中最具潜力的价值增长得不到有效的金融支持。[①] 如果满足条件二，即存在一个与实体经济发展结构

---

① 刘小玄、周晓艳：《金融资源与实体经济之间配置关系的检验——兼论经济结构失衡的原因》，《金融研究》2011 年第 2 期。

相匹配的金融发展结构，但有可能由于在该特定结构下金融发展的总体规模与实体经济的发展水平出现不一致，也会导致金融发展相对实体经济而言出现总体过剩或总体不足的情况，典型的例子如过度金融自由化进程中金融体系的快速膨胀或金融繁荣现象，以及 20 世纪七八十年代大多数发展中国家存在的典型金融抑制现象。

　　经验表明，现实世界中的诸多复杂因素可能会导致实际的金融发展条件（规模和结构）偏离这种理想状态下的最优条件。从规模角度看，如果金融抑制的存在使得金融体系发展总体上相对实体经济的发展水平而言出现不足，那么会导致金融资本的形成规模小于 K_f^*，从而没有达到金融发展的最优规模条件；而如果过度的金融自由化，使得金融体系发展总体上相对实体经济的发展水平而言出现过剩，那么会导致金融资本的形成规模大于 K_f^*，从而超过了金融发展的最优规模条件。从结构角度看，如果金融体系出现结构性的抑制或者结构性的发展过度，使得金融发展的结构相对实体经济发展结构而言出现了结构性的不足或结构性的过剩，比如金融体系发展相对高风险部门出现资本不足，而相对低风险部门则出现资本过剩，那么会使低风险部门可获取的金融资本出现短缺（$K_{hf} < K_{hf}^*$），而高风险部门可获取的金融资本则出现过度（$K_{lf} < K_{lf}^*$），最终会导致与金融发展最优结构条件的偏离。因此，我们将这种现实金融条件（无论是规模层面还是结构层面）与最优金融条件的偏离称为金融条件扭曲（规模条件的扭曲和结构条件的扭曲），这种金融条件扭曲现象深层次地来源于金融制度安排与特定经济发展阶段或条件的动态不一致，如不合时宜的金融抑制政策以及过度的金融自由化政策，这是导致金融体系无法形成或难以持续保持一个动态最优增长效应的重要根源。

二 金融条件扭曲与金融资源错配：形成机理

最优金融条件是金融发展本质内涵的基本体现，也是金融体系基本功能特别是资源配置功能得以充分发展的重要前提。现实金融条件与最优金融条件的偏离所形成的金融条件扭曲，是造成金融体系功能受到抑制或发生失灵进而导致金融资源错配形成的系统性成因。

（一）最优金融条件与金融资源配置的帕累托效率

最优金融条件与金融资源配置的帕累托效率之间是否存在对应关系？这是理论层面首先需要研究的一个关键性问题。我们首先探讨了金融市场竞争性均衡与金融资源配置的帕累托效率之间的关系，其次分析了最优金融条件的竞争性均衡性质，最后给出了最优金融条件、金融市场竞争性均衡、金融资源帕累托最优配置之间的一个基本理论关系。

1. 金融市场竞争性均衡与金融资源配置的帕累托效率

微观经济学和金融经济学的经典理论表明，一般均衡分析是讨论资源配置问题的基本方法。就金融资源配置而言，如果能够建立一个完备的金融市场并找到一系列金融产品的利率组合，那么按照该利率组合进行的金融资源配置就存在一般均衡的基本条件。这种金融市场的一般性均衡意味着下列状态的满足：一是每个金融产品投资者都能够根据其预算线（由收入规模和金融产品利率决定）和市场偏好来决定其投资组合；二是在现行金融产品价格和利率下，每位融资者都能够提供一定数量一种或多种金融产品；三是每个金融产品的供给者和需求者在现有的技术条件及金融产品供需约束下来理性地追求自身利润的最大化；四是在各种金融产品市场的线性利率水平下，金融产品的需求数量与金融产品的供给数量相等。

关于资源配置效率的判定标准，Pareto 指出，在既定的分配标准下，最大效用状态可定义为：做出任何微小的变动都不可能使一切人的效用，除那些效用仍然不变者外，全部增加或全部减少的状态。① 这也就意味着，在收入分配既定的条件下，生产和交换情况的改变会使有些人感到更好而不致使至少一人感到更坏，才算是社会福利的增加。这就是新福利经济学中所谓的"帕累托最优"或"帕累托规范"。从金融资源配置的角度看，所谓的金融资源配置的帕累托效率，是指在金融资源的交易中，不存在一种交易以某些交易者的满意程度降低为条件而使另外一些交易者的满意程度提高的情况，此时的金融市场状态我们就称为金融资源配置的帕累托最优状态。一般情况下，金融资源配置的状态主要包括有效率状态和无效率状态两种。所谓有效率状态，即金融资源配置的帕累托（最优）效率状态。所谓无效率状态，即金融资源配置达不到帕累托（最优）效率的状态，在这种情况下，金融资源配置存在帕累托改进的可能，经济体还存在某些可行配置使得在没有任何人情况变坏的前提下，可以让至少一个人的情况变得更好。

事实上，帕累托（最优）效率状态有严格的假定条件，这些条件来源于古典经济学对完全竞争市场的定义。因此，经典的经济学理论已经证明，完全竞争市场的一般均衡（或竞争性均衡）条件下，资源配置能够实现帕累托最优配置，即资源配置效率达到帕累托（最优）效率。

①　Pareto Vilfredo，"L'ofelimità nei cicli non chiusi"，*Giornale degli economisti*，Vol. 33（1906）：15－30.

2. 最优金融条件的竞争性均衡性质

从最优金融条件内生于一国（或地区）的经济发展阶段特征这一概念内涵出发，我们将最优金融条件的理论含义扩展至金融资源领域，即从金融资源视角来看，最优金融条件意味着金融资源的最优发展条件内生于一国（或地区）特定发展阶段特征下实体经济对金融资源的需求。这种需求不仅反映了金融服务实体经济的本质内涵，而且表明了与实体经济需求相一致的金融资源发展条件才能构成金融资源视角下的最优金融条件。从规模角度看，金融资源发展的最优规模实质上就是与特定发展特征下实体经济对金融资源的需求规模相一致的金融资源供给规模。同理，从结构角度看，金融资源发展的最优结构实质上也就是与特定发展特征下实体经济对金融资源的需求结构相一致的金融资源供给结构。由于最优规模与最优结构共同构成了双重的最优金融条件，因此金融资源发展的最优条件其实质就是与特定发展特征下实体经济对金融资源的需求规模与需求结构均相一致的金融资源供给的规模与结构。

由上述可知，金融资源视角下的最优金融条件刻画了供需均衡含义上的金融资源最优规模与最优结构的双重条件。这种双重条件不仅描述了总量层面供需相等的市场出清状态，而且描述了结构层面供需相等的市场出清状态，共同决定了一个金融资源市场的竞争性均衡状态。更重要的是，这种最优金融条件的动态内涵揭示了金融资源市场的完全性（或完备的金融资源市场），这是由于动态含义下的最优金融条件是以金融资源供给的规模与结构以及金融资源需求的规模与结构的动态一致性匹配为重要前提的，如果缺乏一个完全性（完备性）的金融资源市场，那么这一动态条件就无法达成。从而，在完全性（完备性）的金融资源市场发展状态中，存在一个由数量较多的金融机构、运行高效的金融市场、大量多样化的金融工具所组成的金融资源供给体系，同时也对应着一个由数量众多的金融资源使用者（包括企业和个人等使用主体）、多样化的金融资源获得方式所构成的金融资源需求体系。这种完全性（完备性）的金融资源市场，保证了交易信息的充分流动、资源定价的高效运行、市场摩擦的有效降解，构成了金融资源市场实现竞争性均衡市场的必要条件。

3. 最优金融条件、金融市场竞争性均衡与金融资源帕累托最优配置：一个基本关系

前文我们论证了最优金融条件（最优金融规模与最优金融结构的双重最优条件）下金融发展的最优经济增长效应问题。那么，这种最优金融条件下的最优增长效应是如何实现的？从金融功能的视角来看，金融功能是联结"金融－增长"的重要机制或渠道。由于金融资源配置功能在金融功能体系中处于核心位置[①]，金融资源的帕累托配置也就是"金融－增长"最优效应实现的关键与前提。显然，最优金融条件与金融资源的帕累托配置之间存在必然的紧密关系，而这种紧密联系又以最优金融条件的竞争性均衡性质为联结。这一重要的内在关系不仅明确了最优金融条件及其暗含的竞争性市场形态作为金融资源帕累托配置重要前提条件的理论合理性，而且表明了"金融－增长"最优效应实现的重要理论机理来源。在此基础上，我们给出了最优金融条件、金融市场竞争性均衡与金融资源帕累托配置之间的一个基本理论关系。

以下通过一个交换经济模型来进行说明。考虑一个带有不确定性的两个时期的纯交换经济，两个时期均只有一个单一的易损

---

① 白钦先、谭庆华：《论金融功能演进与金融发展》，《金融研究》2006年第7期。

耗的消费品。个体选择他们今天的消费，我们称为 0 时期，同时选择明天（1 时期）消费的状态或有要求权。到 1 时期世界将会发生什么样的状态是不确定的。假设个体对消费品的效应函数是严格增加、严格凹的和可求导的。不失一般性，这个单一的消费品将始终被用作记账单位。

在个体之间的状态或有消费量的配置（这种配置反映了个体从金融体系获取金融资源或配置金融资产来用于状态或有消费效用的实现），记为 $\{(c_{io}, c_{i\omega}, \omega \in \Omega); i = 1, 2, \cdots, I\}$，某一配置如果是可行的，则有

$$\sum_{i=1}^{I} c_{io} = C_o$$

和

$$\sum_{i=1}^{I} c_{i\omega} = C_\omega \quad \forall \omega \in \Omega, \tag{4-13}$$

其中 c_{io} 代表个体 i 的 0 时期的消费配置，$c_{i\omega}$ 代表个体 i 在状态 ω 下的 1 时期的消费配置，C_o 代表 0 时期可消费的总量，C_ω 代表在状态 ω 下的 1 时期可消费的总量。一种状态或有消费要求权的配置被称为帕累托（Pareto）最优或帕累托有效，如果它是可行的，并且不存在其他可行的配置使得至少某个个体的效用严格提升而同时不降低所有其他个体的效用。

从古典的福利经济学第二定理[1]，我们知道相应于每一个帕累托最优配置，存在一个非负的数列 $\{\lambda_i\}_{i=1}^{I}$，用 $\{\lambda_i\}_{i=1}^{I}$ 作为权重构筑一个个体效用函数的线性组合，可以由一个社会计划者最大化这个个体效用函数的线性组合来实现相同的配置，同时服从资源约束的限制：

---

[1] Gibbard, Allan, and Hal R. Varian, "Economic models", *The Journal of Philosophy*, Vol. 75, No. 11 (1978): 664–677.

$$\{ (c_{io}, c_{i\omega})^{max}_{i=1}, \omega \in \Omega \} \sum_{i=1}^{I} \lambda_i [\sum_{\omega \in \Omega} \pi_{i\omega} u_{i\omega}(c_{io}, c_{i\omega})]$$

$$\text{s. t.} \quad \sum_{i=1}^{I} c_{io} = C_o,$$

$$\sum_{i=1}^{I} c_{i\omega} = C_{\omega} \quad \forall \omega \in \Omega, \tag{4-14}$$

其中 $\pi_{i\omega}$ 是第 i 个个体对发生状态 ω 的主观概率评估，$u_{i\omega}(c_{io}, c_{i\omega})$ 是第 i 个个体在 0 时期的消费和在状态 ω 下 1 时期消费的效用函数。我们将仅仅对符合权重 λ_i 严格正的帕累托最优的配置感兴趣，所以所有出现的 λ_i 都为严格正。

建立拉格朗日函数：

$$\max_{|c_{io}, c_{i\omega}; \omega \in \Omega|_{i=1}^{I}} L = \sum_{i=1}^{I} \lambda_i [\sum_{\omega \in \Omega} \pi_{i\omega} u_{i\omega}(c_{io}, c_{i\omega})]$$

$$+ \phi_0 [C_o - \sum_{i=1}^{I} c_{io}] + \sum_{\omega \in \Omega} \phi_{\omega} [C_{\omega} - \sum_{i=1}^{I} c_{i\omega}] \tag{4-15}$$

由效用函数为严格凹的假设条件以及权重 λ_i 为严格正的事实可知，以上规划的一阶条件是全局最优的必要条件和充分条件。它们是：

$$\lambda_i \sum_{\omega \in \Omega} \pi_{i\omega} \frac{\partial u_{i\omega}(c_{io}, c_{i\omega})}{\partial c_{io}} = \phi_0 \quad i = 1, 2, \cdots, I, \tag{4-16}$$

$$\lambda_i \pi_{i\omega} \frac{\partial u_{i\omega}(c_{io}, c_{i\omega})}{\partial c_{i\omega}} = \phi_{\omega} \quad \omega \in \Omega \quad i = 1, 2, \cdots, I \tag{4-17}$$

$$\sum_{i=1}^{I} c_{i\omega} = C_{\omega} \quad \forall \omega \in \Omega \tag{4-18}$$

$$\text{和} \quad \sum_{i=1}^{I} c_{io} = C_o \tag{4-19}$$

把式（4-17）代入式（4-16），对同一个个体给出

$$\frac{\pi_{i\omega} \partial u_{i\omega}(c_{io}, c_{i\omega}) / \partial c_{io}}{\sum_{\omega \in \Omega} \pi_{i\omega} \partial u_{i\omega}(c_{io}, c_{i\omega}) / \partial c_{io}} = \frac{\phi_{\omega}}{\phi_0} \quad \omega \in \Omega \quad i = 1, 2, \cdots, I,$$

$$\tag{4-20}$$

由式（4-20）推知，一个切实的状态或有消费的配置是帕累托最优的，当且仅当对每一种状态，在现在的消费和将来的状态或有消费之间的边际替代率对个体而言是相等的。

如果存在完全的状态或有要求权集合，则帕累托最优的配置可以在竞争经济中获得。为了证明这一点，令 ϕ_ω 表示在 0 时期的状态或有要求权的价格，并且仅当状态 ω 是真实的状态时，该状态或有要求权在 1 时期支付 1 个单位的消费。

一个个体的问题是

$$\max_{\{c_{io}, c_{i\omega}; \omega \in \Omega\}} \sum_{\omega \in \Omega} \pi_{i\omega} u_{i\omega}(c_{io}, c_{i\omega})$$

$$\text{s. t.} \quad c_{io} + \sum_{\omega \in \Omega} \phi_\omega c_{i\omega} = e_{i0} + \sum_{\omega \in \Omega} \phi_\omega e_{i\omega} \qquad (4-21)$$

其中 e_{i0} 和 $e_{i\omega}$ 分别表示第 i 个个体在 0 时期消费的禀赋和状态 ω 下 1 时期的消费量。我们假设个体的禀赋是这样的，他的财富在 0 时期严格为正。

构建拉格朗日函数：

$$\max_{\{c_{io}, c_{i\omega}; \omega \in \Omega\}} L = \sum_{\omega \in \Omega} \pi_{i\omega} u_{i\omega}(c_{io}, c_{i\omega}) + \theta_i \left[e_{i0} - c_{io} + \sum_{\omega \in \Omega} \phi_\omega (e_{i\omega} - c_{i\omega}) \right]$$

最优的必要和充分的一阶条件是

$$\sum_{\omega \in \Omega} \pi_{i\omega} \frac{\partial u_{i\omega}(c_{io}, c_{i\omega})}{\partial c_{io}} = \theta_i \qquad (4-22)$$

$$\pi_{i\omega} \frac{\partial u_{i\omega}(c_{io}, c_{i\omega})}{\partial c_{i\omega}} = \theta_i \phi_\omega \quad \forall \omega \in \Omega \qquad (4-23)$$

对预算约束来说，θ_i 是影子价格。请注意 $\theta_i > 0$，从而个体的效用函数是严格递增的。

现在将式（4-22）代入式（4-23），我们得到

$$\frac{\pi_{i\omega} \partial u_{i\omega}(c_{io}, c_{i\omega}) / \partial c_{i\omega}}{\sum_{\omega \in \Omega} \pi_{i\omega} \partial u_{i\omega}(c_{io}, c_{i\omega}) / \partial c_{io}} = \phi_\omega \quad \omega \in \Omega \qquad (4-24)$$

在市场均衡中，式（4-19）和式（4-20）是满足的。现在令式（4-15）中 $\phi_0 = 1$ 而 $\lambda_i = \theta_i^{-1}$，可推出：在一个有完全的状态或有要求权集合（和一个 0 时期消费的现货市场）的竞争经济中，一个配置满足从式（4-17）到式（4-20）的要求，因此就是一个帕累托最优配置。反过来，要想达到帕累托最优配置相应地就有一个竞争均衡的配置，社会计划者分配给个体 i 的效应权重 λ_i 就等于 θ_i^{-1} 且大于 0。因此，当我们拥有一个完全的状态或有要求权集合的市场时（我们称市场是完全的），这种市场就达成了最优金融条件，在这种市场状态下，竞争性均衡进而帕累托有效配置也能够对应形成。

（二）不同金融条件扭曲情形下金融资源错配的形成机理

金融条件扭曲产生于现实金融条件与最优金融条件的偏离，这种偏离主要体现在规模层面与结构层面，其实质是现实金融发展的规模与结构与特定发展阶段特征所决定的金融发展最优规模与最优结构的偏离。上文理论分析提到，产生于现实金融条件与最优金融条件偏离过程的金融条件扭曲现象，事实上来源于一国（或地区）推行了与其特定发展阶段特征不相匹配的金融抑制（过度金融抑制）或金融自由化（过度金融自由化）。那么，在过度金融抑制或过度金融自由化情况下的金融条件扭曲是如何导致金融资源错配形成的呢？以下我们建立了"过度金融抑制－金融条件扭曲－金融资源错配"和"过度金融自由化－金融条件扭曲－金融资源错配"的理论分析框架，以分析不同金融条件扭曲情形下金融资源错配的形成机理。

1. 过度金融抑制、金融条件扭曲与金融资源错配

过度金融抑制来源于一国（或地区）金融抑制程度相对于其

发展阶段演进所决定的最优金融抑制程度的动态偏离，主要是指该国（或该地区）金融抑制程度高于其发展阶段特征所决定的最优金融抑制程度。一个典型的事实是，众多发展中国家仍然存在这种过度金融抑制现象，如过度的利率管制、竞争限制、资本流动阻碍等金融抑制政策所导致的过度金融抑制现象。过度金融抑制是现实金融条件在规模层面与结构层面发生扭曲的重要来源，并通过金融条件的规模扭曲与结构扭曲两条渠道共同导致了金融资源错配问题，我们将此类金融资源错配称为抑制型金融资源错配。

（1）源于规模条件扭曲的抑制型金融资源错配

从规模层面来看，过度金融抑制（如过度的利率管制、竞争限制、资本流动阻碍等）会使得一国（或该地区）的金融体系总体发展滞后，这种情况会造成金融体系吸收储蓄并向投资转化的规模不足，金融体系所能提供的金融资源总量小于实体经济对金融资源总量的需求，产生了来自规模意义上的金融条件扭曲（金融资源总量不足）。

以下以信贷市场为例，来详细阐述规模意义上的金融条件扭曲（金融资源总量不足）情况下的金融资源错配形成机制。在信贷市场中，如果面临严苛的利率管制条件，那么当发生超额的资金需求时，银行因无法提高利率而采取一系列的非利率贷款条件（如有偏向的信贷政策），就会使部分资金需求者退出借款市场，从而消除超额资金需求而达到平衡，那么就产生了信贷配给问题。这种非利率的贷款条件主要包括：第一，借款者的特性如经营规模、财务结构、信用记录等；第二，银行的特别要求，如抵押或担保条件、贷款期限长短等；第三，银行与借款人的关联因素，如借款人与银行职员的关系、借款人的身份背景、贷款回扣索取等。在过度金融抑制的利率管制环境中，这种信贷配给会导致非利率贷款条件通常成为银行解决超额资金需求（或信贷资源不足）问题的常备手段，这种手段的运用违背了依据企业生产率准则进行资源配置的效率规则，容易导致某些满足非利率贷款条件的低生产率借款人易于获得信贷资源而其他不满足非利率条件的高生产率借款人难以获得信贷资源的现象，这是导致过度金融抑制情况下源于规模扭曲的信贷资源错配问题的重要原因。

（2）源于结构条件扭曲的抑制型金融资源错配

从结构层面来看，过度金融抑制（特别是过度的利率管制与竞争限制）会使得一国（或地区）形成某种集中式的金融结构，如有些发展中国家在金融抑制环境中所形成的大银行主导型结构，这种集中式的金融结构会与经济阶段演进过程中实体经济对多层次金融结构及多样化资源获取方式的内生需求结构产生偏离，比如我国由大银行主导的银行业结构与以中小企业为主的实体经济结构的偏离，从而形成了来自结构意义上的金融条件扭曲（金融结构扭曲）。

这种过度金融抑制情况下的金融结构扭曲，其本质在于，由于利率管制与竞争限制等过度金融抑制政策的存在，某些金融机构（如中小银行机构）无法在信息不对称环境中通过制定较高的信贷利率（由于利率上限管制的存在）来覆盖金融摩擦的成本，进而无法实现一个符合预期的经营利润而难以形成或退出市场，或者由于金融抑制下的竞争限制而无法进入金融市场，上述情况均会导致一个存在过度金融抑制的国家（或地区）其某些类型的金融机构（如中小银行机构）难以大规模形成或进入市场，从而使一个诸如大银行主导的金融机构体系会长期固有地存在。以大银行主导的金融结构为例，由于大银行主要面向大企业提供贷款，而小银行主要面向小企业贷款，[①] 同时，大银行在处理"硬"

---

① Jayaratne, Jith, and John Wolken, "How important are small banks to small business lending? New evidence from a survey of small firms", *Journal of Banking & Finance*, Vol. 23, No. 2 (1999): 427－458.

信息（如企业财务报表等客观的、易于观察、传递和验证的信息）而小银行在处理"软"信息（如关于企业家的经营能力、个人品质、企业所在的市场环境等因素的信息）方面具有特定优势，[①] 这种源自大银行与小银行提供金融服务功能的系统性差异，决定了与之相匹配的实体经济主体（如大企业和小企业）的信贷资源获取可能性及其成本。在一个大银行主导的金融结构中，由于大银行在服务大企业中具有天然优势，信贷配置必然会出现偏好大企业而排斥小企业的导向，并未遵从企业生产率准则优化配置行为。一个必然的结果是，某些生产率较低的大企业更容易获得信贷资源而某些生产率较高的小企业却难以获得信贷资源或者以较高成本获得信贷资源。与此同时，由于我国存在大型国有银行主导的金融结构特征，这种特征决定了大型国有银行具有偏好大型国有企业而排斥中小民营企业的信贷配置倾向，这种源自所有制歧视的金融资源错配也成为我国金融资源错配的重要表现。由上述可知，过度金融抑制情况下的金融结构扭曲，是导致抑制型金融资源错配的另一个重要因素。

2. 过度金融自由化、金融条件扭曲与金融资源错配

过度金融自由化来源于一国（或地区）金融自由化程度相对于其发展阶段演进所决定的最优金融自由化程度的动态偏离，主要是指该国（或该地区）金融自由化程度高于其发展阶段特征所决定的最优金融自由化程度。一个典型的事实是，过度金融自由化不仅与金融危机的爆发存在某种内在关联，而且与近年来非危机时期的部分发达经济体所表现出的"金融 – 增长"抑制效应或负向效应密切相关，在这些事实中，"金融 – 增长"正向效应的

---

① 林毅夫、孙希芳、姜烨：《经济发展中的最优金融结构理论初探》，《经济研究》2009 年第 8 期。

衰减或破坏可能与居于中心位置的金融资源配置功能的损坏存在直接联系，即过度金融自由化会通过金融资源错配渠道抑制经济增长，这一机制的真实存在可能是发展金融理论研究中极易忽视的重要方面。过度金融自由化如不合时宜地过快放开利率管制、竞争限制或资本流动阻碍，进而成为导致现实金融条件在规模层面与结构层面发生扭曲的重要因素，并通过金融条件的规模扭曲与结构扭曲两条渠道共同导致了金融资源错配问题，我们将此类金融资源错配称为自由化型金融资源错配。

（1）源于规模条件扭曲的自由化型金融资源错配

从规模层面来看，过度金融自由化（如超前或过快的利率市场化、市场化竞争、资本自由流动等）会使得一国（或该地区）的金融体系过度膨胀、金融体系内在不稳定性加剧、金融资产价格泡沫等问题，这些问题不仅会造成金融体系向实体经济供给的金融资源总量小于实体经济对金融资源的需求总量，并由此引发信贷配给现象，而且会进一步导致金融资源配置功能的紊乱或失效，产生了来自规模意义上的金融条件扭曲（金融资源"脱实向虚"与配置功能的紊乱）。

过度金融自由化的第一个结果是金融体系过度膨胀，一方面过于庞大的金融体系通过大量吸收资本和劳动力对实体部门形成"挤出效应"[1]，另一方面过度繁荣的金融体系其金融虚拟化与独立化程度在快速提高[2]，大量金融资源存在于金融体系内部独立自我循环。在这种机制下，来自实体部门的大量资本以及来自金

① Santomero A. M. & Seater J. J., "Is there an optimal size for the financial sector?" *Journal of Banking & Finance*, Vol. 24, No. 6（2000）：945 - 965；苏基溶、廖进中：《金融发展的倒 U 型增长效应与最优金融规模》，《当代经济科学》2010 年第 1 期。
② 王国忠、王群勇，《经济虚拟化与虚拟经济的独立性特征研究——虚拟经济与实体经济关系的动态化过程》，《当代财经》2005 年第 3 期。

融体系内部的大量金融资源在收益率不断提高的金融空间不断自我循环，这种过程不断地加剧了金融资源的"脱实向虚"。一方面，金融资源"脱实向虚"实质上造成了金融资源在金融部门和实体部门之间典型的部门间错配；另一方面，金融资源"脱实向虚"进一步减少了金融体系面向实体部门配置的金融资源实际供给总量，并为信贷配给的出现创设了供需缺口条件，形成了与金融抑制环境中相类似的信贷配给下的金融资源错配问题。

过度金融自由化的第二个结果是加剧了庞大金融体系的内部不稳定性（脆弱性）[1]，这种不稳定性（脆弱性）的加剧将不断加大金融体系内部的风险累积。在这种情况下，金融机构如银行出于防范化解风险累积的内在需求，往往会将信贷资源配置倾向于那些低风险型、关系型、高抵押（担保）价值型的企业借贷项目，信贷资源配置的生产率导向会逐渐削弱甚至失效。因此，那些具有一定风险、无关联关系、低抵押（担保）价值的高生产率企业将难以获得信贷资源，相反，那些低风险型、关系型、高抵押（担保）价值型的低生产率企业则将更容易获得信贷资源，金融资源错配问题由此形成。

过度金融自由化的第三个结果是容易形成不同领域的金融资产泡沫现象，作为金融资产市场价格的真实反映，蕴含较大泡沫的市场价格将难以反映内在的市场价值，由此导致决定金融资源优化配置的金融市场价格信号出现"失真"问题。在这种情况下，金融体系的资源配置功能会在错误的价格信号中逐渐紊乱或失效，成为导致金融资源错配的重要因素。与此同时，金融资产价格泡沫的形成与膨胀会不断加剧实体企业金融化动机并形成对金融资源获取的大

---

① Haiss, Peter, Hannes Juvan, and Bernhard Mahlberg, "The impact of financial crises on the finance growth relationship: A European perspective", *Economic Notes*: *Review of Banking*, *Finance and Monetary Economics*, Vol. 45, No. 3 (2016): 423-444.

量新增需求，这种需求的增加会不断推高金融资源的获取成本，从而使得某些具有高生产率的企业如中小企业由于更高的信贷成本而被排斥在金融体系之外，由此进一步加剧金融资源错配问题。

（2）源于结构条件扭曲的自由化型金融资源错配

从结构层面来看，过度金融自由化会使得一国（或地区）的金融结构演进与其发展阶段特征（如禀赋结构及产业结构特征）所决定的最优金融结构形成动态偏离，如在银行主导型和市场主导型的结构划分视角下，某些国家（或地区）超前于其发展阶段演进（如禀赋结构及产业结构演进）而通过金融自由化手段快速推进市场主导型结构发展，这种超前发展并不匹配其禀赋结构和产业结构的变动趋势，由此形成了来自结构意义上的金融条件扭曲（金融结构扭曲）。

事实上，在银行主导型和市场主导型的传统金融结构理论讨论中，学界普遍认为银行主导型结构和市场主导型结构具有不同的专业化功能及增长促进作用，如银行主导型结构具有信息生产和改进资本配置效率①、管理流动性风险和提升资金投资效率②、聚集资金和形成规模经济③、提升企业还款的效率④等优势，而市场主导型结构则在信息收集与超额收益获取⑤、强化公司治理与

① Diamond, Douglas W, "Financial intermediation and delegated monitoring", *The Review of Economic Studies*, Vol. 51, No. 3 (1984): 393–414.

② Allen, Franklin, and Dougals Gale, *Comparing Financial Systems* (Cambride: MIT Press, 2000), p. 51.

③ Demirgüç-Kunt, Asli, and Ross Levine, "Financial structure and economic growth: Perspectives and lessons", *Financial Structure and Economic Growth: A Cross-country Comparison of Banks, Markets, and Development* (2001): 3–14.

④ Rajan R. G. & Zingales L., "Financial Dependence and Growth", *American Economic Review*, 1996.

⑤ Holmstrom, Bengt, and Jean Tirole, "Market liquidity and performance monitoring", *Journal of Political Economy*, Vol. 101, No. 4 (1993): 678–709.

管理层激励①、有效管理风险②、信息有效传递与融资支持③等方面具有显著优势。然而，关于何种金融结构在经济增长过程中能够发挥更好的作用，学术界还处于不断争论的过程中。事实上，如果一个国家的现实金融结构与最优金融结构存在显著差异，那么该金融系统将不利于实现金融服务的协同，进而对经济活动产生不良影响。④ 特别地，如果一国（或地区）处于经济发展的初级阶段，劳动力丰富而资本短缺就会成为其要素禀赋结构的基本特征，从而劳动密集型产业以及资金密集型产业中劳动相对密集的产业区段就具有比较优势，同时，该阶段的企业规模较小，主要面临市场价格风险，而技术（产品）创新风险比重则较低。在这种发展阶段特征下，银行主导型结构能够有效聚集资金并克服市场价格风险，能够以较低的交易成本为企业提供金融服务，是与该阶段相匹配的一种最优金融结构。然而，如果政府过早或过快推进市场主导型结构的自由化发展进程，那么会导致市场资本（形成于金融市场）的平均利润率高于金融资本（形成于金融中介）的平均利润率，导致金融资源不断从金融中介抽离并流向金融市场。这种结果，一方面会导致金融市场存在资本供给过剩，过剩的资本融资进入金融市场的内部循环并加剧金融市场风险；另一方面会导致金融中介存在资本供给不足进而出现信贷配给问

① Jensen, Michael C., and Kevin J. Murphy, "Performance pay and top-management incentives", *Journal of Political Economy*, Vol. 98, No. 2 (1990): 225 – 264.

② Levine, Ross, "Stock markets, growth, and tax policy", *The Journal of Finance*, Vol. 46, No. 4 (1991): 1445 – 1465; Obstfeld, Maurice, "Evaluating risky consumption paths: The role of intertemporal substitutability", *European Economic Review*, Vol. 38, No. 7 (1994): 1471 – 1486.

③ Boot, Arnoud W. A., and Anjan V. Thakor, "Financial system architecture", *The Review of Financial Studies*, Vol. 10, No. 3 (1997): 693 – 733.

④ 张成思、刘贯春：《最优金融结构的存在性、动态特征及经济增长效应》，《管理世界》2016 年第 1 期。

题，信贷配给问题以及高成本金融市场融资的共同存在，会使得那些不具备非利率条件和金融市场融资条件的高效率中小企业被排除在金融体系之外，从而形成金融资源错配现象。

（三）金融资源错配形成的制度根源：金融制度变迁的"路径依赖"

新制度经济学、法律与金融学的相关理论表明，法律制度基础对金融秩序演进具有深层次影响，适宜的金融制度变迁是金融体系健康合理运行和金融资源配置功能优化提升的基础环境与条件。然而，金融制度变迁往往具有"路径依赖"的内生属性，是导致金融制度变迁偏离其最优演化路径的重要因素，也是引发金融政策扭曲进而金融资源错配的重要根源。

1. 制度变迁与"路径依赖"

法律变革、制度变迁与经济金融发展的基本关系是新制度经济学、法与金融学探讨的核心问题。从新制度经济学来看，围绕着"为什么正交易费用的存在使得我们在构建经济模型的时候必须将制度视为内生变量"这一核心问题，以科斯、诺思等为代表的新制度经济学家对制度在经济运行中的至关重要的作用进行了充分论证。如科斯在其 1937 年出版的《企业的性质》中提出了交易成本理论，将制度理解为为降低交易成本而存在的规章、规则、法律、政策等，并认为产权界定能够使双方通过交易便可达到资源的最佳配置状态。再如，诺思也同时强调了制度在一个国家经济增长和社会发展方面具有决定性作用，特别是新的交易制度的形成和延展促进了经济社会变迁，制度安排不仅能够降低交易费用，而且有助于降低转型费用。从法与金融学来看，针对长期依赖法律与经济的联系被忽视以及法律在经济运行中的重要作用，以 Fafael La Porta、Florencio Lopez-de-Silance、Andrei Shleifer、

Robert Vishny 等（简称 LLS&V）为代表的学者，首次明确将法律因素引入解释金融发展和经济增长的具体研究中，在其 1998 年出版的《法与金融学》奠基之作中，强调了法律、执法机制和法律机制对金融交易的支配作用，并认为契约安排构成了金融活动的基础，保护投资者和履行契约的司法体系会更有利于促进金融发展，同时，他们还强调了法律制度是解释金融发展国别差异的重要变量。由此可见，法律和制度在一国（或地区）经济和金融发展过程中具有非常重要的基础性作用。

尽管如此，动态视角下的法律、制度与经济金融运行的基本关系却受到来自"路径依赖"的严重制约。从学理上来看，"路径依赖"被解释为这样一种状态：即使在自由选择和个人利益最大化的行为模式中，一种微小或短暂的利益或表面上不合逻辑的导向，也会使某种技术、产品或准则对市场资源的分配产生重要和不可逆转的影响，因此路径依赖意味着个体的边际调整可能无法提供最优化结果或次优结果的修正结果。[①] 这也就意味着，"路径依赖"描述了一种具有正反馈机制的体系，一旦某些决策及其行为模式被系统采纳，便会沿袭特定路径发展和演进，并且很难被其他潜在甚至更优的体系替代。由于路径依赖的这一特性，制度变迁在较大程度上会受制于初始条件和原生环境，而历史和利益集团政治在制度变迁过程中则发挥着重要的作用。[②] 从法律的内生性角度，青木昌彦强调了民间规则和秩序形成的重要性，他强调，所谓"制度"，从博弈论的角度来看，就是指持续性地进

---

①　Liebowitz, Stan J. , and Stephen E. Margolis, "Path dependence, lock-in, and history", *Journal of Law*, *Economics*, *& Organization*, （1995）: 205 – 226.

②　Stark, David, "From system identity to organizational diversity: Analyzing social change in Eastern Europe", *Contemporary Sociology*, Vol. 21, No. 3 （1992）: 299 – 304; Bebchuk, Lucian Arye, and Mark J. Roe, "A theory of path dependence in corporate ownership and governance", *Stan. L. Rev.*, Vol. 52 （1999）: 127.

行被大家认同的共有信念的博弈方式（法律制度具有内生性），它以民间行为主体自我约束性的博弈均衡形式内生地生成，并对上述均衡与行为模式加以强化和巩固。因此，在法律制度的内生性属性下，民间自身的最优行为模式可能会与法律制度之间发生背离，改革者的重要策略在于因势利导、自下而上提升民间规则，而非采取强制性的法律制度变革。与此同时，诺斯也强调了制度变迁过程中路径依赖的成因，他认为路径依赖不仅源于制度的收益递增，而且来自制度市场的不完全性及其产生的正的交易成本。新制度经济学的分析表明，在市场具有竞争性和完全性的条件下，制度变迁的轨迹将是有效的；而如果市场是非竞争性和非完全性的，同时信息的反馈具有分割性以及交易费用具有显著性，那么一种无效率的制度将会持续运行并将经济增长锁定于一个低水平陷阱之中，仅有依靠强大的外力或从事宪政改革或重建整个政治制度，才能脱离这一陷阱。

由此可知，由于历史条件、利益集团政治、民间行为均衡偏离、市场不完全等因素影响，制度变迁往往容易具有一种内在的"路径依赖"属性，这种"路径依赖"属性的持续存在以及难以打破，将使得现实的制度变迁过程逐渐偏离经济社会变迁所内生决定的制度变迁最优路径，这种偏离不仅使得现实制度变迁极易演变成制度锁定状态，而且会通过制度的非效率锁定对经济增长产生巨大的制约与拖累效应。

2. 金融制度变迁的"路径依赖"与制度非效率锁定：中国特征

制度变迁的"路径依赖"属性存在于任何类型制度之中，特别是存在于经济制度中居于核心地位的金融制度之中。从动态视角看，金融制度变迁的"路径依赖"属性使其逐渐偏离了由经济发展阶段演进所内生决定的最优金融制度变迁路径，并产生了金融制度变迁的非效率锁定状态，这是制约发展阶段演进过程中金融体系适应性变革与功能优化的根本性原因。以中国为例，中国的金融制度变迁受历史初始条件和社会利益集团权力结构与偏好结构的重要影响，这种影响主要表现为，金融改革模式集中体现为一种自上而下的政府强制性供给行为，这种变迁方式虽然降低了制度变迁的时间成本和摩擦成本，但容易发生制度供给和制度需求的不一致，在很大程度上表现为一种扭曲的博弈均衡，并制约了制度变迁效率的提升。①

从中国金融制度变迁的初始条件来看，国家直接控制下的单一国有银行体制构成了我国金融改革的初始禀赋与制度条件，这种国有金融寡头垄断条件下的初始结构决定了我国金融制度变迁的特殊机理和轨迹，其庞大的初始资产专用性引致了金融制度变迁的路径依赖，并且国家悖论条件下的政府效用函数最大化和国有企业与国有金融的刚性依赖，以及国有制度矩阵下相互依赖的构造所带来的学习效应、协作效应和适应性预期的自增强机制，导致目前金融制度变迁陷入低效率的锁定状态。② 与此同时，从转轨时期金融制度变迁的现实来看，我国的金融系统产生并发展于转轨时期特殊的政治结构和社会结构之中，被打上了转轨时期所固有的"国家主义"烙印，即金融系统仍保留了占据绝对优势地位的政府所有权，这一条件使得金融制度变迁显示出强烈的政府主导下的强制性制度变迁特征——中央政府赋予金融系统诸多政治功能，并由此形成了一系列相互关联和互补的制度安排，如国有股一股独大、股权双轨制、审批制、机构投资者的国有和准国有化、政策救市等。③

---

① 吴海兵、唐艳芳：《我国金融制度变迁的路径依赖和演化趋势分析》，《山西财经大学学报》2006 年第 1 期。
② 张建伟：《国家转型与治理的法律多元主义分析——中、俄转轨秩序的比较法律经济学》，《法学研究》2005 年第 5 期。
③ 张建伟：《国家转型与治理的法律多元主义分析——中、俄转轨秩序的比较法律经济学》，《法学研究》2005 年第 5 期。

由此可见，中国由政府主导的强制性金融制度变迁由其特殊的历史初始条件、体制结构、变革模式等因素影响，金融制度变迁具有显著的"路径依赖"属性，这种"路径依赖"属性与发展阶段演进过程中由需求主导的金融制度变迁内生要求发生偏离，是造成金融制度变迁非效率锁定的重要原因。

3. 金融制度变迁的"路径依赖"、金融政策扭曲与金融资源错配

上文分析表明，中国特殊的金融制度变迁路径存在某种固有的依赖特性，这种依赖特性是金融制度变迁呈现非效率锁定的重要根源。事实上，与众多发展中国家一样，中国在经济发展初期，推行了以金融抑制政策为主的金融发展策略，并在相当长的历史时期形成了与金融抑制环境相适应的一系列配套性政策，共同构建了中国特有的以政府主导的金融压制体系。林毅夫等认为，金融压制体系的产生以及以大银行为主的间接融资形式金融体系的形成，与我国经济处于特定起飞阶段以及以出口导向的劳动密集型产业为主的产业结构特征紧密相关。这种匹配于发展阶段初期各类发展特征的金融抑制型政策体系在较长时期内适应我国经济发展的内生需求，是一种适宜性的最优政策。[1] 余静文也同样指出，与我国发展初期相匹配的金融抑制程度，可视为我国在该发展阶段下的最优金融条件。[2] 这是由于：一方面，在金融监管水平相对较低和金融风险控制能力相对较弱的发展中国家的经济起飞阶段，特别是在面临经济开放和全球化的特定背景下，金融抑制政策更有利于处置金融市场失灵问题，控制金融体系的

---

[1] 林毅夫、孙希芳、姜烨：《经济发展中的最优金融结构理论初探》，《经济研究》2009 年第 8 期。

[2] 余静文：《最优金融条件与经济发展——国际经验与中国案例》，《经济研究》2013 年第 12 期。

各种内生和外生风险，加快有限的金融资源向实体经济的转移与汇集；另一方面，通过政府适当干预与控制金融机构，积极利用各种类型的金融抑制政策，可以快速且有效地构建储蓄转为投资的金融中介渠道，加快非创新型产业发展，促进经济增长。[①]

　　然而，值得特别注意的是，我们不能局限于静态视角来判定金融制度及金融政策与经济发展的匹配性，这是由于，虽然某些金融制度及政策与某个特定的发展阶段存在较好的匹配关系，但并不表明在动态演变的过程中这种较好的匹配关系能始终维持。事实上，从动态视角来看，中国发展的初始条件所决定的政府干预和控制经济发展的模式，特别是金融制度变迁模式具有典型的路径依赖型内生锁定特性。即便在发展初期由政府干预所形成的金融压制体系对该阶段经济发展具有良好的促进效应，但由于金融压制体系具有内生的路径依赖和锁定特性，既有的金融压制政策不仅难以取消，而且有固化甚至强化的可能。从中国的发展现实来看，这种来自金融制度变迁的"路径依赖"和制度非效率锁定所形成的金融政策扭曲，主要表现为以下阶段性特征：一是自改革开放以来经济开放程度、市场化发展、资本国际流动、产业结构调整等发展条件变化，快速启动了发展阶段的演化进程，这种发展阶段的潜在转换必然对相应的金融政策及其制度支撑提出新的内在需求，即发展阶段潜在转换过程中的最优金融条件及其制度基础存在客观的变化需求。然而，由于金融压制体系及其背后的制度变迁过程存在路径依赖与内生锁定特征，这种特征决定了金融制度变迁无法灵活地跟随经济发展条件进行相应的快速调整，发展初期的匹配性制度安排开始与经济发展条件演进发生潜在偏离，使得基于制度的金融压制型政策体系（利率管制政策、

---

① 张杰、杨连星：《资本错配、关联效应与实体经济发展取向》，《改革》2015年第10期。

信贷歧视、分割政策等）逐渐不匹配于现实经济发展条件的变化，在这种情况下初始形态的金融政策扭曲就形成了。二是随着经济发展阶段快速演进并进入全面转型阶段，市场化程度不断提高、开放经济发展加快深化、以民营中小微企业为代表的市场主体快速成长、产业转型升级进程不断提速、科技创新动能加快释放，以这些发展条件变化为特征的发展阶段演进必然对适应性金融制度变迁提出新的内在要求。在这种情况下，即使政府通过较有力的制度变革在一定程度上弱化了"路径依赖"效应并推动制度路径转化，但固有的"路径依赖"属性仍然内生地存在，这种结果虽然使得制度变迁路径逐渐趋于经济阶段演进的内生需求，但仍然或大或小存在着一个动态性偏离缺口（尽管这样的缺口在逐渐地缩小），并由此形成了动态视角下的金融政策扭曲现象。以中国为例，尽管中国在改革开放以后推行了渐进式的金融市场化改革，在一定程度上逐步解除了来自金融压制体系对实体经济发展的制约，但由于金融制度变迁固有的"路径依赖"特性难以在较短时期内有效根除，于是便形成了金融制度变迁与经济转型发展之间的动态偏离缺口（尽管这种缺口在不断缩小但仍然存在），由此金融政策尚存在某种程度上的动态性扭曲，这也是目前中国金融市场化改革不断深入但金融结构仍未优化，中小微企业融资难、融资贵问题仍显著存在等的重要原因。

综上所述，金融制度变迁的内生性"路径依赖"属性，是导致金融政策扭曲的重要因素。由此引致的金融政策扭曲造成了现实金融发展条件与最优金融发展条件的偏离，进而导致金融资源错配的形成。因此，我们必须高度重视制度变迁的"路径依赖"特性对金融条件扭曲进而金融资源错配的影响机理，在寻求纠正金融资源错配的理论思路与实践方案中，深入挖掘和研究导致金融资源错配的制度根源，具有非常重要的理论与实践意义。

三　金融资源错配与经济增长抑制：作用机制

　　金融资源错配是否以及如何抑制经济增长是课题需要深入进行理论探讨的第二个关键性问题。本书从经济效率、产业结构、技术创新、经济风险四个渠道，通过建立理论分析模型，深入研究了金融资源错配对经济增长的抑制机制，为金融资源错配效应研究建立了一个系统化的分析框架。

（一）金融资源错配、经济效率减损与经济增长抑制

　　资源配置效率是全要素生产率等经济效率增长的重要来源，也是影响一国经济增长质量的关键因素，而金融资源错配则是导致金融资源配置效率以及经济效率减损的重要因素。本书参考Hsieh 和 Klenow 以及简泽等的垄断竞争模型，分析金融资源错配通过经济效率减损抑制经济增长的作用机制。[①]

　　假设存在一个产品市场是完全竞争市场且只生产一种最终产品 Y，并假定该产品的价格为1。为了生产最终产品 Y，产商将投入 s 个产业（都是垄断竞争的）的 Y_s（$s = 0, 1, 2, \cdots, s$）作为中间投入，生产函数是 Cobb – Douglas 函数：

$$Y = \prod_{s=1}^{s} Y_s^{\theta s}, \ \sum_{s=1}^{s} \theta s = 1 \qquad (4-25)$$

将代表性厂商的成本最小化，得到：

---

① Hsieh C. & Klenow P. J., "Misallocation and manufacturing TFP in China and India", *The Quarterly Journal of Economics*, Vol. 124, No. 4（2009）：1403 – 1448；简泽、徐扬、吕大国、卢任、李晓萍：《中国跨企业的资本配置扭曲：金融摩擦还是信贷配置的制度偏向》，《中国工业经济》2018 年第 11 期。

$$P_s Y_s = \theta_s PY \tag{4-26}$$

其中，P_s 表示 Y_s 的价格，由于所有产业的市场结构为垄断竞争结构，因此 Y_s 也可以表示具有一定相互替代性（替代弹性为 σ）和明显差别的所有产品之和。同时 M_s 个厂商在全要素生产率 A_{si} 上具有明显差异，其产品通过 Cobb – Douglas 生产技术进行生产，即：

$$Y_s = \left(\sum_{s=1}^{Ms} Y_{si}^{\frac{\sigma-1}{\sigma}} \right)^{\frac{\sigma}{\sigma-1}}, \quad Y_{si} = A_{si} K_{si}^{\alpha s} L_{si}^{1-\alpha s} \tag{4-27}$$

其中，A_{si} 表示技术水平；K_{si} 表示资本，L_{si} 表示劳动，αs 表示资本产出弹性（产业内相同而产业间则存在一定程度的差异）。

资本扭曲可定义为一个企业的资本边际收益产品对市场出清状态下的资本使用成本的偏离，将其表示为 τK_{si}。当一个企业必须以高于市场出清状态下的资金使用成本才能获取资本时，该企业可能会较少地使用资本，此时该企业的资本边际生产率和资本扭曲 τK_{si} 就较高；反之，如果一个企业能够以低于市场出清状态下的资本使用成本获取资本，那么该企业可能会较多地使用资本，从而导致资本边际生产率的降低，此时该企业的 τK_{si} 也会较低。将资本成本表示为 R，在资本扭曲的情况下，产业 s 中厂商 i 的利润可表示为：

$$\pi_{si} = P_{si} Y_{si} - w L_{si} - (1+\tau) R K_{si} \tag{4-28}$$

在 Cobb – Douglas 生产函数的约束下，将企业利润最大化可得到：

$$P_{si} = \left(\frac{\sigma}{\sigma-1} \right) \left(\frac{w}{1-\alpha s} \right)^{1-\alpha s} \left(\frac{R}{\alpha s} \right)^{\alpha s} \frac{(1+\tau K_{si})^{\alpha s}}{A_{si}} \tag{4-29}$$

此时，企业的资本、资本劳动比和产出规模分别为：

$$K_{si} = c_1 Y_s \frac{A_{si}^{\sigma-1}}{(1+\tau K_{si})^{1+\alpha s(\sigma-1)}} \tag{4-30}$$

$$\frac{K_{si}}{L_{si}} = \left(\frac{\alpha s}{1 - \alpha s}\right) \frac{w}{R} \frac{1}{(1 + \tau K_{si})} \qquad (4-31)$$

$$Y_{si} = c_2 Y_s \frac{A_{si}^{\sigma}}{(1 + \tau K_{si})^{\alpha s \sigma}} \qquad (4-32)$$

其中，$Y_s = \theta Y$，系数 c_1 和 c_2 在不同产业间存在明显差异[①]，但在同一产业内保持不变。根据式（4-30）、式（4-31）和式（4-32），在产业 s 里，当该产业的总产出水平 Y_s 给定时，资本、劳动和产出在不同企业间的配置主要由全要素生产率 A_{si} 和资本扭曲 τK_{si} 这两个因素决定。因此，当存在资本扭曲时，如果资本扭曲的方向与全要素生产率的分布存在差异，那么极有可能会发生金融资源在不同企业的错配。只有不存在资本扭曲时，资本、劳动和产出的跨企业配置才完全由企业间的全要素生产率分布来决定，此时，全要素生产率越高的企业往往拥有越大的要素投入和产出规模。同时，式（4-30）表明，在其他条件不变的情况下，企业面临的融资成本越高，则会越少地使用资本，那么资本扭曲就会阻碍金融资源流向高生产率企业进而导致产业组织的分散化。

在式（4-30）、式（4-31）和式（4-32）的基础上，企业 i 的资本边际收益产品 $MRPK_{si}$ 和劳动收益产品 $MRPL_{si}$ 计算公式为：

$$MRPK_{si} \overset{\Delta}{=} \alpha s \left(\frac{\sigma - 1}{\sigma}\right) \frac{P_{si} Y_{si}}{K_{si}} = (1 + \tau K_{si}) R \qquad (4-33)$$

$$MRPL_{si} \overset{\Delta}{=} (1 - \alpha s) \left(\frac{\sigma - 1}{\sigma}\right) \frac{P_{si} Y_{si}}{L_{si}} = w \qquad (4-34)$$

式（4-33）表明，资本扭曲可能导致同一产业内不同企业

---

① 关于系数 c_1、c_2 的定义和推导计算参考简泽、徐扬、吕大国、卢任、李晓萍《中国跨企业的资本配置扭曲：金融摩擦还是信贷配置的制度偏向》，《中国工业经济》2018 年第 11 期。

之间资本的边际生产率产生明显差异：那些能够以低成本获取资本的企业具有较低的生产率，相反，那些需要支付较高资金使用成本才能获取融资的企业具有较高的生产率，这会使产业内的实际产出与潜在产出出现较大缺口，直接造成社会总产出的损失。同时，由于同一产业内不同企业间的全要素生产率 Asi 存在差异，所以式（4-30）、式（4-31）和式（4-32）所表示的金融资源跨企业配置与生产率跨企业分布的偏离可能会对产业层面加总的全要素生产率产生重要影响。而式（4-34）体现的与资本市场截然相反，在劳动力市场中，在同一产业 s 里，企业层面的市场均衡工资率与劳动的边际生产率相等。将产业内全部企业的劳动需求和资本需求进行加总可以得到资本扭曲存在时产业加总的全要素生产率：

$$L_s \equiv \sum_{i=1}^{Ms} L_{si} = L \frac{(1-\alpha s)\,\theta s}{\sum_{s'=1}^{s}(1-\alpha s')\,\theta s'} \qquad (4-35)$$

$$K_s \equiv \sum_{i=1}^{Ms} K_{si} = K \frac{\alpha s\theta s/(1+\overline{\tau K_s})}{\sum_{s'=1}^{s}[\alpha s'\theta s'/(1+\overline{\tau K_s'})]} \qquad (4-36)$$

其中，$L \equiv \sum_{s=1}^{s} L_s$ 和 $K \equiv \sum_{s=1}^{s} K_s$ 表示劳动和资本的总供给，$\overline{\tau K_s} = \sum_{i=1}^{Ms} \tau K_{si}(\frac{K_{si}}{K_s})$ 表示产业 s 的平均资本扭曲程度。于是，整个经济系统的总产出可以表示为各个产业资本、劳动和全要素生产率的函数，即：

$$Y = \prod_{s=1}^{s} (TFP_s K_s^{\alpha s} L_s^{1-\alpha s})^{\theta s} \qquad (4-37)$$

当存在资本扭曲时，产业 s 加总的全要素生产率为：

$$TFP_s = \left\{ \sum_{i=1}^{Ms} \left[A_{si} \left(\frac{1+\tau K_{si}}{1+\overline{\tau K_s}} \right)^{-\alpha s} \right]^{\sigma-1} \right\}^{\frac{1}{\sigma-1}} \qquad (4-38)$$

当不存在资本扭曲时，全要素生产率则为：

$$TFPs = \left\{ \sum_{i=1}^{Ms} A_{si}^{\sigma-1} \right\}^{\frac{1}{\sigma-1}} \qquad (4-39)$$

因此，当同一行业的各个企业面临较大差异的资本扭曲时，产业加总的全要素生产率总量主要由资本扭曲决定。当以式（4-38）计算得出的全要素生产率低于以式（4-39）计算得出的全要素生产率时，资本扭曲和跨企业的金融资源错配就会导致总量层面的全要素生产率损失。此时，金融资源错配程度越高，全要素生产率的损失将会越严重，对经济增长的抑制效应也会越明显。

据此，提出假说 H1：金融资源错配通过减损经济效率来抑制经济增长。

（二）金融资源错配、产业结构扭曲与经济增长抑制

金融资源错配对产业结构失衡具有重要影响，金融资源错配造成了各个产业部门间的要素边际报酬（要素边际回报）不相等，这种资源配置与产业部门生产率的不匹配现象会进一步加剧产业结构扭曲，并导致经济的短期总产出和长期产出组合方式发生改变进而抑制经济增长。以下我们采用一个理论模型来进行阐释。

假设每个产业部门的生产函数均为资本 Ki 与劳动 Li 的一次齐次形式，并以密集形式来定义产业 i 的生产技术，yi 代表部门 i 的劳动人均产出，Ai 代表希克斯中性的技术进步水平，ki 代表劳均资本水平，可以得到：

$$yi = Aifi(ki) \qquad (4-40)$$

根据每个部门的利润最大化，要素之间的边际收入为：

$$\frac{wi}{ri} = \frac{MP_L}{MP_K} = \frac{Aifi(ki) - Aifi'ki(ki)}{Aifi'(ki)} \qquad (4-41)$$

$$= \frac{1 - fi'(ki)ki/fi(ki)}{fi'(ki)ki/fi(ki)} \cdot k = hi \cdot ki = \frac{\alpha i}{1 - \alpha i} \cdot ki$$

其中，wi 和 ri 分别表示工资和利率，MP_L 和 MP_K 分别表示劳动边际产出和资本边际产出，$fi'(ki)$ 表示对 ki 的一阶求导；$1 - fi'(ki)ki/fi(ki)$ 和 $1 - \alpha i = fi'(ki)ki/fi(ki)$ 分别代表劳动的产出弹性和资本的产出弹性；$hi = \alpha i/(1 - \alpha i)$ 为劳动与资本的产出弹性之比，表示两种投入要素间的相对产出效率。

在完美市场的假设下，资源要素能够无障碍地自由流动并实现有效配置进而使得同一要素的边际报酬率相等。但当经济存在资源错配时，由于存在阻碍要素自由流动与有效配置的因素，因此各部门间的要素报酬率就不再相等，wi/ri 的比值也不再相等。将某一部门视为基准部门 $h0 \cdot k0$，该部门 wi/ri 的比值为基准，则其余部门与基准部门间存在如下关系：

$$h0 \cdot k0 = \varphi i \cdot hi \cdot ki \qquad (4-42)$$

φi 表示部门间相对资源错配系数。由（4-42）式可知，当 $\varphi i = 1$ 时，部门 i 不存在资源错配；当 $\varphi i > 1$ 时，表示部门 i 相对于基准部门而言存在 $wi/ri < w0 \cdot r0$，表示与基准部门相比，部门 i 配置了过少的资本和过多的劳动力；而当 $\varphi i > 1$ 时，则与之相反。由式（4-41）和式（4-42）可得：

$$\varphi i,j = \frac{wi}{ri} / \frac{wj}{rj} = \frac{\alpha i}{1 - \alpha i} \cdot ki / \frac{\alpha j}{1 - \alpha j} \cdot kj = \frac{hi}{hj} \times \frac{ki}{kj} = AEI \times TCI$$

$$(4-43)$$

其中，曹玉书等将 AEI 定义为相对配置效率指数：当产业 i 中劳动相对于资本的产出弹性比 $hi = \alpha i/(1 - \alpha i)$ 大于产业 j 时，认为产业 j 的资本密集程度、资本的产出效率和配置效率大于产业 i。[1]就某个产业内部而言，由于只有资本深化达到一定

---

① 曹玉书、楼东玮：《资源错配、结构变迁与中国经济转型》，《中国工业经济》2012 年第 10 期。

程度时，才能出现劳动产出弹性大于资本产出弹性的现象[①]，因此，我们可以通过该指数来判定各部门资源配置效率与产出效率的关系。林毅夫和刘培林将 TCL 的倒数定义为技术选择指数，黄茂兴和李军军认为技术选择指数越大，则该产业的资源错配越严重，经济体内的产业结构升级和调整也就越容易受到阻滞。[②] 由此可以得出：当存在金融资源错配时，金融资源的配置效率会降低，扭曲经济体内的产业结构。

在 Miyagawa 和 Nakakuki 等研究成果的基础上，笔者将产出分解为包含错配项在内的几个部分，重新核算资源错配对经济增长的影响情况。[③] 将 $si = Li/L$ 定义为产业 i 在整个经济当中的劳动投入份额，则有：

$$Y = \sum_{i=1}^{n} Yi = \sum_{i=1}^{n} LsiAifi(ki) \qquad (4-44)$$

上式中的 L 和 Y 分别代表经济中的劳动总量和国民生产总值。对上式中各个变量进行全微分，并在等号两边同除以 Y，得到：

$$\frac{\Delta Y}{Y} = \sum_{i=1}^{n} \frac{Yi}{Y} \frac{\Delta Ai}{Ai} + \frac{\Delta L}{L} + \sum_{i=1}^{n} \frac{LsiAifi(ki)}{Y} \frac{\Delta si}{si} + \sum_{i=1}^{n} \frac{LsiAifi'(ki)ki}{Y} \frac{\Delta ki}{ki}$$

$$(4-45)$$

---

① 姚洋：《非国有经济成分对我国工业企业技术效率的影响》，《经济研究》1998 年第 12 期。

② 林毅夫、刘培林：《经济发展战略对劳均资本积累和技术进步的影响——基于中国经验的实证研究》，《中国社会科学》2003 年第 4 期；黄茂兴、李军军：《技术选择、产业结构升级与经济增长》，《经济研究》2009 年第 7 期。

③ Fukao K, Miyagawa T, Kawai H, et al., "Sectoral Productivity and Economic Gwowth in Japan: 1970 – 1998 (in Japanese)", *Economic Analysis*, Vol. 170 (2003): 3 –415; Nakakuki, M., A. Otani, and S. Shiratsuka, "Distortions in Factor Markets and Structural Adjustments in the Economy", Hi-Stat Discussion Paper Series, Vol. 22, No. 2 (2004): 71 –99.

当经济处于完全竞争状态，且资源要素能够在部门间自由流动并进行有效配置时，各部门间同种要素的边际报酬将趋于相等，此时：

$$\frac{\Delta Y}{Y} = \sum_{i=1}^{n} \frac{Yi}{Y} \frac{\Delta Ai}{Ai} + \frac{\Delta L}{L} + (1-\alpha)\frac{\Delta k}{k} \tag{4-46}$$

但市场的这一完美假设在现实经济中不可能存在，资源错配的影响因素将使各部门的要素边际报酬率存在差异。因此，当存在资源错配时，由式（4-42）我们可以得到部门人均资本和经济体总人均资本间的关系：

$$ki = k \Big/ \sum_{i=1}^{n} Sm \frac{\varphi i h i}{\varphi m h m} \tag{4-47}$$

对式（4-47）的各变量求偏微分，得到式（4-48）：

$$\frac{\Delta ki}{ki} = \frac{\Delta k}{k} - \left[\frac{\Delta \varphi i}{\varphi i} - \sum_{j=1}^{n}\left(\frac{Sj}{\varphi_j h_j}\Big/\sum_{m=1}^{n}\frac{Sm}{rmhm}\right)\frac{\Delta \varphi j}{\varphi j}\right] - \sum_{j=1}^{n}\left(\frac{Sj}{\varphi_j h_j}\Big/\sum_{m=1}^{n}\frac{Sm}{rmhm}\right)\frac{\Delta Sj}{Sj}$$

$$\tag{4-48}$$

式（4-48）表示部门 i 的人均资本增长率不仅受经济体总人均资本增长率的影响，还受到部门内资源错配的直接影响和其他部门资源错配的间接影响。将式（4-48）代入式（4-45），得到资源错配条件下的经济增长分解核算式：

$$\frac{\Delta Y}{Y}\Big|_{d,t} = \underbrace{\sum_{i=1}^{n}\frac{Yi}{Y}\frac{\Delta Ai}{Ai}\Big|_{d,t}}_{I} + \underbrace{\frac{\Delta L}{L}\Big|_{d,t}}_{II} + \underbrace{(1-a)\frac{\Delta K}{K}\Big|_{d,t}}_{III}$$

$$\underbrace{-\sum_{j=1}^{n}\frac{\Delta Y_i}{Y}(1-\alpha i) - \left[\frac{\Delta \varphi_i}{\varphi_i} - \sum_{j=1}^{n}\left(\frac{Sj}{\varphi_j h_j}\Big/\sum_{m=1}^{n}\frac{Sm}{rmhm}\right)\frac{\Delta \varphi_j}{\varphi_j}\right]\Big|_{d,t}}_{IV}$$

$$\underbrace{-\sum_{m=1}^{n}\frac{Yi}{Y}\left\{(1-\alpha)\left[\sum_{j=1}^{n}\left(\frac{Sj}{\varphi_j h_j}\Big/\sum_{m=1}^{n}\frac{Sm}{rmhm}\right)\frac{\Delta Sj}{Sj}\right] - \frac{\Delta Sj}{Sj}\right\}\Big|_{d,t}}_{V}$$

$$\tag{4-49}$$

其中 d 表示地区，t 表示时期，$\Delta Y/Y$ 为实际 GDP 增长率。Ⅳ 表示金融资源错配（或资本错配），可衡量错配的改善或恶化引起的经济增长变化程度，表示部门间金融资源错配变化引起的人均资本变化对经济增长的影响，这表明，当存在金融资源错配时，金融资源错配的程度越高，对经济的抑制效应越明显。

据此，提出假说 H2：金融资源错配通过扭曲产业结构来抑制经济增长。

（三）金融资源错配、技术创新阻滞与经济增长抑制

技术创新是企业培育核心竞争能力和国家实现持续经济增长的重要源泉。经典的金融发展理论认为，技术创新活动与金融活动密不可分，金融发展通过为创新企业及创新项目提供必要的融资支持和有效的风险管理手段来促进技术创新活动的不断深化。因此，金融资源错配势必会通过创新融资等渠道对企业技术创新活动形成制约与阻碍。

本书在 Gorodnichenko 和 Schnitzer 的研究基础上，参考康志勇的分析框架，构建理论模型研究金融资源错配对企业技术创新的阻滞效应。[①] 在一个经济体内，由于信息不对称等原因，企业外部融资成本总是高于内部融资成本。假设企业内部融资成本为 1，企业外部融资总成本为 C，主要包括企业需要为每 1 单位的外部资金支付的融资成本 C_1 以及当金融资源错配存在时，企业需要额外支付的错配成本 C_2，令 $C = C_1 + C_2$，得到：$C_1 + C_2 > 1$。

假设企业进行创新活动的固定成本为 F_I，企业具有充足的内部资金从事生产的可能性为 q，而需要外部融资的可能性为

---

① Gorodnichenko, Yuriy, and Monika Schnitzer, "Financial constraints and innovation: Why poor countries don't catch up", *Journal of the European Economic Association*, Vol. 11, No. 5 (2013): 1115 –1152；康志勇：《金融错配阻碍了中国本土企业创新吗?》，《研究与发展管理》2014 年第 5 期。

$1 - q$，外在因素对企业内部资金流动性的减损概率为 P_L，且 $P_L \in \{0, \overline{P_L}\}$。在进行生产时，企业可以选择使用内部资金或外部资金进行生产，且会优先考虑使用内部资金，但内部资金充足的概率将会随着使用频率的上升而下降，再次完全使用内部资金的概率将下降 P_I。将企业不进行创新活动时的利润表示为 πi，$i = 0$ 表示企业进行创新活动仅使用内部资金，$i = C$ 表明企业进行创新活动时主要或完全依赖外部资金，由于使用外部资金会增加研发活动的融资成本，导致利润下降，因此：$\pi 0 > \pi C$，同样地，若将企业进行创新活动获得的利润表示为 π_i^I，则 $\pi_i^I > \pi i$。由此可得：企业从事创新活动的利润会伴随融资成本的增加而减少，即 $\dfrac{d(\pi'c - \pi c)}{dC} < 0$。

当企业不进行创新活动时，其预期利润为：

$$E(\pi) = (q - P_L)\pi 0 + (1 - q + P_L)\pi c \qquad (4-50)$$

由于企业往往会在创新的初始阶段优先使用内部资金，那么研发进入后续阶段的内部资金充足概率将下降 P_I，此时，创新过程中使用内部资金的概率将变为 $q - P_L - P_I$，使用外部资金的概率就变为 $1 - q + P_L + P_I$，企业的预期利润则为：

$$E(\pi \mid I) = (q - P_L - P_I)\pi^I 0 + (1 - q + P_L + P_I)\pi'c - F_I$$

$$\qquad (4-51)$$

企业进行创新活动与企业不进行创新活动的预期利润差距可表示为：

$$\Delta_\pi^I \equiv E(\pi \mid I) - E(\pi) = (q - P_L)(\pi_0^I - \pi_0)$$
$$+ (1 - q + P_L)(\pi_c^I - \pi_c) - P_I(\pi_0^I - \pi_c^I) - F_I \qquad (4-52)$$

由于企业的经营目的主要是盈利，因此，只有当进行创新的预期利润大于不进行创新的预期利润时，企业才会选择进行创新活动。此时的创新激励主要来自预期利润之间的差值，由式

（4-52）可得：当且仅当 $\Delta_\pi^I > 0$ 时，企业才会选择进行创新活动。

由于企业存在内部资本限制，企业进行创新活动时往往不得不进行外部融资，但外部融资的成本除了必须支付的资金使用成本（如贷款利息）外，还存在需要额外支付的金融资源错配导致的融资成本。因此，企业外部融资成本的差异会影响企业进行创新活动的预期利润差异。

将 Δ_π^I 对 PL 求导可得：

$$\frac{d\Delta_\pi^I}{dPL} = -(\pi_0^I - \pi0) + (\pi_C^I - \pi C) < 0 \qquad (4-53)$$

企业创新激励与企业面临的外部冲击存在显著的负相关关系，企业融资面临的外部冲击越大，企业创新激励就越小。在式（4-53）的基础上可对 C_2 求导得到：

$$\frac{d^2\Delta_\pi^I}{d_P LdC_2} = \frac{d(\pi_C^I - \pi c)}{dC_2} < 0 \qquad (4-54)$$

这说明企业面临的金融资源错配成本与企业进行创新活动的预期利润差额存在显著的负相关关系，这意味着，C_2 代表的金融资源错配成本越高，企业进行或不进行创新活动的预期利润差额就越小，对企业创新活动的激励效应也就越小。因此，企业面临的金融资源错配越严重，会导致企业的外部融资成本越大，企业进行创新活动的激励就越小。

据此，提出假说 H3：金融资源错配通过阻滞技术创新来抑制经济增长。

（四）金融资源错配、经济风险累积与经济增长抑制

经济风险作为金融资源错配可能引致经济增长抑制的潜在渠道，目前对其研究还缺乏必要且深入的讨论。由于金融资源错配改变了低效率部门和高效率部门的资源获取和利用能力，会通过不同机制形成

企业层面及部门层面相关风险进而导致整个经济体系统性风险的累积，因此，金融资源错配通过经济风险累积机制产生了经济增长的抑制机制。

本书以加尔比斯金融发展模型为基础展开分析。假设在整个经济社会中只有两个部门：高效率部门 1 和低效率部门 2，令它们的生产函数分别为：

$$Y_1 = f_1(l_1, k_1) \tag{4-55}$$

$$Y_2 = f_2(l_2, k_2) \tag{4-56}$$

假设生产要素的价格和它们的边际生产率是一样的，那么这两个部门的资本边际效率分别为：

$$\partial Y_1 / \partial k_1 = r_1 \tag{4-57}$$

$$\partial Y_2 / \partial k_2 = r_2 \tag{4-58}$$

可以得出 $r_1 > r_2$，即高效率部门 1 的劳动效率也高于低效率部门 2 的劳动效率，用 w_1 和 w_2 分别表示两个部门的工资率（$w_1 > w_2$），则整个经济体的收入可以表示为：

$$Y = Y_1 + Y_2 = r_1 k_1 + w_1 l_1 + r_2 k_2 + w_2 l_2 \tag{4-59}$$

当整个经济体内的要素可以自由流动、充分利用时：$K = k_1 + k_2$。由于总量 K 固定不变，k_1 和 k_2 必然呈反方向变化。因此，在金融资源总量条件一定的情况下，合理配置金融资源，有利于社会经济总产量的提高。

假设经济体内金融资源总供给 S 不变，且主要来自 S_1（高效率部门）、S_2（低效率部门）、S_3（居民部门）和 S_4（政府部门）这四个部门的总储蓄。其中，低效率部门 S_2 不仅有本身的资源 S_2，还可获得一定的外部金融资源 M，且 $M < S_3 + S_4$，此时，高效率部门 1 和低效率部门 2 的投资函数分别为：

$$I_1 = f_1(r_1, S_1) \tag{4-60}$$

$$I_2 = f_1(r_2, S_2 + M) \tag{4-61}$$

由于社会总供给 S 是不变的，则 $S_1 < S_2 + S_3 + S_4$。由于 $r_1 > r_2$，此时金融资源出现了明显的错配。由于所有制歧视等原因，实际经济环境中，低效率部门总能以较低的资金使用成本获得大量的金融资源。但当低效率部门处于买方市场时，由于低效率部门的产品缺乏市场竞争力而出现滞销等不利于企业正常经营发展的情况，利润率的严重下滑极可能导致 M 不能按期偿还。而且在实际的经济体中，M 投入越多，不良资产累积越多，风险也随之上升。一方面，金融资源出于信用倾向和规模倾向等原因过多地流向了生产效率低的企业。生产效率高的企业融资渠道减少的同时也往往面临着更高的融资成本，其正常的经营投资活动无法得到充足的资金支持，发展严重受阻，容易引起企业的经营风险和生存风险，这加大了企业的系统性风险。另一方面，生产效率低的企业融入过多的资金却无法生产出更多的产品，可能产生很多无效投资和过度投资，导致企业利润下降，容易引发企业的信用风险和财务风险，进一步加大企业的系统性风险。由此，整个经济体存在系统性风险内生累积机制，并通过风险渠道对经济增长形成制约效应。

据此，提出假说 H4：金融资源错配通过累积经济风险来抑制经济增长。

第五章　我国金融资源错配的测度
　　　　　与特征：来自不同层面的分析

　　本部分主要从地区层面、产业层面、企业层面展开对我国金融资源错配问题的现实讨论，通过构建地区间、产业间、企业间金融资源错配的测度量方法，深入研究了我国金融资源地区间错配、产业间错配、企业间错配的基本特征与变动趋势。

一　金融资源错配的测度方法

（一）地区间错配的测度

　　资源错配的最直观表现是经济体中要素没有分配到生产率高的部门，各个部门的要素边际报酬差异化，要素价格之比不等。假设经济体中存在两个部门，部门 I 生产农业品，部门 II 生产工业品，两个部门都只使用劳动和资本来进行生产活动。研究者对于不同类型错配程度的分析，将整个经济体分为多个层级，如 HK 在分析企业间错配时将整个经济体分为国家、部门、企业三个层级。基于分层的逻辑，总体的全要素生产率可由各个地区向上拟合反映，故我们在此部分关注地区间错配时，可以将经济体分为国家和省份两个层级，来测算地区间的资源错配程度。参考简泽等的研究，我们建立以下测度模型：假设该经济体中每个省际部门的生产函数为柯布－道格拉斯生产函数[1]：

$$Y_i = A_i K_i^{\alpha_i} L_i^{1-\alpha_i} \tag{5-1}$$

式（5－1）中，L_i 和 K_i 分别表示该省份的劳动投入和资本投入，A_i 表示该省份的技术水平，α_i 表示本行业的资本产出弹性。由于省份之间的产出存在较大差异，我们假设本省份内资本产出弹性 α_i 可取相同值，但在省份间是不同的。

当投入的资本成本不等于资本边际收益时，产品会出现价格扭曲，本书将其表示为 τ_{Ki}。

根据新古典经济学的要素需求决定理论，当要素市场达到均衡时，有

$$MPL_i = (1 - \alpha_i) \cdot A_i K_i^{\alpha_i} L_i^{-\alpha_i} = w_i \tag{5-2}$$

$$MPK_i = \alpha_i A_i K_i^{\alpha_i - 1} L_i^{1-\alpha_i} = R_i(1 + \tau_i) \tag{5-3}$$

进一步根据利润最大化条件，资源错配的程度可以表示为：

$$1 + \tau_{Ki} = \frac{\alpha_i}{1 - \alpha_i} \cdot \frac{wL_i}{RK_i} \tag{5-4}$$

从式（5－4）中我们可以得知，当 $1 + \tau$ 越大时，省份 i 的劳动报酬所占份额越大，其越愿意使用劳动来取代资本，资本错配越严重；当 $1 + \tau$ 越小时，资本回报越高，资本错配越轻微。

（二）产业间错配的测度

该部分的理论框架参考相关文献中对于经济体的分层逻辑，

---

[1] 简泽、徐扬、吕大国、卢任、李晓萍：《中国跨企业的资本配置扭曲：金融摩擦还是信贷配置的制度偏向》，《中国工业经济》2018 年第 11 期。

总体的全要素生产率可由各个产业向上拟合反映，故我们在此部分关注产业间错配时，可以将经济体分为产业和国家两个层级，来测算产业间的资源错配程度。参照曹玉书等的研究，我们假设每个产业部门包括劳动和资本两种生产要素，且生产函数形式为柯布－道格拉斯生产函数。[①] 分析产业间错配时，我们将三次产业作为产业部门。产业 i 的生产函数可表示为：

$$Y_i = A_i L^{\alpha_i} K^{\beta_i} \qquad (5-5)$$

其中，Y_i 为该产业产出，A_i 为该产业的技术度量，K 为该产业的资本存量。根据利润最大化的一阶条件，劳动边际报酬与资本边际报酬之比应与劳动力成本与资本成本之比相等，即：

$$\frac{w_i}{r_i} = \frac{MP_L}{MP_K} = \frac{\partial\, Y/\partial\, L}{\partial\, Y/\partial\, K} = \frac{\alpha_i A_i L^{\alpha-1} K^{\beta}}{\beta_i A_i L^{\alpha} K^{\beta-1}} = \frac{\alpha_i}{\beta_i} \cdot k_i = e_i \cdot k_i \qquad (5-6)$$

式（5－6）中，w_i 与 r_i 分别表示劳动与资本的报酬率，$k_i = \dfrac{K_i}{L_i}$ 为劳均资本存量。定义 α_i 与 β_i 分别为劳动产出弹性和资本产出弹性，$e_i = \dfrac{\alpha_i}{\beta_i}$ 为劳动产出弹性与资本产出弹性之比。

在完全竞争假设下，若资本和要素流动无障碍，那么各部门间的要素价格之比相等。但若经济体中存在资源错配的情况，要素无法充分流动，则会导致各产业部门的要素价格之比不等。我们以 $\varphi_{i,j}$ 来表示 i、j 两个产业部门间要素价格比值的差异，则有：

$$e_i \cdot k_i = \varphi_{i,j} \cdot e_j \cdot k_j \qquad (5-7)$$

若我们将等式左边取某一部门的要素价格比值作为基准

---

① 曹玉书、楼东玮：《资源错配、结构变迁与中国经济转型》，《中国工业经济》2012 年第 10 期。

$e_0 \cdot k_0$ ，则 $\varphi_{i,j}$ 衡量了两个部门间的相对资源错配。若 $\varphi_j = 1$ ，表示 j 部门与基准部门相比不存在错配；若 $\varphi_j > 1$ ，表示 j 部门相较基准部门来说，配置了过多的劳动和过少的资本；若 $\varphi_j < 1$ ，则相反。由此可得部门间资源错配系数为：

$$\varphi_{i,j} = \frac{e_i \cdot k_i}{e_j \cdot k_j} = AEI \cdot TCI \qquad (5-8)$$

式（5-8）中，定义 AEI 为相对配置效率指数，它在一定程度上反映了要素的稀缺程度。定义 TCI 为相对技术选择指数，表示一个经济体在各个发展阶段采取的发展战略对本身比较优势的偏离程度，反映各个产业部门不同的配置比例水平下的技术偏离程度。

（三）企业间错配的测度

该部分的理论框架参考 Hsieh 和 Klenow 的模型建立，假设各个部门之间为垄断竞争，在此基础上建立模型，从理论上描述资本扭曲、跨企业的资源错配与总量层面的全要素生产率之间的联系。[①] 同时，考虑到我国正处于经济转型过程中，金融业市场化进程落后，资本错配较劳动错配在各地区之间更加显著，本书暂时不考虑劳动和资本边际生产率以相同比例变动而带来的产出扭曲，将研究重点集中在企业间的资本错配上。

假设该经济体中每个行业部门的生产函数为 Cobb-Douglas 生产函数：

$$Y = \prod_{s=1}^{S} Y_s^{\theta_s}, \quad \sum_{s=1}^{S} \theta_s = 1 \qquad (5-9)$$

[①] Hsieh C. & Klenow P. J. , "Misallocation and manufacturing TFP in China and India", *The Quarterly Journal of Economics*, Vol. 124, No. 4（2009）: 1403 - 1448.

其中，Y 表示厂商的最终产品，Y_s 表示 s 行业的中间投入，产品市场是完全竞争的，θ_s 代表 s 行业产出在整个经济生产中的权重。根据代表性厂商的利润最大化决策，产品价格满足如下关系式：

$$P_s Y_s = \theta_s PY \tag{5-10}$$

其中，P_s 是行业 s 的产品价格，P 是最终产品的价格，将其设定为 1 $\left[p \equiv \prod_{S=1}^{S} (P_s / \theta_s)^{\theta_s} \right]$。在垄断竞争假设条件下，$Y_s$ 本身是由 M_s 家企业根据 CES 生产函数生产出来的差异化产品，企业产出表示为劳动和资本的函数：

$$Y_S = \left(\sum_{i=1}^{M_s} Y_{si}^{\frac{\sigma-1}{\sigma}} \right)^{\frac{\sigma}{\sigma-1}}$$

$$Y_{si} = A_{si} K_{si}^{\alpha_s} L_{si}^{1-\alpha_s} \tag{5-11}$$

其中，L_{si} 和 K_{si} 分别表示企业劳动投入和资本投入，A_{si} 表示企业技术水平，α_s 表示行业的资本产出弹性。由于产业间产出存在较大差异，我们假设产业内资本产出弹性 α_s 可取相同值，但在产业间是不同的。

当企业的资本成本不等于资本边际收益时，产品会出现价格扭曲，本书将其表示为 $\tau_{K_{si}}$。在存在价格扭曲的情况下，我们可将行业 s 中企业 i 的利润函数表示为：

$$\pi_{si} = P_{si} Y_{si} - w L_{si} - (1 + \tau_{K_{si}}) R K_{si} \tag{5-12}$$

其中，R 表示资本成本。企业利润最大化条件可表示为：

$$P_{si} = \frac{\sigma}{\sigma-1} \left(\frac{R}{\alpha_s} \right)^{\alpha_s} \left(\frac{w}{1-\alpha_S} \right)^{1-\alpha_s} \frac{(1 + \tau_{Ksi})}{A_{si}} \tag{5-13}$$

进而我们可以得到企业的生产要素和产出规模：

$$K_{si} \propto \frac{A_{si}^{\sigma-1}}{(1 + \tau_{K_{si}})^{\alpha_s(\sigma-1)}} \tag{5-14}$$

$$\frac{K_{Si}}{L_{Si}} = \frac{\alpha_s}{1 - \alpha_s} \cdot \frac{w}{R} \cdot \frac{1}{1 + \tau_{K_{Si}}} \tag{5-15}$$

$$Y_{Si} \propto \frac{A_{Si}^{\sigma}}{(1 + \tau_{K_{Si}})^{\alpha_s \sigma}} \tag{5-16}$$

综合式（5-14）、式（5-15）、式（5-16），我们可将企业的劳动边际收入产品和资本边际收入产品表示为：

$$MRPL_{si} \triangleq (1 - \alpha_s) \frac{\sigma - 1}{\sigma} \cdot \frac{P_{Si} Y_{Si}}{L_{Si}} = w \tag{5-17}$$

$$MRPK_{si} \triangleq (1 - \alpha_s) \frac{\sigma - 1}{\sigma} \cdot \frac{P_{Si} Y_{Si}}{K_{Si}} = R(1 + \tau_{Ksi}) \tag{5-18}$$

式（5-17）和式（5-18）表明，当市场达到均衡时，劳动边际收益产品与工资率相等，但企业间存在的资本价格扭曲会导致企业资本成本与资本边际收益不等，进而形成资源不能分配给生产率高的企业的错配情况。此时，它们之间的差额可以用来测度量资本错配值，即

$$1 + \tau_{Ksi} = \frac{MRPK_{si}}{R} \tag{5-19}$$

然而，资本的边际收益产品 $MRPK_{si}$ 往往难以被直观地表达出来，因而我们可以根据利润最大化的前提条件将错配表述如下：

$$(1 + \tau_{Ks}) = \frac{\alpha_s}{1 - \alpha_s} \cdot \frac{w L_{si}}{R K_{si}} \tag{5-20}$$

从式（5-20）中我们可以得知，当劳动资本的比值越大时，企业越愿意使用劳动来取代资本，资本错配越严重；当劳动资本的比值越小时，企业越满足于使用资本，资本错配越轻微。

二 指标说明

（一）地区间资本错配测度的相关指标说明

1. 错配系数 1 + τ

根据上文的分析，对于分地区的资源错配状况，根据式（5-1）中的分解模型以及式（5-3），以省份为部门，根据利润最大化条件，我们用式（5-4）来衡量省份 i 的相对资本错配程度。从中我们可以得知，$1 + \tau$ 越大，劳动报酬所占份额越高，说明该部门配置了相对较多的资本；反之，$1 + \tau$ 越小，资本报酬所占份额越高，说明该部门资本配置相对不足。

2. 资本和劳动产出弹性

本书在计算地区间资源错配程度时，各省份的生产函数参考龚六堂和谢丹阳的估算结果（见表5-1）。根据其中给出的各省份的资本和劳动产出弹性，并通过式（5-4）计算，可得出我国各个省份之间的资本错配系数。

表 5 - 1 我国各省份产出弹性的估算结果

省份	资本产出弹性	劳动产出弹性	省份	资本产出弹性	劳动产出弹性
北京市	0.314467	0.685533	河南省	0.200188	0.799812
天津市	0.477630	0.522370	湖北省	0.747166	0.252834
河北省	0.501975	0.498025	湖南省	0.158933	0.841067
山西省	0.328888	0.671112	广东省	0.744720	0.255280
内蒙古	N/A	N/A	广西	0.254311	0.745689
辽宁省	0.473177	0.526823	海南省	N/A	N/A

省份	资本产出弹性	劳动产出弹性	省份	资本产出弹性	劳动产出弹性
吉林省	0.48750	0.51250	重庆市	N/A	N/A
黑龙江	0.522405	0.477595	四川省	0.409874	0.590126
上海市	0.351412	0.648588	贵州省	0.384443	0.615557
江苏省	0.744048	0.255952	云南省	N/A	N/A
浙江省	0.457956	0.542044	陕西省	0.167243	0.832757
安徽省	0.688869	0.311131	甘肃省	0.432584	0.567416
福建省	0.715138	0.284862	青海省	0.205105	0.794895
江西省	0.430638	0.569362	宁夏	0.869960	0.130040
山东省	0.468865	0.531135	新疆	0.659603	0.340397

资料来源：龚六堂、谢丹阳《我国省份之间的要素流动和边际生产率的差异分析》，《经济研究》2004 年第 1 期。

（二）产业间错配测度的相关指标说明

1. 产业间错配系数 φ

根据上文的分析，式（5-8）模型可用于分析产业间的错配程度。我们用 $\varphi_j = \dfrac{e_0 \cdot k_0}{e_j \cdot k_j}$ 来衡量 j 部门的相对错配程度。在研究产业间错配时，我们以三次产业为产业部门，以 φ_j 衡量三次产业间的错配程度。

2. 错配程度分解指标 AEI 和 TCI

错配系数 $\varphi_j = \dfrac{e_0 \cdot k_0}{e_j \cdot k_j}$ 可以进一步表示为 AEI 与 TCI 之积，

其中 $AEI = \dfrac{e_0}{e_j}$，$TCI = \dfrac{k_0}{k_j}$。AEI 为相对配置效率指数，它在一定程度上反映了要素的稀缺程度。至于 TCI，林毅夫、刘培林将其倒数定义为技术选择指数（Technology Choice Index），用来表示一个经济体在不同发展阶段采取的发展战略对本身比较优势的偏离程度，该指数可以反映各个产业部门在不同的要素投入比例下的技术对其比较优势的偏离程度。[①] 由于各个部门资源禀赋不同，故不同经济体的最优的劳动资本配置比率也不同，所以，TCI 除了反映不同部门间对最优资源配置方式的偏离程度，还代表了不同省份之间以及不同产业之间资本深化水平的差异。由技术选择指数的分解易得，TCI 越大，则该产业的资源错配程度越严重，结构升级和调整也就越易受到阻碍。

3. 劳动投入和资本报酬份额

本书在计算产业间资源错配程度时，用从业人员数代替劳动投入数量。文中除资本报酬采用名义数据（资本报酬份额为名义营业盈余和固定资产折旧额之和除以名义 GDP 值）外，其余的变量均为以 2005 年为基期的实际值。

（三）企业间错配测度的相关指标说明

1. 企业间错配系数 $1 + \tau$

根据上文提到的式（5 - 18），我们用资本边际收益与产品资本使用成本之间的偏离程度来度量资本错配值，即 $(1 + \tau_{Ksi}) = \frac{MRPK_{si}}{R}$。然而，资本的边际收益产品 $MRPK_{Si}$ 往往难以被直观地表达出来，因而我们可以根据利润最大化的前提条件将资本错配表述如式（5 - 20），从中我们可以得知，假设剔除行业的资本

① 林毅夫、刘培林：《经济发展战略对劳均资本积累和技术进步的影响——基于中国经验的实证研究》，《中国社会科学》2003 年第 4 期。

产出弹性 α_s、工资水平以及资本使用成本，我们可以把资本错配表示为劳动与资本的比值。当劳动资本的比值越大时，表明企业越愿意使用劳动来取代资本，资本错配越严重；当劳动资本的比值越小时，表明企业越满足于使用资本，资本错配越轻微。

2. 劳动投入和资本使用成本

在计算企业间错配时，本书基于 Hsieh 和 Klenow 的方法，工资总额 wL_{si} 用本年应付工资总额与应付福利进行求和后的值来度量。[①] 对于资本使用成本 R，考虑到其值的设定只会对平均的资本边际产出弹性产生影响，而不会影响资本边际产出弹性的方差。换句话说，资本使用成本 R 值的大小并不会对最终的测算结果产生影响，因此，本书把资本使用成本 R 值设定为 0.10，即分别为 5% 的折旧率和 5% 的实际利息率。

3. 行业层面的资本产出弹性

除此之外，根据中国工业企业数据库公布的信息，我们并不能直接测算出各个行业的资本产出弹性 α_s。基于此，为了得到各个行业更为精确的资本错配值，本书使用 NBER（National Bureau Of Economic Research）数据库中的各产业工资总额加总和增加值加总，通过工业品出厂价格指数和消费物价指数进行平减，来计算相应行业的平均劳动份额，并校准中国各行业的产出弹性，结果见表 5 - 2。

---

① Hsieh C. & Klenow P. J., "Misallocation and manufacturing TFP in China and India", *The Quarterly Journal of Economics*, Vol. 124, No. 4 (2009): 1403 – 1448.

表 5 - 2　各行业平均资本和劳动的产出弹性

行业代码	行业名称	资本产出弹性	劳动产出弹性
1810	服装制造业	0.523	0.477
1351	屠宰业	0.714	0.286
3411	金属制品业	0.541	0.459
3220	炼钢业	0.551	0.449
2311	印刷出版业	0.540	0.460
3512	内燃机制造业	0.534	0.466
4111	工业自动化仪表制造业	0.625	0.375
4041	计算机制造业	0.651	0.349
2710	化学药品制造业	0.823	0.168

（四）其他指标说明

1. 基准部门

在研究产业间的资源错配时，选取全国的平均劳均资本存量与劳动资本产出弹性之比 e 的乘积设为对比基准部门，因为全国的平均水平能更好地反映我国的实际和整体的要素禀赋资源配置，以更清晰地表明产业间的错配情况。

2. 期末资本存量

错配系数的计算需要省份、产业及企业的各期期末资本存量。在计算分省份和分产业的期末资本存量时，本书使用永续盘存法来计算：

$$K_{t+1} = \frac{I_t}{p_t} + (1 - \delta_t) K_t \qquad (5-23)$$

其中 K_{t+1} 和 K_t 分别代表 $t+1$ 期和 t 期期初的资本存量，参考前期研究的做法，本书将固定投资总额作为当年投资量，用固定资产投资价格指数将名义值折算为 2005 年不变价格。初期期末资本存量参考靳来群的研究，使用 $K_{2005}^{f} = \dfrac{I_{2005}}{\overline{g} + \overline{\delta}}$ 来计算，其中 $\overline{g}$ 和 $\overline{\delta}$ 分别代表 2005~2020 年的平均 GDP 增长率和平均折旧率。[①] 在计算人均资本存量时涉及折旧率的校准，参考曹玉书等人的做法，将折旧率设定为 10.96%，在此基础上使用永续盘存法计算出我国及分产业、分省份的实际资本存量，再除以相应的劳动力总数，计算出对应的人均实际资本存量，邹至庄曾经按照这种方法计算各省份的人均资本存量。在计算企业资源错配系数时，参考 Chow 以及 Hsieh 和 Klenow 的方法，使用固定资产净值来衡量企业各期期末资本存量 K_{si}。[②]

三　数据来源与处理

本书在计算地区间以及产业间资本错配系数时，所需的各项指标如各产业及各省份的从业人员数、劳动者报酬、省际及国家 GDP、价格指数、资本存量、固定资本形成数据来源于国家统计局和中国统计出版社出版的《中国竞争型投入产出表》及《中国地区投入产出表》。此外，在计算企业间资本错配系数时，所用到的数据均来自国家统计局建立的中国工业企业数据

[①]　靳来群：《所有制歧视所致金融资源错配程度分析》，《经济学动态》2015 年第 6 期。

[②]　Chow, Gregory C., "How and why China succeeded in her economic reform", *China Economic Review*, Vol. 4, No. 2 (1993): 117–128; Hsieh C. & Klenow P. J., "Misallocation and manufacturing TFP in China and India", *The Quarterly Journal of Economics*, Vol. 124, No. 4 (2009): 1403–1448.

库。在计算地区及产业间错配时，考虑到数据的可得性，我们使用中国知网开发的中国经济社会大数据研究平台中的从业人员数据代表劳动投入。至于企业间错配，我们使用中国工业企业数据库中的本年应付工资总额与应付福利的加总来度量工资总额 wL_{si}。

在整理的过程中，对于样本匹配、指标缺失、指标异常等问题，本书参考了聂辉华等人的研究，对相关数据进行了以下处理：①删去文中计算变量的缺失值或者等于 0 和小于 0 的观测值，如工业增加值、本年应付工资和实收资本等；②剔除小规模样本，如主营业务收入小于 500 万元（2011 年改为 2000 万元），职工人数小于 8 人的样本；③剔除与会计准则不相符的观测值，如企业的流动资产大于总资产的观测值、企业的固定资产净值大于总资产的观测值等。[①]

另外，在计算企业间错配时本书选取了代表性行业，基于行业视角分析企业的资本错配对全要素生产率带来的影响。综合考虑不同行业的技术水平、市场竞争结构以及不同行业对劳动和资本的投入比例不同，我们将本书选取的行业划分为三大类，具体包括劳动密集型行业、资金密集型行业和知识密集型行业。在此基础上，我们分别选择了以下代表性行业：①劳动密集型行业：服装制造业、屠宰业、金属制品业；②资金密集型行业：炼钢业、印刷出版业、内燃机制造业；③知识密集型行业：工业自动化仪表制造业、计算机制造业以及化学药品制造业，共 9 个工业行业。

---

① 聂辉华、谭松涛、王宇锋：《创新、企业规模和市场竞争：基于中国企业层面的面板数据分析》，《世界经济》2008 年第 2 期。

四　我国金融资源错配的基本特征及变化趋势

（一）地区间错配特征及趋势

表 5-3 列出了我国各个省份在 2000 年、2009 年、2017 年三个年份中的资本错配系数计算结果。

首先，总体来看，各个省份大多存在较严重的资本错配。其中青海、陕西资本错配系数最低，表明两省份的资本配置过少；而宁夏、广东、江苏、湖北的资本错配系数最高，表明这些省份配置了过多的资本。

其次，从 2000 年到 2017 年，全国 30 个省级行政单位（不包括香港、澳门、台湾、西藏自治区）中有 19 个单位的资本错配情况得到改善，有 6 个单位的资本错配情况进一步恶化，恶化省份大多在西北、中南地区。其中，河南省在 2000~2017 年资本错配情况恶化最为严重，资本配置不足情况进一步加剧；而宁夏的资本错配系数始终保持高位（表示其资本配置过多），且在 2000~2017 年改善情况最为显著。

再次，在 2000 年、2009 年、2017 年三个年份中，宁夏和广东的资本错配系数始终较高，表示该地区劳动力不足而配置了过多的资本；青海、陕西的资本错配系数始终较低，表示其资本配置相对较少。若分年份看资本错配程度相对较轻的省份，2000 年北京、上海、河南的错配程度较轻，为 6%~11%；2009 年上海、山西、广西错配程度较低，为 4%~7%；而 2017 年错配程度较轻的省份则为天津、辽宁、吉林，为 0.25%~10%。

最后，西北地区存在资本配置过多的情况，华东地区除上海外也存在较严重的资本错配，如安徽、江苏、福建。大部分省份的资本错配情况在 2000～2017 年得到改善，而中南和西北地区的资本错配情况则进一步恶化。

表 5-3　2000 年、2009 年、2017 年各省份资本错配系数

地区	省份	2000 年	2009 年	2017 年	地区	省份	2000 年	2009 年	2017 年
华北	北京市	0.900	1.189	1.201	中南	河南省	0.887	0.531	0.351
	天津市	2.271	1.478	1.100		湖北省	9.372	7.001	5.200
	河北省	2.632	2.551	1.657		湖南省	0.857	0.536	0.362
	山西省	1.427	0.977	0.695		广东省	9.801	8.564	6.945
东北	辽宁省	2.696	1.884	1.044		广西壮族自治区	1.670	0.928	0.535
	吉林省	3.509	1.417	0.997	西南	四川省	2.662	1.669	1.381
	黑龙江	3.189	2.160	1.528		贵州省	2.136	1.626	1.238
华东	上海市	0.938	1.039	1.151		陕西省	0.648	0.396	0.269
	江苏省	8.074	6.280	5.663		甘肃省	2.398	1.597	1.255
	浙江省	2.313	1.651	1.724		青海省	0.653	0.511	0.208
	安徽省	8.243	5.833	4.206	西北	宁夏回族自治区	17.181	12.089	6.695
	福建省	6.432	6.083	4.820		新疆维吾尔自治区	5.446	4.067	2.598
	江西省	3.316	1.551	1.310					
	山东省	2.107	1.901	1.453					

注：鉴于西藏自治区数据缺失严重，本表将其剔除，同时将重庆与四川合并为一省处理；限于篇幅本书在此仅列示了 2000 年、2009 年、2017 年情况，其他年份的详细结果读者如有兴趣可向作者索取。

图 5-1 描绘了 30 个省级行政单位在 2000 年、2009 年、2017 年的资本错配系数变化趋势。总体来看，大部分省份的资本错配系数呈现出向最优资本配置值 1 收敛的趋势。分地区来看，西北地区存在资本配置过多的情况，华东地区除上海外也存在较严重的资本错配情况。

（二）产业间错配特征及趋势

表 5-4 报告了我国三次产业在 2005～2018 年的资源错配系数

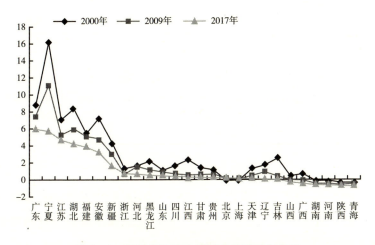

图 5 - 1　我国省际资本错配差异及变化趋势

及其分解情况。结果显示：第一，资源错配系数 φ_j 的测算结果表明，我国三次产业普遍存在较严重的资源错配问题，主要表现为资本配置相对不足而劳动力配置过剩，资源错配偏离最优配置的百分比在 21% ~ 30% 之间；第二，对于错配分解系数 AEI 而言，第二产业的 AEI 值高于第三产业、第三产业的 AEI 值高于第一产业，表明第二产业相较第三产业、第三产业相较第一产业的资本密集程度更高且具有较高的资本产出效率和资本配置效率。并且，随着三次产业 AEI 系数差值的逐步缩小，三次产业间的资本产出效率和资本配置效率的差异也在逐渐减小，表明三次产业间的资本错配程度在不断下降。第三，对于错配分解系数 TCI 而言，第一产业的 TCI 值要远高于第二、三产业的 TCI 值，说明第一产业偏离最优资源配置方式的程度较大，资源错配程度更加严重。

表 5 - 4　2005 ~ 2018 年三次产业的资源错配系数及其分解

年份	第一产业			第二产业			第三产业		
	AEI	TCI	φ_j	AEI	TCI	φ_j	AEI	TCI	φ_j
2018	0.103	8.405	0.866	1.318	0.685	0.903	1.045	0.813	0.850
2017	0.076	9.032	0.690	1.256	0.684	0.880	1.093	0.797	0.871
2015	0.076	10.176	0.773	1.249	0.690	0.923	1.110	0.765	0.849

年份	第一产业			第二产业			第三产业		
	AEI	TCI	φ_j	AEI	TCI	φ_j	AEI	TCI	φ_j
2012	0.057	11.544	0.653	1.277	0.684	0.855	1.224	0.662	0.810
2010	0.061	12.738	0.782	1.382	0.648	0.827	1.198	0.658	0.789
2007	0.049	14.278	0.704	1.811	0.595	0.746	1.386	0.629	0.872
2005	0.092	14.772	1.363	2.058	0.522	0.741	1.244	0.623	0.776

图 5 - 2 报告了三次产业在 2005 ~ 2018 年的资源错配系数变动趋势，可以看出：第一，尽管三次产业总体呈现较严重的资源错配问题，但三次产业的资源错配程度普遍具有减轻趋势，其原因在于随着金融市场化改革的逐渐深入，产业间的资本流动与配置效率在逐渐改善；第二，第一产业资源错配系数的波动性要大于第二、三产业，除 2005 年表现出资本配置相对过剩以外，其余年份均表现出资本配置不足的较大波动特征；第三，总体来看，三次产业的资源错配系数变化呈现逐渐收敛趋势，表明产业之间资源错配程度差异在不断缩小。

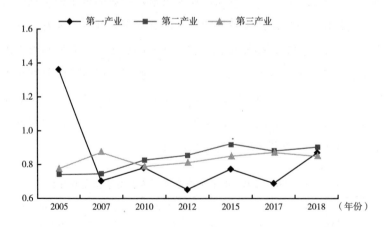

图 5 - 2　2005 ~ 2018 年三次产业资源错配系数的变动趋势

（三）企业间错配特征及趋势

为深入研究我国企业间错配状况，我们利用中国工业企业数据，选取了包括劳动密集型、资金密集型、知识密集型三大类9个代表性行业来分析产业内存在的企业间金融资源错配问题。根据表5-2给出的行业层面的资本和劳动产出弹性，计算出1998年、2007年、2013年我国9个代表性工业行业企业层面的资本错配 $\ln(1 + \tau_K)$，结果见表5-5。

表5-5 1998年、2007年、2013年9个行业的 $\ln(1 + \tau_K)$ 分布

	行业	1998年		2007年		2013年	
		均值	标准差	均值	标准差	均值	标准差
劳动密集型	服装制造业	1.902	1.213	2.482	1.234	2.556	1.496
	屠宰业	1.409	1.385	1.942	1.323	1.966	1.474
	金属制品业	1.267	1.271	-0.704	1.213	1.56	1.357
资金密集型	炼钢业	0.625	1.315	0.845	1.305	0.796	1.394
	印刷出版业	1.089	0.833	1.065	1.055	1.298	1.137
	内燃机制造业	1.025	1.156	1.651	1.154	1.405	1.182
知识密集型	工业自动化仪表制造业	2.011	1.168	2.514	1.339	2.468	1.536
	计算机制造业	2.094	1.434	2.714	1.581	3.226	1.824
	化学药品制造业	2.214	1.002	2.286	1.082	2.486	1.129

资料来源：中国工业企业数据库。

表5-5的结果表明：第一，除了2007年金属制品业的资本错配的均值为负值外，其他行业的资本错配均值都明显大于0，这清楚地表明了行业资本错配的存在，并且各个行业的资本错配水平存在很大的差异。第二，在三个时间点上，劳动密集型行业除金属制品业，知识密集型行业除工业自动化仪表制造业外，其他行业的资本错配的均值总体呈现上升趋势，表明这些行业的资本错配程度逐渐加剧。金属制品业、印刷出版业的资本错配的均

值在 2007 年有所下降，但在 2013 年又上升到一个更高的水平，表明这些行业的资本错配情况比以前都要严重。而在 2007 年金属制品业的资本错配均值为负值，说明当年该行业的相对资本配置较少。炼钢业、内燃机制造业和工业自动化仪表制造业的资本错配的均值在 2007 年有所上升，而在 2013 年有所下降，表明这三个行业随着时间的推移，其资本错配情况得到了一定程度的好转。第三，从时间点上来看，1998 年，在 9 个代表性行业中，化学药品制造业的资本错配均值（2.214）最大，炼钢业的资本错配均值（0.625）最小；2007 年，计算机制造业的资本错配的平均值最大，为 2.714，金属制品业的资本错配平均值最小，为 −0.704；2013 年，计算机制造业的平均资本错配值为 3.226，是最大值；而炼钢业的平均资本错配值为 0.796，是最小值。这说明在这三年中，属于知识密集型行业的化学药品和计算机细分行业，其平均融资成本明显高于其他行业；而作为劳动密集型的金属制品业和资金密集型的炼钢业，在一定程度上挤占了知识密集型行业的资本。第四，从标准差来看，除了 1998 年的印刷出版业的资本错配标准差为 0.833 以外，其余 8 个代表性行业的资本错配的标准差都在 1 以上，这说明在 8 个工业行业里，企业间的资本错配水平有着巨大的差别，我国工业行业中的资本错配依旧很严重，并且资本错配确实成了资本配置效率提高的制约因素。

五　关于我国金融资源错配特征及趋势的总结

本部分主要从地区间、产业间、企业间三个层面，通过相应测度方法的构建与错配系数的测算，深入分析了我国金融资源地区间错配、产业间错配、企业间错配的基本特征与变动趋势。分析结果表明，我国在地区层面、产业层面、企业层面普遍存在较严重的金融资源错配问题。从地区间错配来看，国内各省份大多存在较严重的资本错配问题，但大部分省份的资本错配程度总体上呈现随时间推移逐渐降低的趋势，而资本错配情况呈现恶化的省份主要集中在中南、西北等地区；从产业间错配来看，三次产业普遍存在较严重的资源错配问题，主要表现为资本配置相对不足而劳动力配置过剩，但三次产业的资源错配程度普遍具有减轻趋势，同时，三次产业的资源错配系数变化也呈现逐渐收敛趋势，表明产业之间资源错配程度差异在不断缩小；从企业间错配来看，我国工业行业企业层面仍然普遍存在较为严重的资本错配问题，劳动密集型行业（除金属制品类）、知识密集型行业（除工业自动化仪表制造业）等行业的资本错配程度呈现逐渐加剧的变化趋势。由此表明，我国金融资源错配问题已较为普遍和严重，正在成为影响全国经济高质量发展的一个重大现实问题，应更加深入地探讨其形成机制与经济效应等问题，并通过合理的制度改革、政策创新等机制设计来有效纠正金融资源错配问题，为推进我国新时期经济发展奠定重要基础。

第六章 我国金融资源错配的形成机制：
来自最优金融条件理论的新证据

本部分基于最优金融条件、金融条件扭曲与金融资源错配的理论分析框架展开实证研究，通过对我国省际层面最优金融条件及金融条件扭曲的量化估计，建立金融条件扭曲与金融资源错配的地区面板计量模型，深入研究我国金融条件扭曲对金融资源错配形成的影响机制。

一　研究假设

根据本书最优金融条件、金融条件扭曲与金融资源错配的理论框架，最优金融条件被界定为与一国（或地区）经济发展阶段实现内生性匹配的金融发展状态，这种金融发展的最优状态具有最优金融规模与最优金融结构的双重内涵。由此出发，金融条件扭曲是指实际金融条件与潜在最优金融条件的偏离所造成的一个非最优的金融发展状态，这种非最优状态同样具有规模与结构的双重内涵，并以实际金融条件与最优金融条件的偏离程度来进行度量。

本书实证研究的重要假设是：最优金融条件是实现一国（或地区）金融资源配置的帕累托效率（最优效率）的基本前提，实际金融条件与最优金融条件的偏离所产生的金融条件扭曲是导致金融资源错配的重要来源。

当一国（或地区）的实际金融条件为最优时，金融体系的功能特别是资源配置功能能够实现最优化。这是由于，在经济发展的不同阶段，实体经济的要素禀赋结构、产业结构等发展特征不同，从而导致处于不同阶段的实体经济的资本需求与风险特征也具有差异性，因此，不同发展阶段实体经济对金融服务的要求存在显著差别。只有金融发展与实体经济需求存在较好的内生匹配时，才能有效发挥金融体系在资源配置中的作用。也就是说，在经济发展的每个阶段，都存在与其相适应的最优金融条件，并由此决定了金融体系资源配置的最优效率。

当实际金融条件低于最优金融条件时，存在负向金融条件扭曲，在这种情况下金融体系的资源配置功能会受到相对抑制。如实际利率低于最优金融条件下的均衡利率水平，导致资本配置效率不能达到最优水平。典型的例子如存在过度金融抑制的发展中国家，由于现实金融条件发展滞后于潜在最优金融条件演进而未能实现资本配置的帕累托效率。一方面，金融抑制的低利率环境所产生的信贷配给问题使得经济体无法按照生产率原则来有效进行资本配置，特别是无法充分满足所有高生产率新兴工业项目的融资需求；另一方面，金融抑制的信贷偏好政策（如所有制偏好）往往会导致低生产率企业（如国有企业）的融资过剩以及高生产率企业（如私营企业）的融资不足并存的资本错配现象。

当实际金融条件高于最优金融条件时，存在正向金融条件扭曲，在这种情况下，由于金融自由化程度高于最优水平，金融体系的资源配置功能也会发生相对扭曲。如快速的金融自由化过程使得实际利率水平高于潜在最优均衡利率水平，进而导致资本配置效率也无法达到最优状态。典型的例子如在某些快速金融自由化的国家，一方面，快速金融自由化造成的实际利率水平过高反而会抑制整个经济体的融资需求，从而削弱储蓄向投资转化的效率；另一方面，金融体系相对于实体经济出现较高的资本回报率，会导致金融部门和实体部门之间的资本误置问题（"脱实向虚"）并通过资产价格泡沫激增的方式扭曲市场价格体系。此外，过度金融自由化进程中银行与市场的结构性扭曲（相对于实体经济对银行和市场的功能需求结构而言）等，也会导致金融资源配置系统出现功能紊乱进而造成金融资源错配现象。

二　最优金融条件与金融条件扭曲系数的测算

（一）参照组最优金融条件的估计

本书在参考王勋等、余静文研究的基础上，以 OECD 国家为参照组，构建了一个包含规模和结构维度的最优金融条件估计模型，并利用我国省际数据对各省（市）的最优金融条件进行了测算。[①]

本书使用了 1995~2019 年 OECD 国家[②]的面板数据，并参照王勋等的方法衡量 OECD 国家的金融规模与金融结构。[③] 具体而言，以各国非金融企业的股票和投资基金份额之和衡量各国的直接融资额，以各国金融机构的贷款额衡量各国的间接融资额。其中，金融规模指标 fscale 是各国直接融资额与间接融资额之和与该国国内生产总值的比例，金融结构指标 fstrc 是各国直接融资额

---

① 王勋、赵珍：《中国金融规模、金融结构与经济增长——基于省区面板数据的实证研究》，《财经研究》2011 年第 11 期；余静文：《最优金融条件与经济发展——国际经验与中国案例》，《经济研究》2013 年第 12 期。

② OECD 国家包括：奥地利、比利时、加拿大、丹麦、芬兰、法国、德国、希腊、意大利、日本、荷兰、挪威、瑞典、西班牙、葡萄牙、美国、英国。

③ 王勋、赵珍：《中国金融规模、金融结构与经济增长——基于省区面板数据的实证研究》，《财经研究》2011 年第 11 期。

与直接融资额和间接融资额之和的比例。

为了估计最优金融条件，本书采用样本中的 OECD 国家作为参照组，即以 OECD 国家为基准组，以此为基础来估计反事实组的特征。首先，考虑到 OECD 国家具有的特点：决定最优金融条件的因素较多，包括经济发展水平、人口年龄结构、法律起源等；其次，由于 OECD 国家在金融自由化改革过程中积累了更丰富的经验，它们对于金融自由化程度有更好的把握，这意味着其在达到最优金融条件过程中遇到的障碍较少。因此，本书假定在控制一些国家特征之后，OECD 国家接近或达到最优金融条件。事实上，本书并不是要准确估计最优金融条件，本书只需要估计最优金融条件与实际最优金融条件的变化趋势是一致的，这样所计算的结果也就不会有系统性的偏差。我们将 OECD 国家的金融规模指标、金融结构指标分别作为被解释变量，并加入经济发展水平、人口年龄结构、资源禀赋等解释变量，从而得出估计最优金融规模与最优金融结构的相关系数。主要变量的描述性统计结果如表 6-1 所示。

表 6-1 主要变量的描述性统计

	均值	标准差	样本量
fscale	2.115	1.093	425
fstrc	0.299	0.124	425
Loggdp	11.991	0.524	425
Youthdep	0.254	0.032	425
Olddep	0.261	0.046	425
Rawex	0.023	0.018	425
Recession	0.122	0.328	425
Polity	9.899	0.447	425
Pop	7.373	0.527	425
Popden	1.927	0.567	425
Lat	5491.235	1003.043	425
English	0.176	0.382	425
French	0.412	0.493	425
German	0.176	0.382	425

为了准确估计最优金融条件，本书控制了更多的变量：民主
化程度、人口密度、人口规模、地理位置、资源禀赋及法律起
源①。此处通过这些变量对一国最优金融条件进行预测。表6-2
显示了最优金融规模的估计结果，模型（1）、模型（2）分别检
验了经济发展水平、人口年龄结构对最优金融规模的影响。结果
表明，最优金融规模随经济发展水平的提高而扩大；少年抚养比
与最优金融规模正相关，老年抚养比与最优金融规模正相关。模
型（3）的回归结果将作为最优金融规模估计的基准。表6-3为
最优金融结构的估计结果，模型设定（1）、模型（2）分别考察
了经济发展水平、人口年龄结构对最优金融规模的影响。结果表
明，最优金融结构随经济发展水平的提升而下降；少年抚养比、
老年抚养比与最优金融结构正相关。模型（3）的回归结果将作
为最优金融结构估计的基准。

表6-2　参照组最优金融规模的估计结果

	（1）	（2）	（3）
Loggdp	0.339***		8.204***
	(0.100)		(0.467)
Youthdep		4.150**	-4.575**
		(1.903)	(1.871)
Olddep		4.348***	1.809*
		(1.326)	(1.044)
Rawex			33.240***
			(3.128)
Polity			-0.0504
			(0.089)

---

① 法律起源数据来自 https：//www.nationmaster.com/country - info/stats/
Government/Legal - origin#country。法律起源分为英美法系（English）、法国法
系（French）、德国法系（German）和北欧法系（Nordic）。

	（1）	（2）	（3）
Pop			− 8. 330 ***
			（0. 504 ）
Popden			1. 039 ***
			（0. 101 ）
Lat			− 0. 000393 ***
			（0. 000 ）
Recession			0. 704 ***
			（0. 114 ）
基准组：English			
French			0. 142
			（0. 172 ）
German			− 1. 016 ***
			（0. 197 ）
Nordic			− 1. 118 ***
			（0. 195 ）
Constant	− 1. 945	− 0. 0722	− 33. 95 ***
	（1. 202 ）	（0. 728 ）	（2. 410 ）
样本量	425	425	425
	0. 026	0. 026	0. 542

注：括号内为标准差，＊、＊＊、＊＊＊分别表示 10%、5%、1% 的显著性水平。

表 6 - 3 　参照组最优金融结构的估计结果

	（1）	（2）	（3）
Loggdp	− 0. 0723 ***		− 0. 218 ***
	（0. 0109 ）		（0. 0593 ）
Youthdep		0. 504 **	1. 183 ***
		（0. 2170 ）	（0. 2380 ）
Olddep		0. 316 **	0. 449 ***
		（0. 1510 ）	（0. 1330 ）
Rawex			− 1. 823 ***
			（0. 3980 ）

续表

	（1）	（2）	（3）
Polity			−0. 0228 ** (0. 0113)
Pop			0. 216 *** (0. 0641)
Popden			−0. 109 *** (0. 0129)
Lat			4. 43e − 05 *** (0. 0000)
Recession			−0. 0645 *** (0. 0144)
基准组：English			
French			0. 231 *** (0. 0218)
German			0. 134 *** (0. 0250)
Nordic			0. 0772 *** (0. 0248)
Constant	1. 166 *** (0. 1310)	0. 0887 (0. 0828)	1. 008 *** (0. 3060)
Observations	425	425	425
	0. 094	0. 015	0. 422

注：括号内为标准差，*、**、*** 分别表示 10%、5%、1% 的显著性水平。

根据上述结果，我们分别得出了最优金融规模和最优金融结构的估计模型，如式（6-1）、式（6-2）所示。

$$
\begin{aligned}
最优金融规模 = & -33.95 + 8.204\text{Loggdp} - 4.575\text{Youthdep} \\
& + 33.24\text{Rawex} - 8.33\text{Pop} + 1.039\text{Popden} \\
& - 0.000393\text{Lat} + 0.704\text{Recession} \\
& - 1.016\text{German} - 1.118\text{Nordic}
\end{aligned} \quad (6-1)
$$

$$最优金融结构 = 1.008 - 0.218 \mathrm{Loggdp} + 1.183 \mathrm{Youthdep}$$
$$+ 0.449 \mathrm{Olddep} - 1.823 \mathrm{Rawex} - 0.0228 \mathrm{Polity}$$
$$+ 0.216 \mathrm{Pop} - 0.109 \mathrm{Popden} + 0.0000443 \mathrm{Lat} \quad (6-2)$$
$$- 0.0645 \mathrm{Recession} + 0.231 \mathrm{French}$$
$$+ 0.134 \mathrm{German} + 0.0772 \mathrm{Nordic}$$

（二）我国省际层面最优金融条件的测算

将我国各省份的指标代入式（6-1）、式（6-2），即可测算出各省份的最优金融规模、最优金融结构，其中，因西藏和新疆数据不足，不予考虑。Loggdp 为经济发展水平，用各省份国内生产总值的对数来表示；Youthdep 为少年抚养比，用 0~14 岁人口与 15~64 岁人口之比表示；老年抚养比（Olddep）为 65 岁及以上人口与 15~64 岁人口之比；Rawex 为资源禀赋，用原材料出口占总出口的比重表示，数据来源于各省份统计年鉴；民主化程度（Polity）的数据来自 POLITY Ⅳ，其中我国 1978~2013 年均为 -7，由于 2013~2019 年中国并无大的政治变动，因此推测我国各省份 2003~2019 年的民主化程度均为 -7；人口规模（Pop）用人口总数的对数来刻画；Popden 为人口密度，用每平方千米人口总数的对数来表示；Lat 为地理位置，用省会城市与赤道的距离来表示；经济衰退（Recession）表示宏观冲击，用虚拟变量形式来表示，若 GDP 增长率小于 0 则该变量为 1，否则为 0。French、German、Nordic 为虚拟变量，表示法律起源，由于我国属于德国法系，因此 2003~2019 年我国各省份 German 值均为 1，其余虚拟变量的值为 0。

2003~2019 年各省份的最优金融规模和最优金融结构测算结果分别如表 6-4 和表 6-5 所示。

依照本书估计最优金融条件的方法，最优金融条件相对较高的省份多为东部地区省份；最优金融条件相对较低的省份则包含

表 6 - 4 2003～2019 年各省份的最优金融规模测算结果

省份＼年份	2003	2004	2005	2006	2007	2008	2009	2010
北 京	-4.1574	-3.5910	-3.1965	-2.6153	-1.7888	-1.2155	-1.0450	-0.5773
天 津	-6.4569	-5.7885	-5.2143	-4.8898	-3.2057	-3.3671	-2.8284	-0.8186
河 北	-9.4507	-8.6804	-8.0158	-7.3909	-6.6150	-6.2954	-5.4562	-4.1258
山 西	-7.9859	-9.6087	-8.8422	-7.6629	-7.2967	-6.5001	-5.0089	-5.2937
内蒙古	-3.2989	-2.4807	-1.8252	-1.1070	-0.1176	0.9527	1.4418	1.9370
辽 宁	N/A	N/A	N/A	N/A	N/A	N/A	N/A	N/A
吉 林	-0.9999	-7.4247	1.4530	-1.5608	-0.6071	-3.0834	-0.0196	-1.4505
黑龙江	-1.4129	-5.7956	-5.2953	-6.8818	-7.1828	-7.1669	-5.0483	-7.3662
上 海	-1.8216	-1.7494	-1.4403	-1.0610	-0.6085	0.4625	0.2494	0.4734
江 苏	-7.6635	-7.1315	-6.3981	-5.7111	-4.7981	-3.8195	-3.3472	-2.5976
浙 江	0.6683	0.7891	0.3174	0.2211	0.9012	1.5676	2.1980	1.9417
安 徽	-8.0246	-8.3830	-8.2461	-7.8140	-6.1818	-5.0754	-4.1734	-4.3035
福 建	-6.9720	-6.3569	-5.8724	-5.1465	-4.2850	-3.4910	-2.5996	-1.6128
江 西	-9.6502	4.7760	2.4651	-5.7153	-5.6976	-4.7735	-4.2304	-4.8748

续表

年份 省份	2003	2004	2005	2006	2007	2008	2009	2010
山东	-1.4629	-0.6797	-2.9909	-2.4537	-2.5578	-2.1622	-1.2983	-0.8511
河南	-0.6080	-2.3354	-1.8105	-2.0305	-2.1153	-1.8626	4.5209	0.9311
湖北	N/A	N/A	N/A	N/A	N/A	N/A	N/A	N/A
湖南	-3.0517	-3.0468	-2.0281	-4.6818	-4.7967	-4.2040	1.9786	-1.5973
广东	-7.5372	-6.9433	-6.1605	-5.4906	-4.6254	-3.6972	-3.6436	-3.1546
广西	-3.8249	-2.3745	-6.1020	-3.5561	-3.9223	-6.3432	-2.3780	-2.2425
海南	1.2511	0.7244	1.1167	-1.5136	-3.2205	-1.5223	0.8240	2.0110
重庆	-6.7149	-6.3827	-6.3779	-7.5482	-6.5743	-5.1823	-3.4451	-2.1143
四川	-9.9511	-8.9397	-8.9293	-8.4588	-7.8212	-6.8790	-6.6920	-5.9995
贵州	-13.4897	-12.4591	-12.0660	-11.6038	-10.0658	-9.5284	-8.9783	-8.4109
云南	-3.2428	N/A	N/A	N/A	N/A	N/A	N/A	N/A
陕西	-6.6309	-6.5704	-6.5002	-5.1072	-2.0237	-2.2925	-1.7419	-2.8791
甘肃	N/A	N/A	N/A	N/A	N/A	N/A	N/A	N/A
青海	-9.6137	-10.6604	-8.0886	-8.7575	-7.2362	-5.4161	-2.7354	-2.1733
宁夏	-11.5229	-10.9061	-10.4875	-9.6471	-8.4310	-7.3150	-6.2401	-5.1279

续表

省份＼年份	2011	2012	2013	2014	2015	2016	2017	2018	2019
北 京	0.1982	0.3573	0.6203	0.7490	1.0108	1.1490	1.8326	1.9877	2.0026
天 津	-1.3953	-0.8096	-0.7069	-0.3723	-0.2337	-0.5194	-0.2615	0.1082	0.1587
河 北	-4.1961	-4.1041	-3.1198	-0.5670	-2.9821	-2.7106	-2.3511	-1.9268	-1.7357
山 西	-3.0502	-3.3626	-2.6424	-4.2641	-3.4410	-4.4904	-3.9441	-3.6496	-3.5616
内蒙古	2.5960	3.2760	3.7041	3.4193	3.6190	3.6208	5.5809	5.0222	1.5211
辽 宁	N/A	N/A	N/A	N/A	N/A	N/A	N/A	N/A	N/A
吉 林	0.8164	-0.4277	0.7842	-1.2957	0.4121	0.3032	0.1323	0.3267	0.2075
黑龙江	-5.6865	-5.9971	-4.8172	-5.5657	-3.8187	-5.8710	-4.5482	-5.5151	-5.0556
上 海	0.9267	1.1248	1.2483	1.4546	1.6012	1.6552	1.8489	2.1704	2.1413
江 苏	-1.8148	-1.4793	-1.0655	-0.7338	-0.4710	-0.3980	-0.1002	0.2027	0.2243
浙 江	3.7086	3.9892	4.5035	4.5396	4.3805	4.3620	4.5938	4.8592	4.8277
安 徽	-2.5375	-2.8931	-2.4551	-2.1833	-2.2764	-1.9806	-1.6930	-1.2676	-1.3938
福 建	-0.6600	-0.1820	0.3021	0.6381	0.6880	0.7094	1.0880	1.7418	1.8776
江 西	-4.2261	-3.7051	-3.2620	-3.0983	-2.3609	-2.1351	-1.9506	-1.7314	-2.0596

续表

省份 \ 年份	2011	2012	2013	2014	2015	2016	2017	2018	2019
山 东	-0.1827	-0.0027	0.3196	0.7570	0.9466	0.8568	0.9462	1.1332	1.2012
河 南	-0.0066	-1.6745	-1.4360	1.7298	1.8925	1.9469	2.2450	2.6329	2.7500
湖 北	N/A	N/A	N/A	N/A	N/A	N/A	N/A	N/A	N/A
湖 南	-2.2808	-1.6710	-1.3978	-1.7644	-0.6170	-0.8344	-0.6141	-0.4625	-0.3653
广 东	-2.4949	-2.1314	-1.7831	-1.4592	-1.1594	-1.0850	-0.8171	-0.4855	-0.3415
广 西	-1.4649	-1.4741	-1.1450	-0.3986	-0.3876	-0.2611	-0.1182	0.3152	0.4871
海 南	1.0554	0.4176	4.9838	3.5112	3.3392	8.5810	0.8921	0.6692	0.4758
重 庆	-0.5134	-1.2511	-1.4085	-1.3618	-0.5678	-2.2169	-1.7215	-1.1305	-1.4661
四 川	-4.6344	-4.3771	-4.1200	-3.7809	-3.4000	-3.3651	-3.1264	-2.8104	-2.7526
贵 州	-7.3724	-2.1751	-0.5042	1.4396	-0.0592	-2.2822	-3.1452	-2.6890	-2.0414
云 南	N/A	N/A	N/A	N/A	N/A	N/A	N/A	N/A	N/A
陕 西	-1.5160	-1.1845	-1.7150	-2.3878	-2.6969	-2.8622	-2.8529	-2.5627	-2.7980
甘 肃	N/A	N/A	N/A	N/A	N/A	N/A	N/A	N/A	N/A
青 海	-6.7778	-2.6221	0.1610	0.9588	0.8971	-0.9627	4.3217	1.0518	1.8135
宁 夏	-4.7492	-4.4351	-4.2043	-3.4311	-3.6218	-3.6755	-3.3027	-2.8797	-2.7827

表6-5 2003~2019年各省份的最优金融结构测算结果

年份 省份	2003	2004	2005	2006	2007	2008	2009	2010
北京	0.5300	0.5037	0.4948	0.4765	0.4383	0.4234	0.4198	0.3754
天津	0.6565	0.6184	0.5884	0.5793	0.4954	0.5326	0.4888	0.3669
河北	0.7636	0.7145	0.6980	0.6657	0.6517	0.6466	0.6168	0.5576
山西	0.7471	0.8232	0.8066	0.7293	0.7309	0.6990	0.5778	0.6299
内蒙古	0.4780	0.4342	0.4201	0.3861	0.3520	0.3086	0.2882	0.2663
辽宁	N/A	N/A	N/A	N/A	N/A	N/A	N/A	N/A
吉林	0.2737	0.6237	0.1597	0.3280	0.3083	0.4603	0.3022	0.3912
黑龙江	0.3294	0.5657	0.5643	0.6574	0.6878	0.7066	0.5836	0.7174
上海	0.3779	0.3776	0.3455	0.3433	0.3333	0.2813	0.3017	0.2826
江苏	0.7167	0.6860	0.6543	0.6263	0.5900	0.5608	0.5475	0.5041
浙江	0.2663	0.2487	0.2990	0.3018	0.2870	0.2617	0.2356	0.2400
安徽	0.6944	0.7316	0.7832	0.7435	0.6731	0.6282	0.5721	0.5816
福建	0.6988	0.6462	0.6201	0.5949	0.5755	0.5576	0.5111	0.4302
江西	0.7903	-0.0007	0.2132	0.6703	0.6632	0.6332	0.5981	0.6461

续表

省份＼年份	2003	2004	2005	2006	2007	2008	2009	2010
山 东	0.3548	0.3125	0.4448	0.4204	0.4524	0.4602	0.4234	0.4140
河 南	0.2991	0.3888	0.3844	0.4084	0.4259	0.4312	0.0892	0.3319
湖 北	N/A	N/A	N/A	N/A	N/A	N/A	N/A	N/A
湖 南	0.3775	0.3783	0.3617	0.5176	0.5276	0.5235	0.2145	0.4203
广 东	0.8371	0.7883	0.6855	0.6409	0.5996	0.5610	0.5450	0.5167
广 西	0.4432	0.3612	0.6510	0.4931	0.5345	0.6930	0.4739	0.5003
海 南	0.2487	0.2814	0.2773	0.4106	0.5130	0.4502	0.3085	0.2484
重 庆	0.6230	0.6832	0.6862	0.7491	0.7129	0.6711	0.5729	0.4940
四 川	0.7702	0.7262	0.8036	0.7652	0.7405	0.6906	0.6974	0.6646
贵 州	0.9940	0.9429	1.0123	0.9824	0.9297	0.9051	0.8641	0.8646
云 南	0.4620	N/A	N/A	N/A	N/A	N/A	N/A	N/A
陕 西	0.7151	0.6918	0.7549	0.6484	0.4566	0.5083	0.4563	0.6000
甘 肃	N/A	N/A	N/A	N/A	N/A	N/A	N/A	N/A
青 海	0.8984	0.9522	0.8533	0.8805	0.8072	0.7409	0.5706	0.5463
宁 夏	0.9837	0.9392	0.9419	0.8978	0.8520	0.8152	0.7555	0.7075

续表

省份 \ 年份	2011	2012	2013	2014	2015	2016	2017	2018	2019
北京	0.3505	0.3577	0.3605	0.3630	0.3698	0.3846	0.3625	0.3502	0.3527
天津	0.4367	0.4333	0.4346	0.4158	0.3855	0.4186	0.4170	0.3869	0.3951
河北	0.5942	0.6135	0.5643	0.4425	0.5805	0.5770	0.5638	0.5669	0.5708
山西	0.5179	0.5391	0.5034	0.5854	0.5194	0.5963	0.5903	0.5979	0.5975
内蒙古	0.2371	0.2229	0.2135	0.2401	0.2282	0.2229	0.1440	0.1719	0.3656
辽宁	N/A	N/A	N/A	N/A	N/A	N/A	N/A	N/A	N/A
吉林	0.3037	0.3711	0.3237	0.4543	0.3628	0.3765	0.3987	0.3925	0.4000
黑龙江	0.6423	0.6840	0.6280	0.6707	0.5416	0.6769	0.6069	0.6759	0.6575
上海	0.2508	0.2573	0.2830	0.2835	0.2951	0.3020	0.3142	0.3120	0.3294
江苏	0.4817	0.4835	0.4816	0.4784	0.4741	0.4824	0.4735	0.4753	0.4842
浙江	0.1476	0.1391	0.1187	0.1288	0.1714	0.1772	0.1669	0.1917	0.1942
安徽	0.5140	0.5470	0.5439	0.5262	0.5406	0.5258	0.5645	0.5492	0.5689
福建	0.4022	0.4129	0.3966	0.3940	0.4097	0.4329	0.4215	0.3707	0.3746
江西	0.6292	0.6185	0.5837	0.6055	0.5811	0.5730	0.5787	0.5549	0.5799

续表

省份 / 年份	2011	2012	2013	2014	2015	2016	2017	2018	2019
山东	0.4014	0.4098	0.3966	0.3903	0.3975	0.4106	0.4374	0.4655	0.4654
河南	0.4033	0.5037	0.5060	0.3437	0.3521	0.3502	0.3522	0.3541	0.3528
湖北	N/A	N/A	N/A	N/A	N/A	N/A	N/A	N/A	N/A
湖南	0.4934	0.4924	0.4769	0.5097	0.4608	0.4764	0.4781	0.5017	0.5194
广东	0.5024	0.4819	0.4799	0.4775	0.4518	0.4629	0.4579	0.4542	0.4370
广西	0.4886	0.5091	0.4799	0.4583	0.4809	0.4503	0.4663	0.4494	0.4440
海南	0.3134	0.3518	0.1164	0.2072	0.2433	−0.0460	0.3833	0.3944	0.4252
重庆	0.4255	0.4920	0.5024	0.5149	0.4751	0.5745	0.5748	0.5629	0.5922
四川	0.6131	0.6119	0.6247	0.6217	0.5869	0.5961	0.5937	0.6112	0.6214
贵州	0.8199	0.5323	0.4439	0.3515	0.4552	0.5792	0.6243	0.6476	0.6189
云南	N/A	N/A	N/A	N/A	N/A	N/A	N/A	N/A	N/A
陕西	0.5250	0.5134	0.5732	0.6470	0.6489	0.6577	0.6742	0.6608	0.7293
甘肃	N/A	N/A	N/A	N/A	N/A	N/A	N/A	N/A	N/A
青海	0.8059	0.5883	0.4508	0.4060	0.4316	0.5409	0.2706	0.4725	0.4269
宁夏	0.7016	0.7068	0.6920	0.6285	0.6704	0.6684	0.6715	0.6463	0.6514

了大多数中西部省份。且从 2003 年至 2019 年，我国各省份的最优金融规模均得以提升，各省份的最优金融结构整体处于下降的态势。

（三）我国省际层面金融条件扭曲的度量

根据理论，金融条件扭曲是实际金融条件与最优金融条件的偏离。本书从此出发从规模和结构两个维度对我国省际层面的金融条件扭曲进行度量。首先对我国各省份的实际金融规模和实际金融结构进行测算；其次对各省份实际金融规模与最优金融规模、实际金融结构与最优金融结构的偏离系数进行测算。

我国各地区实际金融规模与金融结构的测算参考王勋等的方法。[①] 具体而言，考虑到我国各省份数据的可获得性，本书以各省份上市公司 IPO、SPO、配股增发募集资金之和衡量地区直接融资额，以各省份金融机构的贷款额衡量地区间接融资额。衡量金融规模的指标是各地区直接融资额与间接融资额之和与该地区内生产总值的比例，以各地区直接融资额与直接融资额和间接融资额之和的比例衡量地区金融结构。

2003～2019 年我国各省份的实际金融规模和实际金融结构的计算结果如表 6 - 6 和表 6 - 7 所示。

根据上述结果，进一步通过实际金融条件与最优金融条件的偏差来计算金融条件扭曲程度，即金融条件扭曲等于实际金融条件与最优金融条件的差值。2003～2019 年我国各省份的金融规模扭曲系数（GAPscale）和金融结构扭曲系数（GAPstrc）的测算结果如表 6 - 8 和表 6 - 9 所示。

---

① 王勋、赵珍：《中国金融规模、金融结构与经济增长——基于省区面板数据的实证研究》，《财经研究》2011 年第 11 期。

表 6-6 2003~2019 年各省份实际金融规模的计算结果

年份 省份	2003	2004	2005	2006	2007	2008	2009	2010
北京	2.3242	2.1797	2.1453	1.9818	1.9273	1.7186	2.0396	2.0840
天津	1.5481	1.4909	1.4332	1.4844	1.5714	1.4813	1.9171	1.9724
河北	0.9114	N/A	0.7387	0.7448	0.6983	0.6695	0.8679	0.8859
山西	1.2973	1.1926	1.0742	1.1015	0.9827	0.8926	1.1640	1.1765
内蒙古	0.8945	0.8246	0.7444	0.8281	0.7606	0.7414	0.9094	1.0197
辽宁	N/A	1.3188	N/A	N/A	1.0756	1.0220	1.2691	N/A
吉林	1.7223	1.5315	1.2974	1.2985	1.1253	1.0146	1.1603	1.1380
黑龙江	1.1827	1.0379	0.8201	0.7888	0.7389	0.6715	0.8729	0.9088
上海	1.9390	1.6633	1.6419	1.6711	1.9170	1.5501	1.8695	0.7322
江苏	0.9717	0.9627	0.9034	0.9134	0.9023	0.8780	1.0275	1.0461
浙江	1.2774	1.3100	1.3516	1.3698	1.8745	1.4309	1.7209	1.7393
安徽	0.8195	0.7877	0.7753	0.8119	0.7899	0.7572	0.8819	0.8988
福建	0.8258	0.8143	0.8231	0.8847	0.9092	0.9212	1.0451	1.0774
江西	0.9240	0.8955	0.8118	0.7485	0.7313	0.6657	0.8437	0.8522

续表

年份\省份	2003	2004	2005	2006	2007	2008	2009	2010
山东	1.0583	0.9281	0.8678	0.8562	0.8086	0.7713	0.9279	0.9654
河南	0.9572	0.8619	0.7372	0.7184	0.6519	0.5913	0.7036	0.7082
湖北	1.1667	1.0309	0.9114	0.8899	0.8341	0.7648	0.9193	0.9121
湖南	0.8494	0.8009	0.7237	0.7172	0.6740	0.6352	0.7515	0.7558
广东	1.2636	1.1499	1.0278	0.9681	0.9243	0.8989	1.1104	1.1068
广西	0.3501	0.2784	0.2790	0.2703	0.2269	0.2147	0.2747	0.3077
海南	1.2345	1.1646	1.1241	1.0996	1.0165	3.4742	4.5683	4.4882
重庆	1.1395	1.0234	1.0328	1.1431	1.0949	1.0843	1.3342	1.3685
四川	1.1447	1.0564	1.0057	0.9463	0.9063	0.9020	1.1422	1.1438
贵州	1.2597	1.2851	1.2409	1.2363	1.1425	1.0548	1.2644	1.2857
云南	1.1771	1.1024	1.1525	1.1788	1.1469	1.1060	1.3440	1.3900
陕西	1.4054	1.2411	1.0595	0.9748	0.9154	0.8465	1.0388	1.0576
甘肃	1.2525	1.1775	1.0420	0.9769	0.9237	0.9087	1.2601	1.1618
青海	N/A	N/A	N/A	1.3082	N/A	N/A	N/A	N/A
宁夏	N/A	N/A	N/A	N/A	N/A	N/A	1.5264	N/A

续表

省份＼年份	2011	2012	2013	2014	2015	2016	2017	2018	2019
北 京	1.9624	2.3737	2.2758	2.4012	2.4333	2.4325	2.3750	2.1925	2.2143
天 津	1.9247	1.9649	1.9939	2.0772	2.2882	2.4210	2.4535	2.4690	2.5212
河 北	0.8633	0.9353	1.0105	1.1178	1.2430	1.3238	1.4225	1.4834	0.1528
山 西	1.1045	1.2003	1.3243	1.4451	1.6708	1.8115	1.6584	1.6811	1.7456
内蒙古	1.0527	1.1050	1.1602	1.2410	1.3584	1.4235	1.4533	1.3753	0.0540
辽 宁	N/A	1.4866	1.5508	1.6539	1.8073	1.9001	1.9157	1.9234	1.9823
吉 林	1.1058	1.0770	1.1514	1.2837	1.5379	1.6704	1.6590	1.6892	0.1517
黑龙江	0.9126	0.9599	0.9966	1.1397	1.4307	1.5370	1.5852	1.5826	1.5785
上 海	0.4341	0.3640	0.3517	0.5121	1.4415	1.4861	0.9262	0.9013	1.3261
江 苏	1.0181	1.0742	1.0882	1.1198	1.1155	1.2177	1.2201	1.2690	1.3727
浙 江	1.6910	1.7336	1.7536	1.7928	1.7748	1.7585	1.7442	1.8302	1.9545
安 徽	0.8822	0.9180	0.9652	1.0180	1.1024	1.1839	1.1937	1.1614	1.2045
福 建	1.0712	1.1141	1.1553	-.2117	1.2669	1.2911	1.2455	1.2055	0.1362
江 西	0.8072	0.8702	0.9192	-.0042	1.1109	1.1985	1.2849	1.3487	1.4483

续表

年份 省份	2011	2012	2013	2014	2015	2016	2017	2018	2019
山东	0.9661	0.9370	1.0138	1.0610	1.0740	1.1179	1.1340	1.1703	0.1205
河南	0.6813	0.6989	0.7504	0.8099	0.8578	0.9337	0.9608	0.9832	1.0506
湖北	0.8285	0.8431	0.8615	0.8965	0.9784	1.0478	1.0697	1.0930	1.1181
湖南	0.7213	0.7428	0.7758	0.8072	0.8554	0.9004	0.9520	1.0054	0.5440
广东	1.1255	1.1882	1.2136	1.2520	1.2950	1.3782	1.3894	1.4623	1.5608
广西	0.3133	0.3529	0.3767	0.4034	0.4545	0.5214	0.4802	0.4553	0.4516
海南	4.3532	4.4496	4.5213	4.6721	4.8755	5.0825	5.1687	5.4423	5.7305
重庆	1.3141	1.3474	1.3443	1.4231	1.4390	1.4408	1.2970	14.9282	1.5781
四川	1.0853	1.1042	1.1458	1.2082	1.2835	1.3192	1.3020	1.2930	1.3490
贵州	1.2396	1.2867	1.2745	1.3629	1.4345	1.5309	1.5424	1.6172	1.6973
云南	1.3071	1.2867	1.2654	1.3101	1.4249	1.4413	1.4056	1.3650	1.3428
陕西	0.9961	0.9850	1.0430	1.1084	1.2399	1.2760	1.2687	1.2850	1.3255
甘肃	1.2135	1.3564	1.4846	1.7005	2.1107	2.3200	2.4179	2.3905	0.1417
青海	1.6595	2.0053	2.0514	2.2578	2.5814	2.5552	2.5772	2.4145	2.2576
宁夏	1.5191	N/A	1.6966	1.8737	1.9990	2.0651	2.0237	2.0052	N/A

表 6-7　2003～2019 年各省份实际金融结构的计算结果

年份 省份	2003	2004	2005	2006	2007	2008	2009	2010
北　京	0.0151	0.0037	0.0002	0.0682	0.1360	0.0429	0.0573	0.0781
天　津	0.0198	0.0177	0.0153	0.0132	0.0449	0.0382	0.0275	0.0268
河　北	N/A	N/A	N/A	N/A	N/A	N/A	N/A	N/A
山　西	0.0407	0.0367	0.0349	0.0777	0.0752	0.0755	0.0607	0.0803
内蒙古	0.0772	0.0609	0.0019	0.0599	0.0323	0.0138	0.0116	0.0529
辽　宁	N/A	0.0445	N/A	N/A	0.0277	0.0046	0.0026	N/A
吉　林	0.0719	0.0521	0.0558	0.0640	0.0502	0.0029	0.0009	0.0021
黑龙江	0.0412	0.0410	0.0451	0.0419	0.0433	0.0411	0.0247	0.0212
上　海	0.0019	0.0005	0.0199	0.0984	0.2701	0.0993	0.1136	0.5783
江　苏	0.0040	0.0016	0.0054	0.0009	0.0079	0.0032	0.0081	0.0178
浙　江	0.0032	0.0039	0.0276	0.0097	0.2862	0.0262	0.0018	0.0151
安　徽	0.0087	0.0084	0.0003	0.0138	0.0231	0.0245	0.0149	0.0144
福　建	0.0020	0.0018	N/A	0.0013	0.0252	0.0403	0.0228	0.0150
江　西	0.0013	0.0427	0.0423	0.0041	0.0335	0.0007	0.0032	0.0191

续表

年份 省份	2003	2004	2005	2006	2007	2008	2009	2010
山东	0.0493	0.0107	0.0026	0.0064	0.0119	0.0054	0.0061	0.0128
河南	0.0043	0.0009	0.0002	0.0044	0.0022	0.0046	0.0043	0.0108
湖北	0.0492	0.0195	0.0069	0.0010	0.0142	0.0069	0.0090	0.0147
湖南	0.0146	0.0189	0.0043	0.0181	0.0161	0.0094	0.0065	0.0212
广东	0.0033	0.0042	0.0013	0.0057	0.0005	0.0148	0.0138	0.0144
海南	0.1075	N/A	0.0473	0.0592	0.0113	0.0017	0.0068	0.0464
广西	0.0082	0.0158	N/A	0.0058	0.0210	0.0026	0.0056	0.0098
重庆	0.0013	0.0050	N/A	0.0033	0.0050	0.0020	0.0020	0.0135
四川	0.0037	0.0017	0.0467	0.0044	0.0163	0.0097	0.0141	0.0110
贵州	0.0406	0.0404	0.0366	0.0324	0.0332	0.0311	0.0423	0.0066
云南	0.0241	0.0024	N/A	0.0038	0.0155	0.0090	0.0064	0.0043
陕西	0.0007	0.0011	0.0004	0.0037	0.0058	0.0031	0.0038	0.0183
甘肃	N/A	0.0096	N/A	0.0097	0.0092	0.0081	0.0919	0.0012
青海	N/A	N/A	N/A	0.0466	N/A	N/A	N/A	N/A
宁夏	N/A	N/A	N/A	N/A	N/A	N/A	0.0025	N/A

续表

省份＼年份	2011	2012	2013	2014	2015	2016	2017	2018	2019
北京	0.0384	0.0436	0.0045	0.0254	0.0288	0.0310	0.0200	0.0290	0.0205
天津	0.0238	0.0212	0.0190	0.0175	0.0158	0.0150	0.0146	0.0138	0.0159
河北	N/A	0.0123	0.0037	0.0045	0.0062	0.0091	0.0062	0.0018	0.0077
山西	0.0718	0.0654	0.0622	0.0598	0.0666	0.0653	0.0648	0.0660	0.0629
内蒙古	0.0230	0.0153	0.0122	0.0015	0.0185	0.0087	0.0039	0.0001	0.0473
辽宁	N/A	0.0086	0.0022	0.0029	0.0067	0.0016	0.0067	0.0052	0.0006
吉林	0.0365	0.0081	0.0046	0.0077	0.0064	0.0119	0.0060	0.0009	0.0101
黑龙江	0.0337	0.0297	0.0022	0.0058	0.0048	0.0108	0.0027	0.0002	0.0005
上海	0.6320	0.6273	0.6918	0.6142	0.7246	0.7876	0.7449	0.7739	0.8472
江苏	0.0125	0.0039	0.0012	0.0089	0.0078	0.0131	0.0073	0.0040	0.0021
浙江	0.0117	0.0016	0.0020	0.0055	0.0097	0.0156	0.0128	0.0036	0.0027
安徽	0.0141	0.0025	0.0090	0.0075	0.0048	0.0119	0.0074	0.0012	0.0020
福建	0.0110	0.0030	0.0014	0.0057	0.0084	0.0115	0.0060	0.0029	0.0252
江西	0.0053	0.0059	0.0026	0.0024	0.0044	0.0087	0.0026	0.0023	0.0008

续表

年份省份	2011	2012	2013	2014	2015	2016	2017	2018	2019
山东	0.0117	0.0058	0.0009	0.0039	0.0054	0.0068	0.0081	0.0024	0.0191
河南	0.0158	0.0103	0.0095	0.0149	0.0119	0.0118	0.0121	0.0046	0.0138
湖北	0.0115	0.0055	0.0031	0.0059	0.0058	0.0119	0.0065	0.0027	0.0026
湖南	0.0133	0.0066	0.0069	0.0052	0.0078	0.0090	0.0110	0.0018	0.0019
广东	0.0187	0.0097	0.0025	0.0051	0.0115	0.0204	0.0102	0.0067	0.0033
海南	0.0099	0.0249	0.0126	0.0163	0.0111	0.0852	0.0098	0.0130	0.0073
广西	0.0074	0.0045	0.0005	0.0027	0.0048	0.0071	0.0009	0.0014	0.0017
重庆	0.0118	0.0019	0.0075	0.0087	0.0055	0.0171	0.0040	0.0001	0.0040
四川	0.0146	0.0096	0.0028	0.0045	0.0062	0.0039	0.0042	0.0015	0.0008
贵州	0.0123	0.0374	0.0005	0.0051	N/A	0.0051	0.0010	0.0007	0.0005
云南	0.0081	0.0077	0.0062	0.0015	0.0034	0.0043	0.0049	0.0006	0.0014
陕西	0.0025	0.0046	0.0031	0.0060	0.0043	0.0032	0.0117	0.0007	0.0022
甘肃	0.0187	0.0162	0.0120	0.0008	0.0079	0.0062	0.0018	0.0001	0.0235
青海	0.0155	0.0892	N/A	N/A	0.0129	0.0092	N/A	N/A	N/A
宁夏	0.0093	N/A	0.0005	0.0058	0.0012	0.0084	0.0023	N/A	N/A

表 6 - 8　2003～2019 年各省份金融规模扭曲系数的测算结果

年份 省份	2003	2004	2005	2006	2007	2008	2009	2010
北京	6.4816	5.7707	5.3413	4.5971	3.7161	2.9341	3.0846	2.6613
天津	8.0050	7.2794	6.6475	6.3742	4.7772	4.8485	4.7455	2.7910
河北	10.3621	N/A	8.7545	8.1357	7.3133	6.9649	6.3241	5.0117
山西	9.2832	10.8013	9.9164	8.7644	8.2794	7.3927	6.1729	6.4702
内蒙古	4.1933	3.3053	2.5695	1.9351	0.8782	-0.2113	-0.5324	-0.9173
辽宁	N/A	1.3188	N/A	N/A	1.0756	1.0220	1.2691	N/A
吉林	2.7222	8.9561	-0.1556	2.8593	1.7323	4.0980	1.1799	2.5884
黑龙江	2.5955	6.8335	6.1154	7.6705	7.9217	7.8383	5.9212	8.2750
上海	3.7606	3.4127	3.0822	2.7321	2.5255	1.0875	1.6201	0.2588
江苏	8.6353	8.0941	7.3015	6.6245	5.7004	4.6975	4.3748	3.6437
浙江	0.6090	0.5209	1.0341	1.1487	0.9734	-0.1367	-0.4772	-0.2024
安徽	8.8441	9.1707	9.0214	8.6259	6.9717	5.8326	5.0553	5.2024
福建	7.7978	7.1712	6.6955	6.0313	5.1942	4.4123	3.6447	2.6902
江西	10.5742	-3.8805	-1.6533	6.4638	6.4289	5.4392	5.0741	5.7270

续表

省份 \ 年份	2003	2004	2005	2006	2007	2008	2009	2010
山东	2.5212	1.6078	3.8587	3.3099	3.3664	2.9335	2.2261	1.8165
河南	1.5652	3.1972	2.5477	2.7489	2.7672	2.4539	-3.8173	-0.2229
湖北	1.1667	1.0309	0.9114	0.8899	0.8341	0.7648	0.9193	0.9121
湖南	3.9011	3.8477	2.7518	5.3990	5.4707	4.8392	-1.2271	2.3531
广东	8.8008	8.0932	7.1883	6.4588	5.5498	4.5961	4.7541	4.2614
广西	4.1750	2.6529	6.3810	3.8264	4.1491	6.5579	2.6527	2.5502
海南	-0.0166	0.4402	0.0073	2.6132	4.2370	4.9965	3.7443	2.4772
重庆	7.8544	7.4061	7.4108	8.6913	7.6692	6.2666	4.7793	3.4828
四川	11.0957	9.9961	9.9349	9.4052	8.7275	7.7810	7.8342	7.1433
贵州	14.7493	13.7442	13.3068	12.8401	11.2083	10.5832	10.2427	9.6966
云南	4.4199	1.1024	1.1525	1.1788	1.1469	1.1060	1.3440	1.3900
陕西	8.0363	7.8114	7.5597	6.0821	2.9391	3.1390	2.7808	3.9367
甘肃	1.2525	1.1775	1.0420	0.9769	0.9237	0.9087	1.2601	1.1618
青海	N/A	N/A	N/A	10.0656	N/A	N/A	N/A	N/A
宁夏	N/A	N/A	N/A	N/A	N/A	N/A	7.7665	N/A

续表

年份 省份	2011	2012	2013	2014	2015	2016	2017	2018	2019
北京	1.7642	2.0164	1.6554	1.6522	1.4225	1.2835	0.5424	0.2048	0.2117
天津	3.3199	2.7745	2.7008	2.4495	2.5220	2.9404	2.7150	2.3608	2.3625
河北	5.0594	5.0394	4.1303	1.6848	4.2251	4.0344	3.7736	3.4101	1.8885
山西	4.1547	4.5629	3.9668	5.7092	5.1118	6.3019	5.6024	5.3306	5.3072
内蒙古	-1.5433	-2.1711	-2.5439	-2.1784	-2.2606	-2.1972	-4.1276	-3.6469	-1.4671
辽宁	N/A	1.4866	1.5508	1.6539	1.8073	1.9001	1.9157	1.9234	1.9823
吉林	0.2894	1.5047	0.3672	2.5795	1.1258	1.3672	1.5267	1.3625	-0.0558
黑龙江	6.5991	6.9570	5.8138	6.7054	5.2494	7.4081	6.1334	7.0977	6.6341
上海	-0.4926	-0.7608	-0.8966	-0.9425	-0.1597	-0.1691	-0.9228	-1.2690	-0.8151
江苏	2.8329	2.5536	2.1537	1.8536	1.5865	1.6157	1.3203	1.0663	1.1485
浙江	-2.0176	-2.2556	-2.7500	-2.7467	-2.6058	-2.6035	-2.8497	-3.0289	-2.8732
安徽	3.4197	3.8111	3.4203	3.2013	3.3788	3.1645	2.8866	2.4290	2.5983
福建	1.7312	1.2961	0.8532	0.5736	0.5790	0.5817	0.1575	-0.5364	-1.7414
江西	5.0334	4.5753	4.1812	4.1025	3.4718	3.3337	3.2355	3.0800	3.5079

续表

省份 \ 年份	2011	2012	2013	2014	2015	2016	2017	2018	2019
山东	1.1489	0.9398	0.6941	0.3040	0.1274	0.2611	0.1878	0.0371	-1.0807
河南	0.6880	2.3733	2.1865	-0.9199	-1.0347	-1.0132	-1.2842	-1.6497	-1.6994
湖北	0.8285	0.8431	0.8615	0.8965	0.9784	1.0478	1.0697	1.0930	1.1181
湖南	3.0022	2.4138	2.1736	2.5716	1.4724	1.7348	1.5660	1.4680	0.9093
广东	3.6204	3.3196	2.9967	2.7112	2.4543	2.4632	2.2065	1.9478	1.9022
广西	1.7781	1.8270	1.5218	0.8020	0.8421	0.7825	0.5984	0.1401	-0.0355
海南	3.2979	4.0319	-0.4625	1.1609	1.5363	-3.4985	4.2766	4.7731	5.2548
重庆	1.8276	2.5985	2.7527	2.7850	2.0068	3.6578	3.0185	16.0587	3.0442
四川	5.7197	5.4814	5.2658	4.9892	4.6835	4.6843	4.4283	4.1035	4.1016
贵州	8.6121	3.4618	1.7788	-0.0767	1.4937	3.8131	4.6876	4.3062	3.7387
云南	1.3071	1.2867	1.2654	1.3101	1.4249	1.4413	1.4056	1.3650	1.3428
陕西	2.5121	2.1695	2.7580	3.4962	3.9368	4.1382	4.1217	3.8477	4.1235
甘肃	1.2135	1.3564	1.4846	1.7005	2.1107	2.3200	2.4179	2.3905	0.1417
青海	8.4372	4.6274	1.8905	1.2990	1.6843	3.5179	-1.7445	1.3627	0.4440
宁夏	6.2683	N/A	5.9010	5.3048	5.6208	5.7406	5.3264	4.8848	N/A

表 6-9 2003~2019 年各省份金融结构扭曲系数的测算结果

省份＼年份	2003	2004	2005	2006	2007	2008	2009	2010
北京	-0.5149	-0.5000	-0.4946	-0.4083	-0.3023	-0.3805	-0.3625	-0.2973
天津	-0.6367	-0.6007	-0.5731	-0.5662	-0.4505	-0.4944	-0.4613	-0.3400
河北	N/A	N/A	N/A	N/A	N/A	N/A	N/A	N/A
山西	-0.7065	-0.7865	-0.7716	-0.6516	-0.6557	-0.6235	-0.5171	-0.5496
内蒙古	-0.4007	-0.3733	-0.4182	-0.3262	-0.3197	-0.2948	-0.2766	-0.2134
辽宁	N/A	N/A	N/A	N/A	N/A	N/A	N/A	N/A
吉林	-0.2019	-0.5716	-0.1039	-0.2640	-0.2581	-0.4573	-0.3013	-0.3891
黑龙江	-0.2882	-0.5246	-0.5191	-0.6155	-0.6444	-0.6655	-0.5589	-0.6962
上海	-0.3761	-0.3772	-0.3257	-0.2449	-0.0632	-0.1820	-0.1881	0.2956
江苏	-0.7127	-0.6844	-0.6489	-0.6255	-0.5821	-0.5576	-0.5394	-0.4863
浙江	-0.2631	-0.2448	-0.2714	-0.2921	-0.0007	-0.2356	-0.2339	-0.2249
安徽	-0.6856	-0.7232	-0.7828	-0.7297	-0.6500	-0.6037	-0.5572	-0.5672
福建	-0.6968	-0.6444	N/A	-0.5936	-0.5503	-0.5173	-0.4883	-0.4152
江西	-0.7890	0.0434	-0.1709	-0.6661	-0.6297	-0.6326	-0.5948	-0.6270

续表

省份 / 年份	2003	2004	2005	2006	2007	2008	2009	2010
山东	-0.3055	-0.3018	-0.4422	-0.4140	-0.4406	-0.4548	-0.4172	-0.4013
河南	-0.2948	-0.3880	-0.3842	-0.4040	-0.4237	-0.4266	-0.0849	-0.3211
湖北	N/A	N/A	N/A	N/A	N/A	N/A	N/A	N/A
湖南	-0.3630	-0.3594	-0.3573	-0.4995	-0.5115	-0.5141	-0.2080	-0.3991
广东	-0.8339	-0.7841	-0.6842	-0.6351	-0.5992	-0.5463	-0.5312	-0.5022
广西	-0.3357	N/A	-0.6037	-0.4339	-0.5232	-0.6913	-0.4671	-0.4539
海南	-0.2405	-0.2655	N/A	-0.4049	-0.4920	-0.4476	-0.3028	-0.2386
重庆	-0.6217	-0.6782	N/A	-0.7458	-0.7078	-0.6691	-0.5710	-0.4805
四川	-0.7665	-0.7245	-0.7569	-0.7608	-0.7242	-0.6810	-0.6833	-0.6536
贵州	-0.9534	-0.9025	-0.9756	-0.9501	-0.8965	-0.8740	-0.8218	-0.8580
云南	-0.4378	N/A	N/A	N/A	N/A	N/A	N/A	N/A
陕西	-0.7144	-0.6907	-0.7546	-0.6446	-0.4508	-0.5052	-0.4525	-0.5817
甘肃	N/A	N/A	N/A	N/A	N/A	N/A	N/A	N/A
青海	N/A	N/A	N/A	-0.8338	N/A	N/A	N/A	N/A
宁夏	N/A	N/A	N/A	N/A	N/A	N/A	-0.7530	N/A

续表

年 份 省 份	2011	2012	2013	2014	2015	2016	2017	2018	2019
北 京	-0.3120	-0.3141	-0.3560	-0.3376	-0.3410	-0.3536	-0.3425	-0.3212	-0.3321
天 津	-0.4129	-0.4121	-0.4156	-0.3983	-0.3697	-0.4036	-0.4025	-0.3732	-0.3792
河 北	N/A	-0.6012	-0.5605	-0.4380	-0.5742	-0.5679	-0.5575	-0.5651	-0.5631
山 西	-0.4461	-0.4737	-0.4412	-0.5256	-0.4528	-0.5311	-0.5256	-0.5320	-0.5346
内蒙古	-0.2141	-0.2076	-0.2013	-0.2387	-0.2097	-0.2141	-0.1401	-0.1718	-0.3183
辽 宁	N/A	N/A	N/A	N/A	N/A	N/A	N/A	N/A	N/A
吉 林	-0.2672	-0.3630	-0.3191	-0.4465	-0.3564	-0.3647	-0.3926	-0.3916	-0.3899
黑龙江	-0.6086	-0.6543	-0.6258	-0.6649	-0.5368	-0.6661	-0.6042	-0.6756	-0.6570
上 海	0.3812	0.3700	0.4088	0.3307	0.4296	0.4855	0.4307	0.4619	0.5179
江 苏	-0.4692	-0.4796	-0.4804	-0.4695	-0.4663	-0.4693	-0.4662	-0.4713	-0.4821
浙 江	-0.1360	-0.1375	-0.1167	-0.1233	-0.1617	-0.1616	-0.1541	-0.1881	-0.1915
安 徽	-0.4999	-0.5445	-0.5349	-0.5187	-0.5358	-0.5139	-0.5571	-0.5480	-0.5669
福 建	-0.3913	-0.4099	-0.3952	-0.3883	-0.4013	-0.4214	-0.4156	-0.3678	-0.3494
江 西	-0.6239	-0.6126	-0.5811	-0.6032	-0.5768	-0.5643	-0.5760	-0.5526	-0.5791

续表

省份\年份	2011	2012	2013	2014	2015	2016	2017	2018	2019
山东	-0.3898	-0.4041	-0.3957	-0.3864	-0.3921	-0.4038	-0.4292	-0.4631	-0.4463
河南	-0.3875	-0.4934	-0.4964	-0.3288	-0.3403	-0.3384	-0.3401	-0.3496	-0.3391
湖北	N/A	N/A	N/A	N/A	N/A	N/A	N/A	N/A	N/A
湖南	-0.4802	-0.4858	-0.4700	-0.5045	-0.4530	-0.4674	-0.4672	-0.4999	-0.5175
广东	-0.4836	-0.4722	-0.4773	-0.4724	-0.4403	-0.4425	-0.4477	-0.4475	-0.4337
广西	-0.4787	-0.4842	-0.4673	-0.4419	-0.4698	-0.3652	-0.4565	-0.4364	-0.4366
海南	-0.3060	-0.3473	-0.1159	-0.2045	-0.2385	0.0531	-0.3825	-0.3930	-0.4236
重庆	-0.4137	-0.4900	-0.4949	-0.5062	-0.4696	-0.5574	-0.5708	-0.5628	-0.5882
四川	-0.5985	-0.6024	-0.6219	-0.6172	-0.5808	-0.5921	-0.5895	-0.6097	-0.6205
贵州	-0.8076	-0.4948	-0.4434	-0.3464	N/A	-0.5741	-0.6234	-0.6468	-0.6184
云南	N/A	N/A	N/A	N/A	N/A	N/A	N/A	N/A	N/A
陕西	-0.5225	-0.5088	-0.5701	-0.6410	-0.6446	-0.6545	-0.6624	-0.6601	-0.7271
甘肃	N/A	N/A	N/A	N/A	N/A	N/A	N/A	N/A	N/A
青海	-0.7905	-0.4991	N/A	N/A	-0.4187	-0.5317	N/A	N/A	N/A
宁夏	-0.6923	N/A	-0.6915	-0.6226	-0.6692	-0.6601	-0.6692	N/A	N/A

测算结果显示，从省际角度来看，我国存在显著的金融条件扭曲，金融发展尚未实现最优金融条件的理想状态。所考察的各地区的金融规模扭曲主要为正向扭曲，这表明我国大多数地区的实际金融规模高于最优金融规模，主要表现为经济体的实际融资额高于最优金融条件中的融资水平。同时，各地区的金融结构扭曲以负向扭曲为主，表明大多数地区的实际金融结构低于最优金融结构，主要表现为经济体的融资结构中直接融资占比低于最优金融条件中的直接融资水平，而间接融资占比则高于最优金融条件中的间接融资水平。

三　金融条件扭曲对金融资源错配的实际影响

（一）研究模型与变量设计

为研究金融条件扭曲对金融资源错配的影响，我们以地区金融资源错配系数为被解释变量，以金融规模扭曲（GAPscale）、金融结构扭曲（GAPstrc）为主要解释变量（为了避免文字分析时产生歧义，我们对两个变量进行了取绝对值的处理）。除此之外，我们还加入了其他的解释变量作为控制变量，包括：政府对经济的干预程度、经济开放度、所有制偏好、人力资本。在此基础上，建立如下计量模型：

$$\eta_{it} = \beta_0 + \beta_1 GAPscale_{it} + \beta_2 GAPstrc_{it} + \beta_3 Gov_{it} + \beta_4 State_{it} \\ + \beta_5 Open_{it} + \beta_6 Education_{it} + \varepsilon_{it} \tag{6-3}$$

在该模型中，i 代表省份，t 代表时间，ε_{it} 代表误差项。被解释变量 η_{it} 是 i 省份第 t 年的金融资源错配系数；$Gapscale_{it}$ 反映的是 i 省份第 t 年金融规模扭曲的绝对值；$GAPstrc_{it}$ 为 i 省份第 t 年金融结构扭曲的绝对值。考虑到其他一些因素也可能对地区金融资源错配产生影响，为了降低或消除回归中的省略变量偏误，我们引入了一些控制变量：政府对经济的干预程度（Gov_{it}），用地方政府开支（扣除科教文卫支出）占 GDP 的比重进行衡量；[①] 所有制偏好（$State_{it}$），用国有及国有控股企业总资产和国有及国有控股企业、私营企业与三资企业等三类所有制企业总资产之和的比值来衡量所有制结构；[②] 经济开放度（$Open_{it}$），以进出口总额占 GDP 的比重衡量；人力资本（$Education_{it}$），以各省份人均受教育年限表示。

（二）数据来源与描述性统计

鉴于数据的可获得性，本书的研究区间为 2003～2019 年，以我国 29 个地区的数据为研究样本（由于新疆和西藏部分数据不可得，因此实证分析中将此二自治区略去，另外不包括港澳台地区）。模型中，因变量地区金融资源错配系数的测算详见本书第五章；其他变量数据均来源于 CSMAR 数据库和历年各省（区、市）统计年鉴。各变量的描述性统计结果如表 6-10 所示。

表 6-10　相关变量的描述性统计结果

	均值	标准差	样本量
地区错配系数	2.669	2.726	375
GAPscale	3.691	2.797	414
GAPstrc	0.48	0.175	344
Gov	0.164	0.082	435
Open	0.382	0.454	435
State	0.609	0.195	435
Education	8.645	1.757	435

---

① 李青原、潘雅敏、陈晓：《国有经济比重与我国地区实体经济资本配置效率——来自省级工业行业数据的证据》，《经济学家》2010 年第 1 期。

② 张庆君、李雨霏、毛雪：《所有制结构、金融错配与全要素生产率》，《财贸研究》2016 年第 4 期。

（三）实证分析与结果

我们进行了三组异方差多元线性回归分析，模型（1）考察的是金融规模扭曲对地区资源错配的影响，同时加入控制变量——政府对经济的干预程度（Gov）、经济开放度（Open）、所有制偏好（State）、人力资本（Education）；模型（2）考察的是金融结构扭曲对地区资源错配的影响，同时加入控制变量——政府干预（Gov）、经济开放度（Open）、所有制偏好（State）、人力资本（Education）；以及在模型（3）中考察所有解释变量对地区资源错配的影响。

表 6–11　金融条件扭曲对地区金融资源错配影响分析的计量结果

	（1）	（2）	（3）
GAPscale	0.150*** (0.043)		0.157** (0.062)
GAPstrc		5.856*** (0.718)	3.843*** (1.182)
Gov	-1.424 (1.583)	0.103 (1.700)	1.01 (2.006)
Open	-0.0287 (0.254)	0.396* (0.234)	0.404** (0.203)
State	-5.184*** (0.662)	-6.934*** (0.627)	-7.430*** (0.658)
Education	-0.195*** (0.068)	-0.139** (0.062)	-0.122*** (0.043)
常数项	6.944*** (0.738)	4.502*** (0.743)	4.843*** (0.643)
样本量	354	300	300
	0.218	0.382	0.392

注：*、**、*** 分别表示10%、5%、1%的显著性水平。

由表 6–11 可知模型（1）可表示为：

$$\eta_{it} = 6.944 + 0.150 \times GAPscale_{it} - 5.184 \times State_{it} - 0.195 \times Education_{it} + \varepsilon_{it}$$

可见，在检验金融规模扭曲（GAPscale）与政府干预程度（Gov）、经济开放度（Open）、所有制偏好（State）、人力资本（Education）对地区资源错配的影响时，实证结果表明：金融规模扭曲（GAPscale）对地区资源错配有正向影响，且这种影响在1%的显著性水平下显著；所有制偏好（State）对地区资源错配有负向影响，且这种影响在1%的显著性水平下显著；人力资本（Education）对地区资源错配有负向影响，且这种影响在1%的显著性水平下显著。

由表6-11可知模型（2）可表示为：

$$\eta_{it} = 4.502 + 5.856 \times GAPstrc_{it} + 0.396 \times Open_{it} - 6.934 \times State_{it} \\ - 0.139 \times Education_{it} + \varepsilon_{it}$$

可见，在检验金融结构扭曲（GAPstrc）与政府干预程度（Gov）、经济开放度（Open）、所有制偏好（State）、人力资本（Education）对地区资源错配的影响时，实证结果表明：金融结构扭曲（GAPstrc）对地区资源错配有正向影响，且这种影响在1%的显著性水平下显著；经济开放度（Open）对地区资源错配有正向影响，且这种影响在10%的显著性水平下显著；所有制偏好（State）对地区资源错配有负向影响，且这种影响在1%的显著性水平下显著；人力资本（Education）对地区资源错配有负向影响，且这种影响在5%的显著性水平下显著。

由表6-11可知模型（3）可表示为：

$$\eta_{it} = 4.843 + 0.157 \times GAPscale_{it} + 3.843 \times GAPstrc_{it} + 0.404 \times Open_{it} \\ - 7.430 \times State_{it} - 0.122 \times Education_{it} + \varepsilon_{it}$$

可见，在加入所有解释变量即检验金融规模扭曲（GAPscale）、金融结构扭曲（GAPstrc）、政府干预程度（Gov）、经济开放度（Open）、所有制偏好（State）、人力资本（Education）对地区资源错配的影响时，实证结果表明：金融规模扭曲（GAPscale）对地区资源错配有正向影响，且这种影响在5%的显著性水平下显著；金融结构扭曲（GAPstrc）对地区资源错配有正向影响，且这种影响在1%的显著性水平下显著；经济开放度（Open）对地区资源错配有正向影响，且这种影响在5%的显著性水平下显著，且其边际影响大于金融规模扭曲对地区资源错配的影响。所有制偏好（State）对地区资源错配有负向影响，且这种影响在1%的显著性水平下显著；人力资本（Education）对地区资源错配有负向影响，且这种影响在1%的显著性水平下显著。

上述分析结果表明：从规模层面看，我国主要存在正向的金融规模扭曲，对金融资源错配会产生显著的正向影响，表明当实际金融规模高于最优金融规模时，金融规模扭曲的增加将会加剧金融资源错配；与此同时，从结构层面看，我国主要存在负向的金融结构扭曲，对金融资源错配同样产生了显著的正向影响，表明当实际金融结构偏离最优金融结构的程度加剧时，金融结构扭曲的增加将会加剧金融资源错配。此外，从规模层面和结构层面的影响差异来看，金融结构扭曲相对于金融规模扭曲而言，对我国的金融资源错配具有更大的影响，即金融结构扭曲对我国金融资源错配的边际影响远大于金融规模扭曲的边际影响。

四　研究结论

为了研究金融条件扭曲对金融资源错配的影响机制，本书首先采用以 OECD 国家为参照系的方式对我国省际层面的最优金融条件进行估计，并对省际金融条件扭曲系数进行测算，在此基础上，采用我国 29 个地区 2003～2019 年的面板数据，考察了金融规模扭曲、金融结构扭曲对金融资源错配的实际影响，得出如下结论：其一，我国金融发展尚未实现最优金融条件的理想状态，仍然存在来自规模层面和结构层面的双重金融条件扭曲，主要表现为存在正向的金融规模扭曲和负向的金融结构扭曲并存的金融条件扭曲叠加形态，且金融结构扭曲相较于金融规模扭曲已成为反映我国金融条件扭曲的最重要方面。其二，金融条件扭曲是导致我国金融资源错配重要的来源，无论是金融规模扭曲还是金融结构扭曲均呈现出对金融资源错配的显著正向影响，且金融结构扭曲相对于金融规模扭曲具有对金融资源错配更重要的边际影响。其三，当金融条件扭曲处于 0 时，金融发展达到最优金融条件，经济体不存在金融资源错配（金融资源配置实现了帕累托效率或最优效率），而随着金融条件扭曲程度的加剧，金融发展偏离最优金融条件的程度加深，经济体的金融资源错配程度也在提高（金融资源配置效率不断下降），因此，研究结果较好地验证了本书的实证研究假设"最优金融条件是实现一国（或地区）金融资源配置的帕累托效率（最优效率）的基本前提，实际金融条件与最优金融条件的偏离所产生的金融条件扭曲是导致金融资源错配的重要因素"。

第七章　我国金融资源错配的经济增长抑制效应：一个多维度的经验分析

本部分基于金融资源错配对经济增长抑制机制的理论分析框架，从经济效率减损、产业结构扭曲、技术创新阻滞、经济风险累积等多个维度，对我国金融资源错配的经济增长抑制效应进行了系统深入的实证研究。

一　金融资源错配的经济增长抑制效应：经济效率减损效应

本书以生产率为反映经济效率的被解释变量，以金融资源错配为核心解释变量，选取了企业年龄、公司总股本和企业所有制特征作为控制变量组，建立企业面板回归模型，实证分析企业层面金融资源错配的经济效率减损效应，并深入讨论了不同所有制企业（国有企业与民营企业）的效应差异。

（一）指标与模型构建

1. 解释变量金融资源错配的度量

以 Hsieh 和 Klenow 发展起来的一个垄断竞争模型为基础，在

Cobb-Douglas 生产函数的约束下，参考简泽等研究成果，从企业的利润最大化可以得到[①]：

$$P_i = \left(\frac{\sigma}{\sigma - 1}\right)\left(\frac{\omega}{1 - \alpha}\right)^{1 - \alpha}\left(\frac{R}{\alpha}\right)^{\alpha}\frac{(1 + \tau_{Ki})^{\alpha}}{A_i} \qquad (7-1)$$

其中，P_i 代表企业 i 产品 Y 的价格，σ 为替代弹性，ω 是劳动产出弹性，α 是企业的资本产出弹性，R 表示资本成本，τ_{Ki} 代表企业 i 面临的资本扭曲，A_i 表示企业 i 的全要素生产率。这时，企业 i 的资本、资本劳动比和产出分别为：

$$K_i = c_1 Y \frac{A_i^{\sigma - 1}}{(1 + \tau_{Ki})^{1 + \alpha(\sigma - 1)}} \qquad (7-2)$$

$$\frac{K_i}{L_i} = \left(\frac{\alpha}{1 - \alpha}\right)\frac{\omega}{R}\frac{1}{(1 + \tau_{Ki})} \qquad (7-3)$$

$$Y_i = c_2 Y \frac{A_i^{\sigma}}{(1 + \tau_{Ki})^{\alpha\sigma}} \qquad (7-4)$$

其中，$Y_i = cY$，c_1 和 c_2 为系数。基于此，企业 i 的资本边际收益产品 $MRPK_i$ 可以表达为：

$$MRPK_i \triangleq \alpha\left(\frac{\sigma}{\sigma - 1}\right)\frac{P_i Y_i}{K_i} = (1 + \tau_{Ki})R \qquad (7-5)$$

$$MRPL_i \triangleq (1 - \alpha)\left(\frac{\sigma}{\sigma - 1}\right)\frac{P_i Y_i}{L_i} = \omega \qquad (7-6)$$

式（7-5）、式（7-6）表明在不存在资本扭曲的情况下，资本的边际收益产品应与市场均衡状态下的资本使用成本相等，二者之差可作为资本扭曲的度量，即 $1 + \tau_{Ki} = MRPK_i/R$。

---

① Hsieh C. & Klenow P. J., "Misallocation and manufacturing TFP in China and India", *The Quarterly Journal of Economics*, Vol. 124, No. 4 (2009): 1403 - 1448；简泽、徐扬、吕大国、卢任、李晓萍：《中国跨企业的资本配置扭曲：金融摩擦还是信贷配置的制度偏向》，《中国工业经济》2018 年第 11 期。

由于资本的边际收益产品一般难以直接测量，而且根据利润最大化的一阶条件，可以使用劳动报酬与资本报酬之比这一微观指标来对本书的金融资源错配程度进行度量：

$$1 + \tau_{Ki} = \frac{\alpha}{1-\alpha} \cdot \frac{\omega L_i}{R K_i} \tag{7-7}$$

本书将劳动产出弹性用 L 代表的企业员工人数表示，Hsieh 和 Klenow 将 R 校准为 0.10，K 表示资本，本书用企业固定资产净额衡量。其中，企业的资本产出弹性 α 的计算方法使用李静等的方法建立回归模型 $\ln Y_{ij} = \alpha \ln K_{ij} + \beta \ln L_{ij} + \text{industrial} + \mu_{it}$，估计出资本产出弹性 α 为 0.32，这一估算结果与大多数研究结果相一致。[①]

2. 被解释变量生产率的度量

企业的生产率水平是指企业生产中产品的产出量与生产产品所使用投入量的比例，是评判企业生产过程效益与企业经济效益的一个依据。因此，本书用企业的全要素生产率作为企业生产率衡量的标准，可以客观地衡量金融资源错配这一因素对企业生产率的影响。基于前文的推导，根据利润最大化的一阶条件，用企业全要素生产率来作为企业生产率的替代指标，则企业全要素生产率 TFP_{si} 可表示为：

$$TFP_{si} = A_i = \left[\omega^{1-\alpha} (P_s Y_s)^{\frac{1}{\sigma-1}}/P_s \right] \frac{(P_i Y_i)^{\frac{\sigma}{\sigma-1}}}{K_i^\alpha (\omega L_i)^{1-\alpha}} = K_s \frac{(P_i Y_i)^{\frac{\sigma}{\sigma-1}}}{K_i^\alpha L_i^{1-\alpha}} \tag{7-8}$$

---

① Hsieh C. & Klenow P. J., "Misallocation and manufacturing TFP in China and India", *The Quarterly Journal of Economics*, Vol. 124, No. 4 (2009): 1403–1448; 李静、彭飞、毛德凤：《资源错配与中国工业企业全要素生产率》，《财贸研究》2012 年第 5 期。

其中，K_s 表示行业 s 层面的资本，由于 K_s 难以直接测量，所以我们设定为1。本书旨在考察企业的相对生产率，因而产业层面的变量 K_s 不会对企业间生产率差异产生实质性影响。P_iY_i 用代表企业产出的营业总收入衡量。产品替代弹性 σ 经校准表示为3。企业的资本产出弹性 α 采用前文中的估计值 0.32。K_i 和 L_i 分别表示企业层面的资本和劳动，并且分别用各企业的固定资产净额和员工人数衡量。

3. 控制变量的度量

企业层面的控制变量包括以下三个：企业年龄[①]、公司总股本的对数（总股本代表上市企业股份数量的总和，是衡量企业实力的数据）和企业所有制特征[②]。

（1）企业年龄（estyear）。本书收集了样本中上市企业成立日期的变量，计算各企业从成立日期开始到统计年份为止的存续年龄。企业年龄越大，金融资本配置比例越难等比例提升，预期金融资本配置比例与企业年龄之间呈现正向关系。

（2）企业总股本的对数（lnGMV）。从金融资源配置角度看，由于企业总股本体现了企业资产的总价值，总股本增加会吸引更多的资金进入该企业，预期企业总股本增加，金融资本配置的比例会增加，所以本书对其取对数以衡量对企业生产率的影响。

（3）企业所有制特征（stockcode）。本书将上市企业按所有制特征分为国有企业和民营企业两类，当企业所有制特征为国有时，stockcode = 1，否则 stockcode = 0。国有企业和银行有良好的

---

① 谢富胜、匡晓璐：《制造业企业扩大金融活动能够提升利润率吗？——以中国 A 股上市制造业企业为例》，《管理世界》2020 年第 12 期。
② 胡海峰、宋肖肖、郭兴方：《投资者保护制度与企业韧性：影响及其作用机制》，《经济管理》2020 年第 11 期。

关系，更容易获得低息贷款，而民营企业在银行等传统融资渠道的融资能力有限，且融资成本较高，因此企业所有制特征也将对金融资源错配产生影响。

4. 计量模型构建

根据资本和劳动跨企业的配置表现出的错配特征来检验金融资源错配与企业生产率之间的关系，建立如下的模型：

$$\text{lntfpq}_{it} = \beta_0 + \beta_1 \ln1t_{it} + \beta_2 \text{estyear}_{it} + \beta_3 \ln GMV_{it} \\ + \beta_4 \ln1t_{it}\_\text{stockcode}_{it} + \mu_{it}$$

$(7-9)$

其中，被解释变量 lntfpq_{it} 为企业 i 在 t 时期的全要素生产率的对数形式，用来衡量企业生产率水平。解释变量是 $\text{in}1t_{it}$，即企业 i 在 t 时期面临的金融资源错配程度。控制变量为企业年龄（estyear）、公司总股本的对数（$\ln GMV$）和企业所有制特征（stockcode）与金融资源错配程度（$\ln1t_{it}$）的交互项（$\ln1t_{it}\_$ stockcode$_{it}$）。μ_{it} 是扰动项。

（二）数据来源与预处理

本书采用了一个时间跨度为 2003～2020 年、包含 596 个截面单元、共计 10728 个观察值的微观平衡面板数据集。为了保证研究结果的正确性和合理性，我们对数据进行了处理，筛选原则如下：①选取 2003 年 1 月 1 日前上市且仅发行 A 股的企业；②剔除了 ST 和 * ST 的企业。因为这些企业的财务状况很有可能存在异常，并且几乎已经连续亏损两年以上，面临着随时退市的可能。如果将这样的企业样本作为研究样本，会严重影响研究结论的可靠性与真实性。③剔除了金融保险类的上市企业，我们采取的都是非金融类的上市公司，因为金融业是我国一种比较特殊的行业，这种行业的相关会计准则和其他行业差别非常大，这样的数据加入研究样本将会影响结论的一般性，甚至有可能出现严重的偏颇。④剔除了数据不完整的企业以及不符合客观事实的数据。经过筛选，一共得到了 596 家上市企业 18 年的数据。本书关于金融资源错配与企业生产率衡量指标全部来自国泰安数据库。为克服离群值的影响，我们对主要变量进行了 Winsorized 缩尾处理①来确保数据的可靠性以及真实性。

（三）实证分析与结果

1. 描述性统计

通过运用 Stata 软件对数据进行处理，得到了主要变量的一些统计特征，并且对这些指标进行了相关的描述性统计分析，分析的具体结果如下。

表 7 - 1 反映了全样本计量模型中各个变量的数字特征，可以看出，样本上市企业的金融资源错配程度的平均值为 - 3.286，最大值是 0.762，最小值是 - 9.297，差距比较大，这是由于我国企业间金融资源错配特征的长期存在。而所选择的样本中各个上市企业的全要素生产率的差异也很大，平均值为 20.696，最大值是 24.765，而最小值是 17.493。从控制变量来分析，样本企业中企业年龄的平均值和标准差分别是 16.539 和 6.159，最大值是 30，最小值是 4，表明上市公司之间的存续年龄存在一定的差异，但是普遍不高。样本企业中企业总股本的对数的平均值和标准差分别是 22.453 和 1.15，最大值是 25.624，最小值是 20.193，说明上市企业之间的总股本差距是很大的，而且企业年龄比企业总股本分布得更离散。

---

① Flannery, Mark J., and Kasturi P. Rangan, "Partial adjustment toward target capital structures". *Journal of Financial Economics*, Vol. 79, No. 3 (2006): 469 - 506.

表 7 - 1　全样本的描述性统计

变量	样本数目	均值	标准差	最小值	最大值
ln1t	10728	- 3. 286	1. 894	- 9. 297	0. 762
lntfpq	10728	20. 696	1. 463	17. 493	24. 765
estyear	10728	16. 539	6. 159	4	30
lnGMV	10728	22. 453	1. 15	20. 193	25. 624
stockcode	10728	0. 7	0. 458	0	1
ln1t_ stockcode	10728	- 2. 33	2. 201	- 9. 297	0. 762

　　表 7 - 2 反映了国有企业样本中各个变量的统计特征，可以看出国有企业的金融资源错配程度的平均值为 - 3. 328，比全样本中金融资源错配程度的平均值下降了 1. 28%，这也证明了在我国国有企业中存在金融资源错配的情况。样本中国有企业的全要素生产率与全样本的差异不大，平均值为 20. 74，最大值是 24. 765，而最小值是 17. 493。企业年龄方面，国有企业中的平均值和标准差分别是 15. 998 和 6. 085，虽然上市企业的平均年龄相较于全样本略低，但标准差较小，表明国有企业之间年龄差距小于全样本。样本中国有企业总股本的对数除了标准差略高于全样本，其他指标与全样本基本持平。

表 7 - 2　国有企业样本的描述性统计

变量	样本数目	均值	标准差	最小值	最大值
lntfpq	7509	20. 74	1. 506	17. 493	24. 765
ln1t	7509	- 3. 328	1. 897	- 9. 297	0. 762
estyear	7509	15. 998	6. 085	4	30
lnGMV	7509	22. 455	1. 168	20. 193	25. 624

　　表 7 - 3 反映了民营企业样本中各个变量的统计特征，民营企业的金融资源错配程度的平均值为 - 3. 188，比全样本企业和国有企业样本中金融资源错配程度的平均值分别低 2. 98% 和 4. 21%，同时民营企业样本的标准差也较小，表明样本中民营企业之间金融资源错配的差异较小。而所选择的样本中各个民营企

业之间的全要素生产率不仅差异很小（标准差为1.35），其平均值（20.592）也小于国有企业（20.74）。样本中民营企业年龄的平均值和标准差分别是17.801和6.147，表明样本中上市民营公司之间的存续年龄差异较小，但是平均年龄略高于国有企业。样本中民营企业总股本的对数标准差（1.108）略低于全样本（1.15），但高于国有企业（1.168），其他指标与全样本基本持平，说明上市民营企业之间的总股本差距较小。

表7-3　民营企业样本的描述性统计

变量	样本数目	均值	标准差	最小值	最大值
lntfpq	3219	20.592	1.35	17.493	24.765
ln1t	3219	-3.188	1.884	-9.297	0.762
estyear	3219	17.801	6.147	4	30
lnGMV	3219	22.45	1.108	20.193	25.624

2. 相关性检验

表7-4是全样本中金融资源错配程度、全要素生产率以及控制变量的相关系数矩阵。可以看出，解释变量金融资源错配的对数形式ln1t和被解释变量企业全要素生产率的对数形式lntfpq之间存在正相关关系，相关系数为0.063。被解释变量企业全要素生产率的对数形式lntfpq与控制变量企业年龄estyear、公司总股本的对数lnGMV、企业所有制特征ln1t_stockcode之间交互项均存在正相关关系，我们可以在下面的实证模型回归分析结果中进一步检验被解释变量和控制变量之间的相关关系。此外由相关系数矩阵中可以看出，解释变量金融资源错配的对数与控制变量企业年龄和公司总股本的对数之间的相关系数的绝对值都在0.25以下，这充分表明，本书所选择的这些变量之间不存在显著的多重共线性问题。

表 7 - 4　全样本相关系数矩阵

变量	ln1t	lntfpq	estyear	lnGMV	ln1t_ stockcode
ln1t	1				
lntfpq	0.063	1			
estyear	0.022	0.297	1		
lnGMV	0.235	0.535	0.356	1	
ln1t_ stockcode	0.628	0.015	0.118	0.127	1

表 7 - 5 是国有企业样本中金融资源错配程度、全要素生产率以及控制变量的相关系数矩阵。解释变量金融资源错配的对数 ln1t 和被解释变量企业全要素生产率的对数 lntfpq 之间的相关系数为 0.063，存在弱相关关系。被解释变量企业全要素生产率的对数 lntfpq 与控制变量企业年龄 estyear、公司总股本的对数 lnGMV、企业所有制特征 stockcode 与 ln1t 之间交互项 ln1t_ stockcode 均存在着正相关关系。此外由相关系数矩阵中可以看出，解释变量金融资源错配的对数形式与控制变量企业年龄和公司总股本的对数之间的相关系数的绝对值都在 0.25 以下，这也表明国有企业样本中变量之间不存在显著的多重共线性问题。

表 7 - 5　国有企业样本相关系数矩阵

变量	ln1t	lntfpq	estyear	lnGMV
ln1t	1			
lntfpq	0.063	1		
estyear	0.022	0.297	1	
lnGMV	0.235	0.535	0.356	1

表 7 - 6 是民营企业样本中金融资源错配程度、全要素生产率以及控制变量的相关系数矩阵。解释变量金融资源错配的对数 ln1t 和被解释变量企业全要素生产率的对数 lntfpq 之间也存在正相关关系，相关系数仍为 0.063。被解释变量企业全要素生产率的对数 lntfpq 与控制变量企业年龄 estyear、公司总股本的对数

lnGMV、企业所有制特征 stockcode 与 ln1t 之间交互项 ln1t_
stockcode 均存在正相关关系。此外由相关系数矩阵中可以看出，
解释变量金融资源错配的对数与控制变量企业年龄和公司总股本
的对数之间的相关系数的绝对值都在 0.25 以下，表明民营企业
样本中所选择的这些变量之间不存在显著的多重共线性问题。

表 7-6　民营企业样本相关系数矩阵

变量	ln1t	lntfpq	estyear	lnGMV
ln1t	1			
lntfpq	0.063	1		
estyear	0.022	0.297	1	
lnGMV	0.235	0.535	0.356	1

3. 实证分析结果

为了做进一步的相关分析，根据前文描述的变量以及构建的
计量模型，利用统计分析软件 Stata 16 进行面板数据回归分析。
对计量模型中各个系数进行 F 检验，由于 F 检验的结果显示
$p < 0.05$，所以计量模型中各系数显著异于 0，同时鉴于本书使用
的数据是面板数据，本书使用混合最小二乘法（混合 OLS）进行
回归分析是合适的，并且兼顾了估计效率与一致性。结果如表
7-7 所示。

表 7-7　样本回归结果

变量	（1）全样本	（2）国有企业	（3）民营企业
ln1t	-0.023 **	-0.028 ***	-0.083 ***
	(-2.50)	(-3.08)	(-6.37)
estyear	0.029 ***	0.035 ***	0.018 ***
	(13.74)	(13.48)	(4.91)

变量	(1) 全样本	(2) 国有企业	(3) 民营企业
lnGMV	0. 641 ***	0. 648 ***	0. 629 ***
	(57. 70)	(49. 84)	(30. 47)
ln1t_ stockcode	- 0. 030 ***		
	(- 3. 93)		
Constant	5. 680 ***	5. 530 ***	5. 885 ***
	(23. 40)	(19. 36)	(13. 13)
Observations	10728	7509	3219
R - squared	0. 304	0. 314	0. 286

注：括号中是回归系数的 t 统计量，* 、** 、*** 分别表示10% 、5% 、1% 的显著性水平。

从表7-7的第（1）列全样本回归中可以看出，金融资源错配与企业生产率的回归系数是负的，而且在5%的显著性水平上小于0，这表明前文中的理论分析是正确的，同时与实证结果相一致，表明我国上市企业面临的金融资源错配程度越深，企业的生产效率就越低，而且由于金融资源错配的系数为 - 0. 023，所以当企业金融资源错配增加1%时，全要素生产率将会降低0. 023%。除了解释变量外，表7-7第（1）列全样本回归中还给出了其他控制变量的回归结果。企业年龄与企业全要素生产率之间的回归系数是0. 029，不仅呈现出显著的正相关关系，而且在1%的置信水平下显著。这表明当企业年龄越大时，相应的企业全要素生产率也就越高。这是因为企业的存续时间越长，企业进行金融资源配置活动的比例越大，企业所能控制的资金远远超出真实拥有的资金，如果企业的投资收益率大于筹资利息率，那么企业将获得更大的利润，从而有可能投入实体生产，进而提高企业全要素生产率。然而企业的存续时间越短，企业进行金融资源配置活动的比例越小，企业所能控制的资金将会是有限的甚至是不足的，如果企业的投资收益率小于筹资利息率，那么企业将获得较少的利润，从而投入实体生产的资源不足，进而阻碍企业全要素生产率的提高。因此，企业年龄的增长将会导致企业全要素生产率的提高，二者之间呈现显著的正相关关系。总股本与企业全要素生产率之间的回归系数是0.641，不仅呈现出显著的正相关关系，而且在1%的置信水平下显著大于0。企业的总股本与企业全要素生产率之间呈现显著的正相关关系，这是因为，如果企业的总股本较多，同时非流通股本小，单一投资者不易控制公司股价；相反，总股本较小且非流通股本相对占有的比例，那么单一投资者很容易吸筹建仓，能快速拉升股价，所以如果没有资金实力雄厚的单一投资者的介入，股本大的公司股票价格波动相对股本小的公司价格波动要小一些。基于此，股本大的公司股票价格更加稳定，从而更有利于企业全要素生产率的稳步提高，这与前文的预测以及大多数的研究结果一致。企业所有制特征与金融资源错配的交互项与企业全要素生产率之间呈现显著的负相关关系，并且在1%的置信水平下显著小于零。上述负相关关系表明在全样本中，考虑企业所有制特征的影响之后，金融资源错配与企业全要素生产率之间显著的负相关关系仍然存在。

　　为了验证不同所有制企业如国有企业和民营企业金融资源错配对企业全要素生产率的影响作用及其差异性，本书将样本分为国有企业组和民营企业组分别进行回归分析，结果也显示在表7-7中，分别为第（2）列国有企业的回归和第（3）列民营企业的回归。

　　从第（2）列国企的回归中可以看出，国有企业金融错配和企业全要素生产率之间是负相关的，而且在1%的置信水平下显著小于零，由于金融资源错配的系数为-0.028，所以当国企的金融资源错配增加1%，全要素生产率将会降低0.028%。这说明国有企业的金融资源错配程度越严重，企业全要素生产率就越低，前文的研究结论得到了验证。这是由于在我国现行的金融体制下，国有企业拥有过多金融资源的沉淀，导致国有企业很容易出现过度投资的现象，而这种非效率最大化的过度投资会给企业带来损失，进而使企业陷入全要素生产率低下的困境之中。国企的快速扩张会使得企业的资源耗尽，再加上管理者急于求成的心态，很容易导致投资的效率不高，从而导致国企盲目地占用资源，金融资源配置效益低下。另外，对于一些过度投资的国企，其过度投资的原因可能仅仅是经理人追求自身短期利益的最大化，而不是在考虑实际资本市场情况下为了国企自身发展而做出的最优投资决策。这种非理智的过度投资很可能导致国企的资金链条断裂，到期无法归还债务，从而使得企业面临信用风险甚至是破产危机。因此，国有企业面临的金融错配程度越严重，企业的全要素生产率就越低。

从第（3）列民企的回归的结果可以看出，民营企业的金融错配程度和企业全要素生产率之间的回归系数也为负，不仅在1%的置信水平下显著小于零，而且金融资源错配的系数为 -0.083，所以当民企的金融资源错配增加 1% 时，全要素生产率将会降低 0.083%。这说明民营企业的金融错配程度越严重，企业全要素生产率就越低，再次证实了前文的研究结论。这是因为在我国民营企业受到所有制歧视，陷于融资约束的困境中，不能从传统的融资渠道获得足够的资金，所以从长远的发展角度看，民企为了扩大投资规模，只能求助于非正规的金融机构，然而此类非正规融资渠道的成本远高于银行等传统金融机构。为获取高收益以覆盖融资成本，民营企业不得不更多地投资于高风险项目，这就导致民营企业面临更大的经营风险。与此同时，如果民企处于负债经营，由于企业的债务利息是在税前支付的，不随企业投资的变化而变化，所以一旦民营企业在非正规金融机构融资，无论融入的资金还是高昂的利息都需要企业全额偿还。但由于这些负债和利息不能在财务报表上直接反映出来，所以企业还需要按照经营状况来缴纳所得税，这将导致企业面临巨大的财务风险。因此，民营企业的金融错配程度越严重，意味着其面临的融资约束越强，将会严重阻碍企业全要素生产率的提高。

通过对比表7-7中第（2）列和第（3）列可以看出，国有企业金融错配对企业全要素生产率的影响系数为 -0.028，民营企业金融错配对企业全要素生产率的影响系数是 -0.083，这表明不同所有权性质的上市公司的金融错配对企业全要素生产率的影响有着显著的差异，且民营企业的金融错配程度对企业全要素生产率的影响要大于国有企业的金融错配程度对企业全要素生产率的影响。

（四）稳健性检验

前文从全样本以及国企和民企这两个分样本的视角，探究了金融资源错配与企业生产率之间的关系。从理论上讲，在没有资本扭曲的情况下，企业间的生产率分布决定了经济资源和市场份额跨企业的配置。反之，资本配置扭曲导致了资源跨企业分布与企业间生产率分布的偏离。因此，本书建立如下计量经济模型：

$$
\begin{aligned}
\ln K_{it} = {} & \alpha_0 + \alpha_1 \ln tfp_{it} + \alpha_2 \ln tfp_{it} \times \ln(1 + \tau_{it}) \\
& + \alpha_3 X_{it} + \alpha_4 D_i + \alpha_5 D_t + u_{it}
\end{aligned}
\tag{7-10}
$$

式中 i 代表企业，t 代表时间，u_{it} 代表误差项。因变量 $\ln K_{it}$ 代表资本使用量，两个解释变量分别是企业的全要素生产率 $\ln tfp_{it}$ 以及它和资本扭曲的交互项 $\ln tfp_{it} \times \ln(1 + \tau_{it})$。为降低回归分析中的省略变量误差，我们在模型中引入另一些控制变量：①企业层面的控制变量 X_{it}，包括企业年龄 estyear、企业总股本的对数 lnGMV、企业所有制特征 stockcode。②企业固定效应 D_t，用来控制尚未包含在 X 中且不随时间变化的企业异质性因素的影响。③年份虚拟变量 D_t，用来控制宏观层面经济周期性波动的影响。通过对样本数据的处理以及运用计量软件 Stata 进行回归分析，得出结果如表7-8所示。

表 7 - 8　稳健性检验结果

变量	（1） 全样本回归	（2） 国有企业	（3） 民营企业
lntfpq	- 0. 103 ***	- 0. 157 ***	- 0. 162 ***
	(0. 011)	(0. 013)	(0. 023)
c. ln1 t#c. lntfpq	- 0. 006 ***	- 0. 007 ***	- 0. 006 ***
	(0)	(0)	(0. 001)
estyear	- 0. 173 ***	- 0. 263 ***	- 0. 091
	(0. 025)	(0. 035)	(0. 057)
lnGMV	0. 561 ***	0. 514 ***	0. 578 ***
	(0. 015)	(0. 018)	(0. 031)
_ cons	12. 698 ***	16. 198 ***	11. 93 ***
	(0. 537)	(0. 702)	(1. 171)
Observations	10728	7495	2266
R - squared	0. 859	0. 887	0. 843
Time Dummy	YES	YES	YES
Corporate Dummy	YES	YES	YES

注：括号中是回归系数的 t 统计量。* 、** 、*** 分别表示10% 、5% 、1% 的显著性水平。

稳健性检验结果显示：第（1）列 lntfpq 的回归系数在统计上显著小于 0，生产率较高的产业使用了较少的资本，并且，在 1% 的显著性水平上，$lntfp_{it} \times \ln(1+\tau_{it})$ 的回归系数小于零，表明资本配置扭曲使得资本更少地配置到全要素生产率高的企业中，产生了资本要素跨企业的错配；第（2）列和第（3）列将样本按照不同所有制形式分为国有企业样本和民营企业样本，分析国有企业和民营企业的资本扭曲效应及其差异。分样本回归结果表明，国有企业与民营企业的资本配置扭曲均使得资本更少地配置到全要素生产率高的企业中进而形成了资本要素的跨企业错配。这些结论与表 7 - 7 第（1）列中的回归分析结果基本一致，说明我国金融资源错配所引致的企业生产率减损效应具有稳健性。

（五）实证结论

本部分我们利用 2003~2020 年的上市企业数据对金融资源错配的经济效率减损效应进行了实证分析。首先，我们对样本数据进行描述性统计，根据数据统计特征，我国存在严重的金融资源错配现象，表现为大量金融资源流向国有企业。其次，我们对样本数据进行相关性分析，结果表明金融资源错配与企业全要素生产率之间存在负相关关系，这与前文的理论分析相一致。然后，我们对样本数据进行实证分析，结果表明，金融资源错配与企业全要素生产率之间存在显著的负相关关系，而企业年龄和总股本则与企业全要素生产率呈现显著的正相关关系。为了验证不同所有制企业的金融资源错配对企业全要素生产率的影响，本章将样本分为国有企业组和民营企业组，分析结果表明，不同所有制企业的金融资源错配对企业全要素生产率产生了显著的负向影响，即金融资源错配阻碍了企业全要素生产率的提高。但值得注意的是，不同所有制企业的金融资源错配对企业全要素生产率的减损效应存在明显差异，民营企业相较于国有企业具有更为明显的金融资源错配的经济效率减损效应。最后，使用资本使用量代替企业全要素生产率来对结论进行稳健性检验，证明了实证结论的稳健性。研究结论进一步表明，我国企业长期以来存在较为严重的金融资源错配问题，特别表现在两个方面：一方面，国有企业具有获取大量金融资源的内在优势，因而更多依靠大规模投资而非生产率提升来获取经营利润；另一方面，民营企业面临着严重的融资约束，无法以较低成本筹集到充足资金，大多依靠内部融资和非正规融资渠道来缓解融资难题，导致其生产率提高受限。尽管两类企业都面临金融资源错配制约生产率提高的问题，但相较于国有企业，民营企业的金融资源错配更为严重地阻碍了企业全要素生产率的提升。

二 金融资源错配的经济增长抑制效应：产业结构扭曲效应

本书主要从产业结构层面，通过构建行业面板回归模型，实证检验了我国金融资源错配所致产业结构扭曲效应，为金融资源错配的经济增长抑制效应提供来自产业结构扭曲渠道的现实解释。

（一）指标说明与数据来源

1. 被解释变量

本书以产业结构扭曲为被解释变量，采用制造业结构变迁变量作为反映产业结构变化的主要指标。根据研究目的与研究需要，本书专门采用了制造业结构高度化指标度量制造业结构变迁，该指标的测算公式为：

$$HIS_{it} = \frac{p_i(t)Y_i(t)}{P(t)Y(t)} \times 100 \tag{7-11}$$

其中 i 表示高端技术制造业行业，$p_i(t)Y_i(t)$ 表示高端技术制造业行业产值，$P(t)Y(t)$ 表示制造业总产值。

2. 解释变量

解释变量为金融资源错配，采用制造业行业层面的金融资源错配程度来表示。根据学者的研究，资源错配程度可由资源错配引致的资源扭曲程度 τ 来度量，则资本配置扭曲系数 $1+\tau_{K_{it}}$ 计算如下：

$$1 + \tau_{K_{it}} = \frac{\sigma-1}{\sigma}\alpha_i \frac{p_i(t)Y_i(t)}{R(t)K_i(t)} \tag{7-12}$$

参照 Broda 和 Weinstein 的方法，将产品替代弹性 σ 设定为 3，α_i 表示各个制造业行业的资本产出弹性，$R(t)K_i(t)$ 表示行业 i 的资本要素成本，用行业 i 的固定资产净值与资本价格 R 的乘积来表示，并参照 Hsieh 和 Klenow 的研究将资本使用成本 R 设定为 0.1（包含 5% 的利率和 5% 的折旧率）[1]。

3. 控制变量

本书选取了人力资本禀赋（HCE）、对外开放程度（OP）、全要素生产率（A）作为控制变量。其中：人力资本禀赋（HCE），在探讨金融资源错配对制造业结构升级的相关影响时，考虑到人力资本禀赋会影响要素结构调整，从而引起产业结构偏离，进而会对制造业产业结构升级产生一定的负面作用，因此，使用每万人普通高等学校在校学生数衡量各地区的人力资源禀赋；对外开放程度（OP），大量研究表明对外开放是促进本国产业结构升级的重要因素，本书采用进出口总额占实际 GDP 的比重来衡量各地区的对外开放程度，所涉数值按照年平均汇率折算成人民币计价；全要素生产率（A），参照 Hsieh 和 Klenow 的方法，行业全要素生产率计算如下：

$$A_i(t) = \frac{[p_i(t)Y_i(t)]^{\frac{\sigma}{\sigma-1}}}{K_i(t)^{\alpha_{Ki}}L_i(t)^{\alpha_{Li}}} \tag{7-13}$$

其中，$L_i(t)$ 指行业 i 的劳动力要素，采用高端技术制造业的全部从业人员平均数衡量。

---

① Broda C., Greenfield J. & Weinstein D. E., "From groundnuts to globalization: A structural estimate of trade and growth", *Research in Economics*, Vol. 71, No. 4 (2017): 759-783; Hsieh C. & Klenow P. J., "Misallocation and manufacturing TFP in China and India", *The Quarterly Journal of Economics*, Vol. 124, No. 4 (2009): 1403-1448.

考虑到数据可得性，本书使用 2005～2016 年中国 27 个省（区、市）（不含西藏、河南、湖南和辽宁与港澳台）的面板数据，分析金融资源错配对制造业结构高度化的影响。实证分析数据主要来源于历年的《中国统计年鉴》、《中国工业统计年鉴》以及各省份《统计年鉴》。同时，为了消除异方差影响，我们对计量模型中的各变量数据均进行了对数处理。

（二）计量模型构建

为了研究金融资源错配对制造业产业结构是否存在扭曲效应，我们构建如下行业面板模型：

$$HIS_{it} = \beta_0 + \beta_1 \ln(1 + \tau_{it}) + \beta_2 \ln HCE_{it} + \beta_3 \ln OP_{it} + \beta_4 A_{it} + \varepsilon_{it}$$

$$(7 - 14)$$

其中，i 表示制造业行业；t 表示年份；β 表示待估参数；ε 表示随机干扰项；HIS_{it} 表示各个城市制造业结构高度化；$1 + \tau_{it}$ 表示制造业资本错配导致的资本扭曲；HCE_{it} 表示人力资本禀赋；OP_{it} 表示对外开放程度；A_{it} 表示全要素生产率。

（三）实证分析

1. 描述性统计

主要变量的描述性统计结果如表 7 - 9 所示。

表 7 - 9   2015～2016 年主要变量的描述性统计

变量	观测值	均值	标准差	最小值	最大值
HIS	324	0.231898	0.1457814	0.0087604	0.5678628
$1 + \tau_{K_{it}}$	324	2.7888198	1.169705	0.0072248	5.577278
HCE	324	13.11095	0.9136825	10.28343	14.59
OP	324	6.65593	1.090924	4.853423	10.08494
A_i	324	1.149195	39.69362	- 661.9945	127.5423

描述性统计结果显示，2005～2016 年，我国制造业的产业结构高度化平均水平为 0.2319，最值间差异较大，与最大值相比较，最小值更接近于均值，这说明我国制造业结构发展不均衡，且总体上制造业结构发展水平较低。同时，金融资源在制造业间的配置存在较大差别，说明我国制造业的金融资源配置普遍存在错配现象。同样地，其他变量的最值差异也均较为明显，说明对外开放程度、人力资本禀赋和全要素生产率在制造业各行业均存在明显的行业差异。

2. 实证分析与稳健性检验

经过检验，所有变量数据均为一阶单整，采用固定效应面板模型对全样本进行回归分析（模型 1）。为验证估计结果的稳健性，本书进行了以下两种方式的稳健性检验：一是调整估计方法，考虑到金融资源错配与各地区制造业结构调整之间可能存在双向因果关系，会降低估计结果稳健性，我们使用高端制造业产值与中端制造业产值的比值来作为制造业结构高度化的替代指标。高端制造业产值占比越大，则各地区的制造业结构就越高端，对此应用 GMM 方法进行回归（模型 2）。二是引入一阶滞后项，由于本书选取的数据时间跨度为 12 年，共计 27 个省区市，考虑到金融资源错配可能在滞后一期才会对制造业结构化产生影响，以及制造业产业结构的内生性和产业结构变化自身带来的冲击等影响，故引入被解释变量的一阶滞后项，应用 GMM 方法进行回归（模型 3）。主回归分析和稳健性检验的所有结果如表 7－10 所示。

表 7－10　主回归分析与稳健性检验结果

变量	模型 1	模型 2	模型 3
$HIS_{i(t-1)}$			0.9042971 ***
			(0.0199148)

续表

变量	模型 1	模型 2	模型 3
$\ln(1+\tau)$	-0.0756253 ***	-0.3448054 ***	-0.0104846 ***
	(0.0049237)	(0.0269502)	(0.0022889)
$\ln HCE$	0.0274483 ***	0.0473989 *	0.0034128 *
	(0.0049562)	(0.0271283)	(0.0019635)
$\ln OP$	0.0312609 ***	0.2403589 ***	0.0002547
	(0.0047676)	(0.0260961)	(0.0019232)
$\ln A$	0.0001406	0.0009991 *	-0.0000725 **
	(0.0000974)	(0.0005332)	(0.0000355)
常数项	-0.1253488	-0.4189603	0.0069168
	(0.0827292)	(0.4528251)	(0.0318946)
R^2	0.7803	0.7421	0.9723
观测值	324	324	297

注：括号内的数据为标准误差，* 、** 、*** 分别表示 10%、5%、1% 的显著性水平。

（四）实证结论

根据表 7 - 10 的分析结果，可以得出如下结论：①模型 1 的结果显示，金融资源错配对我国制造业结构高度化存在显著负向影响，金融资源错配程度每提高 1%，高端技术制造业的比重就下降 0.0756 个百分点，说明我国制造业总体面临来自金融资源错配的正向扭曲效应，金融资源错配程度提高会导致高端技术制造业面临更高的资本成本，进而造成行业产出下滑和制造业结构高度化下降；②模型 2 和模型 3 的稳健性检验显著支持了模型 1 的结论，即我国金融资源错配产生了显著的产业结构扭曲效应；③控制变量的分析结果显示，对外开放程度（OP）、人力资本禀赋（HCE）对制造业结构高度化均具有显著正向影响，提升对外开放水平和人力资本禀赋水平将有助于促进我国制造业结构高度化发展。

三 金融资源错配的经济增长抑制效应：
技术创新阻滞效应

本书主要从企业技术创新层面，采用 2003～2019 年我国非金融上市企业的面板数据，应用 Probit 和 Tobit 模型，实证检验了我国金融资源错配所致技术创新阻滞效应，为金融资源错配的经济增长抑制效应提供来自技术创新阻滞渠道的又一现实解释。

（一）指标说明与数据来源

本书的研究样本为 2003～2019 年非金融上市公司的面板数据。为保证数据的准确性，对原始数据做了如下处理：①由于金融行业和保险行业业务的特殊性，其数据和其他公司有很大差异，故而剔除金融保险行业的公司；②剔除 ST、＊ST、PT 等财务异常的上市公司；③剔除数据披露不全的上市公司；④对数据整理后发现异常的公司通过软件截尾处理。本书数据来源于国泰安 CSMAR 经济金融数据库，通过以上筛选后共得到 543 家公司的 9182 个数据。本书使用 Excel 2016 软件以及 Stata 15.1 软件对数据进行处理加工并分析。

解释变量金融错配（ln1t）的度量：本书结合 HK 模型以及简泽对资本错配的度量方法，采用 ln（1＋τ）的公式表示金融错配，其中 τ 为价格扭曲系数，采用企业的资本边际收益产品对市场出清状态下的资本使用成本的偏离来表示。[①] 金融错配程度为（1＋τ），本书取对数表示。$-1 \leqslant \tau \leqslant 1$，其中 τ 越大，企业获得资金的成本越

① Hsieh C. & Klenow P. J. , "Misallocation and manufacturing TFP in China and India", *The Quarterly Journal of Economics*, Vol. 124, No. 4 (2009): 1403 - 1448；简泽、徐扬、吕大国、卢任、李晓萍：《中国跨企业的资本配置扭曲：金融摩擦还是信贷配置的制度偏向》，《中国工业经济》2018 年第 11 期。

低，对应资本配置过多，资本剩余；反之则对应资本配置越不足。当 $\tau = 0$ 时，即 $\ln(1+\tau)$ 为 0 是不存在错配的。故在做实证分析时，我们对 $\ln(1+\tau)$ 采用绝对值及分大于 0 和小于 0 两种情况处理。

被解释变量研发密度（RD）的度量：本书采用研发费用/总销售收入来衡量，研发密度越大，即企业对研发的投入越多，企业创新倾向越强烈。

控制变量的度量：①企业利润率（Profit），本书用净利润/总销售收入来衡量，利润率越高，企业资本相对越多，创新需要大量的资金投入，故企业创新能力也就越强。②企业规模（Size），本书用总销售收入的自然对数来表示。③企业年龄（Age），采用企业从注册到样本截止时间来衡量。④资本密集度（Capital），资本密集型企业可能相对于劳动密集型企业更愿意创新，本书用固定资产净额/企业员工数作为衡量企业资本密集度的指标。⑤企业市场势力（Marketp），本书用销售收入与销售成本的差除以销售收入来衡量。⑥企业市场集中度（HHI），即赫芬达尔－赫希曼指数，一个行业中各市场竞争主体所占行业总营业收入百分比的平方和。市场集中度为 1 时即完全垄断。⑦企业风险因素（Risk）。考虑到企业面临的金融错配可能是其自身风险的反映，必须控制企业的自身风险因素，本书直接采用 CAPM 中风险 β 系数来表示。⑧所有制（State），本书加入所有制虚拟变量，用来控制不同所有制企业创新活动可能存在的差异。其中 1 为国有企业，2 为民营企业，3 为外资企业，4 为其他。

表 7 - 11　主要变量的说明

变量类型	变量名称	变量符号	变量解释
被解释变量	研发密度	RD	研发费用/总销售收入
解释变量	金融错配	lnIt	$\ln(1+\tau)$
控制变量	企业利润率	Profit	净利润/总销售收入
	企业规模	Size	总销售收入的自然对数
	企业年龄	Age	企业生存年龄
	资本密集度	Capital	固定资产净额/企业员工数

变量类型	变量名称	变量符号	变量解释
	企业市场势力	*Marketp*	（销售收入－销售成本）/销售收入
	企业市场集中度	*HHI*	赫芬达尔－赫希曼指数
	企业风险因素	*Risk*	β系数
所有制		*State*	虚拟变量，1为国有企业，2为民营企业，3为外资企业，4为其他

（二）计量模型构建

我们根据影响企业创新的因素来检验金融错配对企业技术创新的影响，建立计量模型如下：

$$RD_{it} = \beta_0 + \beta_1 \ln1t_{it} + \sum \beta_i X_{it} + year + \varepsilon_{it} \qquad (7-15)$$

其中，*RD* 为企业研发密度，用研发费用/总销售收入来核算；金融错配 $\ln1t_{it}$ 用前文的 $\ln(1+\tau)$ 来衡量；X_{it} 为控制变量，*Age* 为年份虚拟变量，ε_{it} 为随机扰动项。

（三）实证分析与结论

1. 描述性统计

主要变量的描述性统计结果如表7-12所示。

表7-12 描述性统计分析结果

变量	均值	标准差	最小值	最大值
RD	0.0034	0.0161	0	0.4305
ln1t	-3.1628	1.8293	-9.2970	0.7623
Profit	0.0792	0.3561	-10.6451	20.9070
Size	22.4456	1.1842	19.5676	28.5513
Age	24.9118	3.4369	18	36
Capital	1087512	5.6473	125.8271	2.45e+08
Marketp	0.9362	0.0838	-1.3330	1
HHI	0.1368	0.1425	0.0201	1
Risk	1.1105	0.2611	0.0847	2.4151
State	1.3280	0.6201	1	4

在对数据进行深入研究之前，本书选取了最小值、最大值、均值和标准差先对各个变量的特性进行分析。由表 7 - 12 可知，被解释变量研发密度的最小值为 0，最大值为 0.4305，企业之间研发密度差异显著，各个企业的研发强度分化严重；被解释变量研发密度的均值为 0.0034，且研发密度为 0 的样本占总样本的 88.18%，可以看出我国企业技术创新水平普遍不高。解释变量金融错配的最小值为 -9.297，最大值为 0.7623，说明各企业间金融错配存在明显差异，且 9182 个样本中大于 0 的错配指数有 289 个，意味着绝大多数企业存在资本配置不足的问题。各控制变量的统计特征也显示出企业之间存在较大的异质性。

2. 相关性分析

本书对主要变量间关系采用了 Pearson 相关性分析法，分析结果如表 7 - 13 所示。

根据分析结果，可以看到解释变量和被解释变量在 1% 的置信区间显著相关，且各个变量之间大部分也在 1% 的置信区间显著相关，可以进行进一步的回归分析。具体来看，解释变量 $\ln1t$ 和被解释变量 RD 之间的相关系数为 -0.065，说明研发密度和金融错配呈负相关关系，金融错配对企业创新有抑制作用，这与理论预测的结论完全吻合。被解释变量研发密度与控制变量企业利润率、企业年龄、资本密集度、企业市场势力、市场集中度之间存在负相关关系，而与企业规模、企业风险因素及所有制性质之间存在正相关关系，在后续的回归模型中，我们将对此进行进一步检验。此外，从 Pearson 相关系数矩阵可以看出主要变量之间不存在多重共线性。

3. 回归分析

根据上文的相关性分析可以知道研发密度和金融错配之间呈

表 7 - 13　Pearson 相关性分析结果

变量	RD	|ln1t|	Profit	Size	Age	Capital	Marketp	HHI	Risk	State
RD	1									
|ln1t|	-0.065***	1								
Profit	-0.106***	0.069***	1							
Size	0.113***	-0.240***	0.102***	1						
Age	-0.043***	0.054***	0.013	-0.066***	1					
Capital	-0.021**	0.351***	0.041***	0.086***	0.037***	1				
Marketp	-0.083***	0.136***	-0.083***	-0.015	-0.014	0.058***	1			
HHI	-0.056***	0.016	-0.002	0.029***	-0.011	-0.001	0.083***	1		
Risk	0.051***	-0.016	-0.053***	-0.079***	-0.009	-0.056***	0.097***	-0.011	1	
State	0.042***	-0.039***	0.014	-0.020*	0.097***	-0.009	-0.114***	-0.024**	-0.001	1

注：*、**、*** 分别表示 10%、5%、1% 的显著性水平。

显著负相关关系，即金融错配程度越高，企业研发密度越小，对企业的创新抑制也就越强。为了进一步证明此结果，以金融错配（ln1t）的绝对值为解释变量、研发密度（RD）为被解释变量、包含 8 个控制变量和年份虚拟变量的模型对其进行回归分析。由于被解释变量研发密度有 88.18% 的样本数值为 0，故同时采用 Probit 和 Tobit 模型进行分析，分析结果如表 7－14 所示。

表 7－14 Probit 和 Tobit 模型分析结果：以 | ln1t | 为解释变量

变量	Probit 模型	Tobit 模型
| ln*I*t |	− 0.1347 *** (0.000)	− 0.0036 *** (0.000)
Profit	− 0.1560 (0.142)	− 0.0167 *** (0.000)
Size	0.4856 *** (0.000)	0.0058 *** (0.000)
Age	− 0.0696 *** (0.000)	− 0.0016 *** (0.000)
Capital	− 1.37e − 09 (0.953)	− 2.97e − 10 (0.512)
Marketp	− 0.0563 (0.881)	− 0.0168 * (0.072)
HHI	− 1.1863 *** (0.001)	− 0.0722 *** (0.000)
Risk	0.8614 *** (0.000)	0.0379 *** (0.000)
State	0.1379 *** (0.205)	0.0112 *** (0.000)
常数项	− 16.0043 (0.915)	− 0.3292 (0.985)
样本数量	2794	9182
	Prob > chi² = 0.0000	

注：*、**、*** 分别表示 10%、5%、1% 的显著性水平。

采用解释变量绝对值形式 | ln1t | 的 Probit 和 Tobit 模型分析结果显示：首先，可以看到 Prob > F = 0.0000，这代表模型在总体上

是显著的，即回归结果具有较好的解释力。其次，观察解释变量金融错配可以看到，无论是采用 Probit 模型还是 Tobit 模型，回归结果都显示金融错配 ln1t 和研发密度 RD 在 1% 水平上呈显著负相关关系，表示我国企业金融错配程度越高，研发密度越小，即对企业的创新投入越小，说明金融错配对我国企业的创新研发投入具有明显的抑制效应。最后，对于其他控制变量，企业规模和企业研发密度呈显著正相关关系，表示企业规模越大，企业研发密度越大，说明大规模企业更有实力及资本去进行研发创新；企业年龄和企业研发密度呈显著负相关关系，说明年轻企业相对于成熟企业研发创新投入力度更大；企业市场集中度 HHI 和企业研发密度呈显著负相关关系，即市场集中度越强，企业研发密度越小，说明市场集中度越强的企业越容易通过垄断势力获得利润，故而对研发创新投入力度更小；从所有制虚拟变量回归结果可以看出，民营企业对研发创新的投入力度明显大于国有企业。

进一步地，我们采用去除绝对值形式的解释变量 ln1t 进行分组且滞后一期的回归分析，分析结果如表 7 - 15 所示。首先，回归整体结果 $Prob > chi^2 = 0.0000$，说明模型在总体上是显著的。其次，滞后一期且 ln1t < 0 的回归结果显示，金融错配 ln1t 和研发密度 RD 在 1% 水平上呈显著正相关关系，说明随着金融错配 ln1t 向 0 值收敛（金融错配程度下降），企业研发密度增加，表明降低金融错配程度对企业研发密度存在显著的促进效应；同理，当期 ln1t < 0 时，金融错配 ln1t 和研发密度 RD 也在 1% 水平上呈显著正相关关系，同样说明随着金融错配 ln1t 向 0 值收敛（金融错配程度减小），企业研发密度增加，即降低金融错配程度对企业研发密度存在显著的促进效应。最后，无论是滞后一期的 ln1$t \geq 0$ 还是当期的 ln1$t \geq 0$，结果均显示，金融错配对企业研发密度影响不显著。上述分析表明，不同类型的金融错配（ln1t < 0 或 ln1$t \geq 0$）对企业技术创新具有差异性影响，资本配置不足类型

（ln1t <0）对企业技术创新的具有显著的抑制效应，而资本配置过度类型（ln1t≥0）则对企业技术创新不存在显著影响，因此金融错配对企业技术创新的阻滞效应更显著地来源于资本配置不足渠道。

表 7－15　Tobit 模型分析结果：以 ln1t 为解释变量

变量	当期 ln1t≥0	滞后一期 ln1t≥0	当期 ln1t<0	滞后一期 ln1t<0
ln1t	－0.0116	0.0123	0.0032***	0.0038***
	(0.746)	(0.742)	(0.000)	(0.000)
$Profit$	0.3065*	－0.2152	－0.0170***	－0.0072**
	(0.079)	(0.200)	(0.000)	(0.038)
$Size$	－0.0071	0.0013	0.0058***	0.0056***
	(0.299)	(0.854)	(0.000)	(0.000)
Age	－0.0035	－0.0026	－0.0013***	－0.0014***
	(0.103)	(0.229)	(0.000)	(0.000)
$Capital$	8.85e－08*	2.80e－08	－4.46e－10	－4.06e－10
	(0.079)	(0.691)	(0.298)	(0.323)
$Marketp$	0.0345	－0.0213	－0.0211**	－0.0305***
	(0,647)	(0.824)	(0.018)	(0.001)
HHI	－0.2319**	－0.1394	－0.0656***	－0.0661***
	(0.060)	(0.449)	(0.000)	(0.000)
$Risk$	0.0838***	0.0247	0.0310***	0.0253***
	(0.002)	(0.334)	(0.000)	(0.000)
$State$	0.1351***	0.1487***	0.0079**	0.0113***
	(0.000)	(0.000)	(0.001)	(0.000)
样本数量	289	288	8893	8893
	$Prob > chi^2$	=	0.0000	

注：*、**、***分别表示10%、5%、1%的显著性水平。

（四）稳健性检验

为了检验回归分析的稳健性，本书将被解释变量企业研发支出进行替换，以检验通过其他替代指标所得出的结论是否与上述结论相一致，即是否存在金融资源错配对企业技术创新的显著阻

滞效应。相比于研发投入占比，研发投入本身和企业规模的关系
更为紧密，由于模型中控制了企业规模变量，本书将研发投入作
为被解释变量企业研发支出的替代变量，采用 Tobit 模型进行稳
健性检验，即在表 7 - 16 第（1）列中采用 ln1t 的绝对值作为核
心解释变量，第（2）列中选用了所有 ln1t≤0 的样本组，第（3）
列又在第（2）列的基础上采用对数模型进行分析。

表 7 - 16   稳健性检验 I

研发投入	（1） ln1t 取绝对值	（2） ln1t≤0	（3） ln1t≤0，对数模型
ln1t	- 10943. 915 ***	7275. 762 ***	
	(2682. 284)	(1869. 978)	
Profit	- 22230. 499 ***	- 13437. 395 ***	
	(7491. 281)	(5060. 344)	
Size	59037. 669 ***	36067. 529 ***	
	(3515. 863)	(2481. 224)	
Age	- 2989. 684 ***	- 2203. 48 ***	
	(1001. 485)	(686. 521)	
Capital	- . 002	0	
	(. 001)	(. 001)	
Marketp	29933. 203	20859. 627	
	(32805. 585)	(22945. 971)	
HHI	- 54751. 663 *	- 58340. 344 ***	
	(28035. 264)	(19390. 599)	
Risk	38096. 02 ***	28044. 141 ***	
	(13964. 037)	(9740. 505)	
Lln1t			8662. 361 ***
			(1820. 651)
LProfit			- 20045. 565 **
			(7796. 754)
LSize			39475. 507 ***
			(2631. 795)
LAge			- 2324. 475 ***
			(679. 736)

续表

研发投入	（1） ln1t 取绝对值	（2） ln1t≤0	（3） ln1t≤0,对数模型
LCapital			−.001
			（.001）
LMarketp			19428.577
			（22432.928）
LHHI			−51134.724**
			（21596.433）
LRisk			21825.38***
			（7663.132）
_cons	−2144527.2	−1286329.2	−1485621.3
	（73776803）	（27459612）	（1.602e+08）
/var(e. RDE1W）	1.385e+10***	6.301e+09***	6.171e+09***
	（5.924e+08）	（2.757e+08）	（2.698e+08）
Observations	9182	8893	8892
Pseudo R²	.134	.138	.139
time and ownership dummy	yes	yes	yes

注：*、**、***分别表示10%、5%、1%的显著性水平。

上述稳健性检验的结果表明,核心解释变量在三个回归模型中均在1%的显著性水平上对被解释变量企业研发投入产生了显著影响。取绝对值后的金融错配|ln1t|对企业研发投入存在显著的负向影响,表明随着金融错配绝对值的增加,金融配置偏离最优配置的程度也在加剧,会产生对企业研发投入的显著负向效应；ln1t≤0和对ln1t≤0采用对数模型分析的两个结果也表明,资本配置不足类型的金融错配与企业研发投入存在显著的正向关系,表明随着金融配置向最优配置的收敛（金融错配ln1t向0值收敛）,企业研发投入也在增加,表明金融错配程度的下降会激励企业研发投入,相反,金融错配程度的加剧则会产生对企业研发投入的抑制效应,稳健性检验结果有效地支持了前文主要结论。

由于创新投入显示企业在创新上的支出水平,科研人员显示企业的创新能力来源,专利数则反映企业的创新成果。因此本书进一步采用表征企业技术创新水平的相关指标,对回归分析中的被解释变量进行再次替换,来进一步地检验结论的稳健性。回归结果如表 7 - 17 所示,其中第(1)(3)(5)三列的核心解释变量为金融错配系数的绝对值;第(2)(4)(6)列则选择了金融错配系数小于 0 的分组。与前述所有回归分析结果相同,核心解释变量均在 1% 水平上显著,说明本书研究的基本结论具有较强的稳健性。

(五)实证结论

本部分采用 2003 ~ 2019 年非金融上市公司面板数据,应用 Probit 和 Tobit 模型,实证检验了金融资源错配对企业技术创新的阻滞效应。首先,通过描述性统计发现,我国普遍存在企业层面的金融资源错配现象,主要表现为大多数企业面临资本配置不足的发展困境。其次,通过 Pearson 相关性分析可以看出金融资源错配与企业技术创新之间存在负相关关系。最后,通过主回归分析和稳健性检验,结果显示金融资源错配对企业技术创新具有显著的阻滞效应。特别是,将金融资源错配进行分类型的分组回归结果显示,不同的金融资源错配类型(资本配置不足型和资本配置过度型)对企业技术创新的阻滞效应具有显著差异,资本配置不足型错配相较于资本配置过度型错配,对企业技术创新具有更强且显著的阻滞效应。

四 金融资源错配的经济增长抑制效应: 经济风险累积效应

本书从经济风险这一新视角出发,采用 2003 ~ 2019 年我国非金融上市企业的面板数据,建立企业面板回归模型,实证检验了我

表 7 - 17　稳健性检验 Ⅱ

	(1) 研发人员数	(2) 研发人员数	(3) 研发人员占比	(4) 研发人员占比	(5) 专利数	(6) 专利数
ln1t	-377.153***	300.682***	-13.989***	15.707***	-38.119***	27.341***
	(35.569)	(21.441)	(3.12)	(3.305)	(4.089)	(2.721)
Profit	-339.333***	-208.03***	-9.322	-9.874	-79.138***	-49.569***
	(121.541)	(71.844)	(12.754)	(13.034)	(22.892)	(14.96)
Size	908.101***	516.916***	25.784***	27.74***	59.038***	34.219***
	(51.917)	(31.826)	(4.991)	(5.334)	(6.066)	(4.138)
Age	-71.666***	-52.493***	-2.604*	-2.791**	-14.02***	-10.741***
	(13.726)	(8.258)	(1.348)	(1.403)	(1.696)	(1.128)
Capital	0	0			0	0
	(0)	(0)			(0)	(0)
Marketp	494.825	552.132*	14.857	2.188	10.58	.054
	(508.232)	(313.832)	(48.748)	(51.371)	(66.182)	(43.962)
HHI	-2179.073***	-829.988***	-134.42***	-126.688***	-124.74***	-159.243***
	(402.272)	(238.452)	(39.652)	(41.307)	(46.411)	(32.621)

续表

	(1) 研发人员数	(2) 研发人员数	(3) 研发人员占比	(4) 研发人员占比	(5) 专利数	(6) 专利数
Risk	989.621***	568.607***	84.047***	85.337***	-11.185	30.057*
	(181.992)	(110.236)	(17.756)	(18.676)	(23.672)	(15.816)
_cons	-34880.595	-19744.053	-1983.348	-2010.951	-2847.979	-1730.597
	(816919.88)	(391120.27)	(75094.272)	(59378.766)	(56857.453)	(38953.269)
/var(e. RDPerson)	6325854.7***	2189877.6***				
	(190744.18)	(67475.423)				
/var(e. RDPersonRat)			55722.604***	57859.757***		
			(1684.475)	(1782.946)		
/var(e. Patents)					115114.22***	48759.258***
					(4043.639)	(1761.521)
Observations	9182	8893	9182	8893	9182	8893
Pseudo R^2	.108	.124	.114	.114	.046	.05
time and ownership dummy	yes	yes	yes	yes	yes	yes

注：*、**、***分别表示10%、5%、1%的显著性水平。

国金融资源错配所致的经济风险累积效应，为金融资源错配的经济增长抑制效应提供来自经济风险累积渠道的现实新解释。

（一）指标说明与数据来源

本书的研究样本为 2003 ~ 2019 年非金融上市公司的面板数据。为保证数据的准确性，对原始数据做了如下处理：①由于金融行业和保险行业业务的特殊性，其数据和其他公司有很大差异，故而剔除金融保险行业的公司；②剔除 ST、* ST、PT 等财务异常的上市公司；③剔除数据披露不全的上市公司；④对数据异常的公司进行了截尾处理。本书数据来源于国泰安 CSMAR 经济金融数据库，通过以上筛选后共得到 45 家公司的 410 个数据。

解释变量金融错配的度量：本书结合 HK 模型以及简泽对资本错配的度量方法，采用 $\ln(1+\tau)$ 的公式表示金融错配，其中 τ 为价格扭曲系数，用一个企业的资本边际收益产品对市场出清时的资本使用成本的偏离来表示。[1] 金融错配程度为 $1+\tau$，本书取对数表示。$-1 \leqslant \tau \leqslant 1$，其中 τ 越大，企业获得资金的成本越低，对应资本配置越多，资本剩余，反之对应资本配置不足。当 $\tau = 0$ 时，即 $\ln(1+\tau)$ 为 0，不存在错配。特别是，实证分析中我们对 $\ln(1+\tau)$ 采用了绝对值形式和非绝对值形式（按大于 0 和小于 0 两种情况）进行分析。

被解释变量系统性风险（$Sigma$）的度量：本书用企业面临的股票市场风险来度量企业系统性风险。对此，本书用股票价格的波动性即股票价格标准差 Sigma 来衡量企业的系统性风险。计算公式如下：

---

[1] Hsieh C. & Klenow P. J. , " Misallocation and manufacturing TFP in China and India", *The Quarterly Journal of Economics*, Vol. 124, No. 4(2009) :1403 – 1448;简泽、徐扬、吕大国、卢任、李晓萍：《中国跨企业的资本配置扭曲：金融摩擦还是信贷配置的制度偏向》，《中国工业经济》2018 年第 11 期。

$$Sigma_{it} = \frac{\sqrt{\sum R_{ik}^2 - \frac{1}{n}(\sum R_{ik})^2}}{n-1} \qquad (7-16)$$

其中，n 为股票 i 第 t 年内交易的总天数，R_{ik} 是股票 i 在 t 年 k 日的分行日收益。

控制变量选择与度量。①财务杠杆（DFL），本书用利润总额和财务费用之和除以利润总额来表示。财务杠杆越大，企业系统性风险就会越大。②经营杠杆（DOL），本书用主营业务利润除以利润总额和财务费用之和来表示。同样，经营杠杆增大会加大企业系统性风险。③企业规模（$Size$），本书用总销售收入的自然对数来表示。一般来说，企业规模越大，信誉良好，越容易获得资金，对风险的抵抗能力就越强。④换手率（$Turnover$），本书用当年 A 股交易量/流通 A 股总数来衡量。换手率也是影响企业风险的一个重要因素。一般来说换手率越高的股票意味着该股票流通性越强，是短期资金追逐的目标，股票价格波动大，故而风险也越大。⑤所有制（$State$），本书加入企业所有制虚拟变量，借此来控制不同所有制类型企业系统性风险的差异。其中 1 为国有企业，2 为民营企业，3 为外资企业，4 为其他。

表 7-18   核心指标的说明

变量类型	变量名称	变量符号	变量解释
被解释变量	企业系统性风险	$Sigma$	$Sigma_{it} = \dfrac{\sqrt{\sum R_{ik}^2 - \frac{1}{n}(\sum R_{ik})^2}}{n-1}$
解释变量	金融错配	$\ln 1t$	$\ln(1+\tau)$
控制变量	财务杠杆	DFL	（利润总额 + 财务费用）/利润总额
	经营杠杆	DOL	主营业务利润/（利润总额 + 财务费用）
	企业规模	$Size$	总销售收入的自然对数
	换手率	$Turnover$	当年 A 股交易量/流通 A 股总数
	所有制	$State$	虚拟变量，1 为国有企业，2 为民营企业，3 为外资企业，4 为其他

（二）计量模型

以企业系统性风险为被解释变量、金融资源错配为解释变量、其他变量为控制变量，建立金融资源错配对企业系统性风险影响研究的面板模型，如下所示：

$$Sigma_{it} = \beta_0 + \beta_1 \ln 1 t_{it} + \sum \beta_i X_{it} + year + \varepsilon_{it} \qquad (7-17)$$

其中，$Sigma$ 为企业系统性风险，用股票价格标准差来测算；金融错配 $\ln 1 t_{it}$ 用前文的 $\ln(1+\tau)$ 来衡量；X_{it} 为控制变量，$year$ 为年份虚拟变量，ε_{it} 为随机扰动项。

（三）实证分析与结果

1. 描述性统计

在对数据进行深入研究之前，本书选取了最小值、最大值、均值和标准差对各个变量的统计特性进行初步分析。

由表 7-19 可知，被解释变量企业系统性风险 $Sigma$ 的最小值为 0.3019，最大值为 21.401，企业之间系统性风险差异显著。解释变量金融错配的最小值为 -9.297，最大值为 0.7623，说明企业间金融错配存在明显差异，且 410 个样本中金融错配小于 0

表 7-19 描述性统计分析结果

变量	均值	标准差	最小值	最大值
$Sigma$	2.5451	2.4819	0.3019	21.4010
$\ln 1 t$	-3.0404	2.0285	-9.2970	0.7623
DFL	1.4748	2.9220	-18.4272	37.0322
DOL	0.3785	7.0351	-140.1105	6.8144
$Size$	22.7302	1.0627	20.0859	25.7494
$Turnover$	0.7881	0.2535	0.1583	1
$State$	1.2951	0.5535	1	4

的样本有 380 个，意味着绝大多数企业主要面临资本配置不足的金融错配问题。对于各控制变量，财务杠杆变量最小值为 -18.4272，最大值为 37.0322，平均值 1.4748，表明企业间财务杠杆存在一定差异。而经营杠杆最小值 -140.1105、最大值 6.8144，说明经营杠杆比财务杠杆分布更离散，企业间差距更大。此外，企业间规模和换手率也存在明显的差异。

2. 相关性分析

我们对主要变量之间的关系进行了 Pearson 相关性检验，结果如表 7-20 所示。

表 7-20　Pearson 相关性检验结果

变量	$Sigma$	$|\ln1t|$	DFL	DOL	$Size$	$Turnover$
$Sigma$	1					
$|\ln1t|$	0.159***	1				
DFL	-0.027	0.002	1			
DOL	-0.034	0.089*	0.011	1		
$Size$	0.346***	-0.189***	-0.047	-0.047	1	
$Turnover$	-0.046	-0.016	0.065	-0.047	0.031	1

注：*、**、***分别表示10%、5%、1%的显著性水平。

Pearson 相关性检验结果显示：解释变量和被解释变量之间的相关性在1%的置信区间显著，二者相关性为正，初步显示出金融资源错配对企业系统性风险可能存在正向影响，即金融错配程度越高，企业系统性风险就越大，这一结果与理论预期相符。其他控制变量方面，被解释变量企业系统性风险与控制变量财务杠杆、经营杠杆以及换手率之间存在不显著的负相关关系，而与企业规模存在着显著的正相关关系。在后续实证分析中，我们将对上述初步关系进行验证。此外，Pearson 相关系数矩阵显示出变量之间不存在多重共线性问题。

3. 回归分析与结果

为了进一步更加准确地研究金融资源错配与企业系统性风险之间的关系，我们以金融资源错配（ln1t）的绝对值形式为解释变量，以企业系统性风险（Sigma）为被解释变量，并包括上述4个控制变量以及年份、企业所有制两个虚拟变量，进行面板回归分析，分析结果如表7-21所示。

表7-21　采用│ln1t│形式的回归分析结果

变量	Sigma	变量	Sigma
│ln1t│	0.1507 * (0.088)	Turnover	1.5233 *** (0.009)
DFL	0.0168 (0.518)	常数项	-10.4962 *** (0.000)
DOL	0.0193 * (0.091)	R^2	0.6101
Size	2.5065 *** (0.000)	F	11.53
		样本数量	410
		Prob > F = 0.0000	

注：*、**、*** 分别表示10%、5%、1%的显著性水平。

分析结果显示：首先，可以看到 Prob > F = 0.0000，这代表模型在总体上是显著的，即回归结果具有较好的解释力；其次，金融资源错配绝对值│ln1t│与企业系统性风险 Sigma 在10%水平上呈显著正相关关系，表示金融资源错配程度越高，企业面临的系统性风险越大，说明金融资源错配对我国企业系统性风险产生了累积效应；其他控制变量方面，财务杠杆和经营杠杆与企业系统性风险均为正相关关系，其中经营杠杆在10%的水平上显著，进一步证明了财务杠杆和经营杠杆的增加会加大不确定性，导致企业面临更大的系统性风险；企业规模和换手率与企业系统性风险均在1%的水平上呈显著正相关关系，前者表示企业规模越大，企业面临的系统性风险越大，这可能是由于大规模企业能够较容易获得融资支持，进而导致企业面临资本配置过剩的情况并产生过度投资行为，进而加大了企业的系统性风险；而后者表示换手率越高则企业系统性风险越大，这是由于换手率的提高暗示了股票投机程度的提升，进而导致了较大的系统性风险。

（四）稳健性检验

在回归分析部分，本书为了纳入全部样本，采取将核心解释变量金融资源错配系数取绝对值处理的分析方法。但是金融资源错配系数 ln1t 的正负性事实上反映了错配的不同类型。为了验证不同类型金融资源错配对企业系统性风险的影响是否存在差异，以及是否能够有效支撑前文结论，在稳健性检验部分，我们将核心解释变量金融资源错配系数 ln1t 分为大于 0 和小于 0 两种情况分别进行回归分析，分析结果如表 7 - 22 所示。分析结果显示：金融资源错配系数大于 0（金融资源配置过度）和小于 0（金融资源配置不足）的分组检验结果均表明，两种类型的金融资源错配分别在 10% 和 1% 的显著性水平上导致了企业系统性风险的增加，并且，金融资源配置过度的错配类型相对于金融资源配置不足的错配类型而言，对企业系统性风险累积产生了更强的效应。因此，金融资源错配确实产生了企业系统性风险进而导致经济风险的累积效应。

表 7 - 22　稳健性检验分析结果

	(1) Sigma	(2) Sigma
ln1t	8.987 *	- 0.189 **
	(3.501)	(0.091)
DFL	- 0.106	0.034
	(0.063)	(0.03)
DOL	- 0.096	0.02 *
	(0.112)	(0.011)

	（1） Sigma	（2） Sigma
Size	5. 702 **	2. 523 ***
	(1. 458)	(0. 244)
Turnover	- 4. 182	1. 43 **
	(2. 886)	(0. 625)
常数项	- 128. 205 **	- 54. 978 ***
	(32. 907)	(5. 392)
样本	30	380
R²	0.958	0.617
time&state dummy	yes	yes

注：小括号内取值表示标准差且，*、**、***分别表示10%、5%、1%的显著性水平。

（五）实证结论

本章采用 2003～2019 年我国非金融上市企业的面板数据，通过构建面板回归模型，实证检验了金融资源错配对企业系统性风险的影响。首先，通过描述性统计发现，我国企业普遍存在金融资源错配现象，且大多数企业面临金融资源配置不足的状况。其次，通过相关性分析发现，金融资源错配和企业系统性风险之间存在符合理论预期的初步正相关关系。再次，无论是总样本还是按金融资源错配类型分组后的分样本回归结果均显示，金融资源错配对企业系统性风险存在显著的累积效应，并且，金融资源配置过度类型相对于金融资源配置不足类型而言，对企业系统性风险累积产生了更强的效应。研究结论显示，金融资源错配确实对企业系统性风险进而经济风险具有显著的累积效应。

五　研究结论

本章基于金融资源错配与经济增长抑制的理论分析框架与假

说，从经济效率、产业结构、技术创新、经济风险四个维度，利用我国产业层面和企业层面数据，分别建立面板计量分析模型，对我国金融资源错配的经济增长抑制效应的四种类型——经济效率减损效应、产业结构扭曲效应、技术创新阻滞效应、经济风险累积效应，进行了系统深入的实证研究。

首先，对我国金融资源错配的经济效率减损效应进行了实证分析。结论显示：金融资源错配对企业全要素生产率具有显著的负向影响，即金融资源错配造成了企业生产率减损，这是导致经济效率损失的重要因素。针对不同所有制企业的分析结果显示，不同所有制企业的金融资源错配对企业生产率的影响存在显著差异，民营企业相对于国有企业，表现出更为明显的金融资源错配的经济效率减损效应。

其次，对我国金融资源错配的产业结构扭曲效应进行了实证分析。结论显示：金融资源错配对我国制造业结构高度化存在显著的负向影响，金融资源错配程度提高会导致高端技术制造业面临更高的资本成本，进而导致制造业结构高度化下降，表明金融资源错配对我国制造业结构产生了正向扭曲效应。

再次，对我国金融资源错配的技术创新阻滞效应进行了实证分析。结论显示：金融资源错配对我国企业技术创新产生了显著的阻滞效应，将金融资源错配按照资本配置不足型和资本配置过度型的分组回归结果指出，不同类型的金融资源错配对企业技术创新的阻滞效应具有显著差异性，资本配置不足型相较于资本配置过度型而言，对企业技术创新具有更强的阻滞效应。

最后，对我国金融资源错配的经济风险累积效应进行了实证分析。结论显示：金融资源错配对我国企业系统性风险进而经济风险存在显著的累积效应，不同类型的金融资源错配对经济风险的累积效应具有显著差异性，资源配置过度型相对于资源配置不足型而言，对经济风险累积产生了更强的效应。

第八章 基于最优金融条件的我国金融资源错配纠正机制构建

　　无论从规模维度还是结构维度分析，与最优金融条件的偏离均成为导致我国金融资源错配的重要原因。一方面，实际金融规模与最优金融规模的正向偏离所形成的金融资源总量过剩并未通过降低企业融资成本的渠道改善金融资源错配，而是通过诸如信贷政策偏向等机制过度流向某些行业或企业，并加剧了金融资源错配程度；另一方面，实际金融结构与最优金融结构的负向偏离所形成的银行主导与市场主导的发展不平衡（过度的银行主导与过少的市场主导）进而金融资源配置功能的结构性失衡，使得诸如信贷政策偏向等源于银行主导型结构的资源误置症结仍难以消除，这种结构性扭曲是加剧我国金融资源错配程度的重要原因。特别是，从根本上看，金融条件扭曲的形成与制度变迁的"路径依赖"特性密不可分，这种内生性的"路径依赖"属性是金融条件扭曲进而金融资源错配的根本来源。因此，构建我国金融资源错配的纠正机制应从以上层次入手，基于新发展阶段最优金融条件的动态性质与演进方向建立包含"模式－制度－政策"三位一体的金融资源错配纠正机制体系，从更深层次、更广范围、更大力度促进新时期我国金融资源配置效率的提升。

一 新发展阶段的最优金融条件：内涵界定

从金融发展的理论演进和普遍事实来看，一个国家（或地区）的最优金融条件客观地由该国（或该地区）的特定经济发展条件（特定经济发展阶段）所决定，即最优金融条件内生于特定的经济发展进程。根据发展阶段与最优金融条件的内生演化逻辑，发展阶段的演进内生地决定了最优金融条件的动态演进特征，这种关系决定了一个国家（或地区）的金融发展应与由其发展阶段所决定的最优金融条件变化实现动态一致性，这是实现金融资源配置优化的先决条件。当前，中国经济发展已经进入高质量发展阶段，这一新的发展阶段对最优金融条件的演化提出了新的内生要求，对高质量发展新阶段最优金融条件的新内涵进行分析与研究，是构建金融资源错配纠正机制的重要逻辑起点。

（一）高质量发展新阶段的内涵特征

当前，我国经济已由高速增长阶段转向高质量发展阶段，这种转换意味着我国经济发展正在由以"规模扩张"和"要素驱动"为主要特征的高速增长模式转变为以"高效"、"公平"和"可持续"为主要特征的高质量发展模式。[①] 概括地讲，高质量发展阶段主要包括以下重要特征。

一是高质量发展是一种高效率增长，即由过去主要依赖于资源要素的大规模投入来驱动的增长模式向主要依赖于资源要素配置优化和全要素生产率提升来驱动的增长模式转变。

---

① 张军扩、侯永志、刘培林、何建武、卓贤：《高质量发展的目标要求和战略路径》，《管理世界》2019 年第 7 期。

二是高质量发展是一种有效供给性增长，即由过去存在市场关系失衡、产能严重过剩、库存积压较大的低效率供给性增长状态向以供给侧结构性改革为主要动力的供求平衡型高效率供给性增长状态转变。

三是高质量发展是一种结构优化增长，即由过去主要依靠中低端产业规模扩张、大量投资驱动、"引进来"单向开放等发展方式向主要依靠中高端产业快速成长、创新与消费多重动力驱动、"引进来""走出去"双向互动开放等发展方式的结构性转变。

四是高质量发展是一种包容性和普惠式增长，即由过去的不平衡不充分发展向更加注重推动人与经济社会的全面发展转变。

（二）与时俱进的最优金融条件新内涵

在发展阶段发生上述转换的新特征与新条件下，与其相适应的最优金融条件也在内生地发生演化。因此，高质量发展新阶段我国最优金融条件新内涵主要包括以下六大方面。

1. 最优金融条件的深度内涵

金融深度被一致认为是反映经济金融化程度的重要方面，是金融深化或金融自由化过程的一个集中体现，也是构成最优金融条件的重要维度。在高质量发展阶段，随着经济发展水平的进一步提升，与其相匹配的金融深化或金融自由化的程度也会相应提升，因此适宜的金融深度就构成了高质量发展阶段最优金融条件的首要方面。值得特别注意的是，适宜的金融深度必须以实现金融服务实体经济的本质要求为前提，即以服务实体经济的发展需求为目的的适宜的金融深度才能构成最优金融条件。一种典型的情况是，一国（或地区）虽然达到了一个与经济发展水平相匹配的金融深度水平，但金融深度却主要依赖于"脱实向虚"成分来实现，与实体经济发展需求相联系的金融深度反而是不足的，在这种情况下，金融深度并未达到实现最优金融条件的内在前提。因此，紧扣服务实体经济的本质要求是最优金融条件的深度内涵的重要前提。

2. 最优金融条件的结构内涵

金融结构既包括"银行－市场"的二分结构以及银行体系内部的规模结构（"大银行－小银行"结构）、所有制结构（"国有－民营"结构）等重要方面，也包括服务于不同投融资主体需求的各类金融市场（金融工具）的构成比例或相对比重情况。在高质量发展阶段，随着经济结构的逐渐优化，与其匹配的各层次金融结构也应不断地优化升级。具体表现在：①高质量发展阶段市场化进程的加快内生地决定了最优金融结构必然由过去银行主导型结构逐渐向市场主导型结构潜在转换；②产业结构由传统产业主导向新兴产业主导的客观转换必然内生地决定金融体系投融资结构的产业转型；③中小企业和民营企业愈发占主导地位的经济主体结构必然内生地决定，金融结构特别是银行业结构由大银行主导型向中小银行及微型金融机构主导型的结构转变。

3. 最优金融条件的效率内涵

金融效率主要体现在金融体系的储蓄动员效率、储蓄向投资转化效率、资本配置效率等方面，是金融体系综合运行效率的集中体现。在高质量发展阶段，经济发展已由过去依赖于大量要素积累与大规模投资的低效率模式逐渐向依赖于要素配置效率优化与全要素生产率提升的高效率模式转变，由此也内生地决定了金融体系综合运行效率特别是资本配置效率的相应提升。在这一过程中，金融体系综合运行效率的提升主要受到金融体系储蓄动员能力、储蓄向投资转化能力、资本优化配置能力等因素影响，因此最优金融条件的效率内涵决定了应该通过有效提升金融体系运行的上述能力来支持和促进高质量发展阶段的效率提升。

4. 最优金融条件的功能内涵

根据莫顿和博迪的金融功能划分，金融功能主要包括清算和支付结算、聚集和分配资源、跨时空转移资源、管理风险、提供信息、解决激励问题等方面。上述功能虽然在主要的经济发展阶段通常会综合性地发生作用，但每个发展阶段的主导功能则是存在差异的。比如：在经济发展效率提升的阶段，金融体系聚集和分配资源的功能应该趋于功能体系的主导地位；在经济结构转型与技术创新驱动发展的阶段，金融体系如何管理经济转型的风险和规避技术创新的风险就应该处于功能体系的核心地位；在市场化发挥作用受限的阶段或领域，提供信息和解决激励问题的功能就应该处于功能体系的领先位置。由此可见，在高质量发展阶段，由于经济发展逐渐向效率型、质量型、动力型模式转变，因而内生地决定了与其相匹配的聚集和分配资源的功能、管理风险的功能应该处于功能体系的核心，并实现与高质量发展阶段特征动态一致的金融功能体系演进。

5. 最优金融条件的普惠内涵

金融普惠性是指立足机会平等要求和商业可持续原则，以可负担的成本为有金融服务需求的社会各阶层和群体提供适当、有效的金融服务的一种金融发展状态。由于不同层次金融排斥现象的存在，金融普惠性能够有效解决在某些领域如中小微企业融资、低收入与贫困群体融资等方面的金融抑制问题，是建立完全金融市场和实现金融公平的重要保障。在高质量发展阶段，我国社会主要矛盾已经转化为人民日益增长的美好生活需要和不平衡不充分的发展之间的矛盾，实现发展的包容性与公平性是高质量发展的重要内涵。在这一新的发展阶段，金融发展的包容性与公平性也就成了支撑高质量发展内涵的关键，因此金融普惠性是符合高质量发展阶段特征和适应高质量发展阶段演进的一种最优金融条件。

6. 最优金融条件的改革内涵

金融改革是贯穿金融发展过程的一项重要金融安排，金融改革需要与特定发展阶段的改革目标与路径相适应，这是实现最优金融条件的重要方面。在高质量发展阶段，新发展理念和新发展格局正在成为引领经济社会高质量发展的主要目标与重要引擎，以供给侧结构性改革为核心的全面深化改革也正在成为统领高质量发展阶段经济改革的主线。在这一新的阶段，金融改革的目标应该与新发展理念和新发展格局实现一致性，金融改革的手段也应该与经济层面的供给侧结构性改革实现配套性。由此出发，高质量发展阶段最优金融条件的改革内涵是，通过推进匹配性的供给侧结构性金融改革，建立一个与新发展理念和新发展格局相适应的金融发展目标，以此形成与高质量发展阶段相适应的金融体系改革模式与改革路径。

二 最优金融条件导向下我国金融发展模式建设

（一）建设思路

最优金融条件从内生性与动态性的双重性质界定了金融发展过程与经济发展过程实现良性互动、耦合互促的金融发展最佳模式，是一国（或地区）金融体系基本功能特别是资源配置功能高效充分运行的一种最优状态。然而，现实金融发展往往会以不同形式产生对最优金融条件的偏离（金融条件扭曲），这种扭曲是造成一国（或地区）金融体系各类功能缺失或障碍的系统性原因。因此，在我国新发展阶段，金融发展模式建设的基本思路在于，要始终将金融服务实体经济的本质要求作为遵循最优金融条件内在客观规律的重要前提，坚持围绕新发展阶段实体经济的需求特征来建立、调整和优化各项金融安排，加快推进金融发展与新时期实体经济发展实现内生适应、动态匹配与互促共进，以此建立形成一个适宜且有效的金融发展最佳模式。

（二）基本架构

具体来看，从新发展阶段最优金融条件的新内涵出发，一个适应当前经济发展特征和实体经济需求的有效金融发展模式，应以更好服务实体经济为根本遵循，建立一个"规模适度、结构合理、功能优化、效率增进、兼顾公平、稳健运行"的新型金融发展模式，为推进我国经济高质量发展提供坚强有力、健康持续的良好金融体系支持。

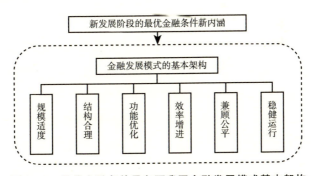

图 8-1 最优金融条件导向下我国金融发展模式基本架构

1. 规模适度

"规模适度"即保持与实体经济发展需求相匹配的适度金融发展规模。发展金融学的最新理论表明，适度的金融发展规模是实现最优经济增长的重要前提。这是由于：一方面，大量发展中国家的经验事实表明，金融抑制政策下经济金融化发展滞后导致金融发展规模不足，难以为经济发展进程中大规模的资本积累需求提供有效的金融支持，会形成对经济增长的抑制效应；另一方面，金融危机的历史经验以及部分发达国家的典型事实表明，过度金融自由化导致的金融发展规模膨胀，容易出现"金融独立性""金融内在不稳定性""金融部门对实体部门的'挤出效应'"等不良反应，也会形成对经济增长的反向效应。因此，一个"规模适度"的金融发展模式对于经济增长的效应是最优的。从金融服务实体经济的本质要求来看，建立一个"规模适度"的金融发展模式，需要紧紧盯住经济发展阶段演进过程中实体经济对金融资源、工具及服务的总体需求及其变化，寻求一种在过度金融抑制与过度金融自由化之间的适宜政策，通过动态的政策调整与优化来构建稳健深化、供需平衡、动态有效的适度金融发展规模，为金融发展模式建立一个有效的规模维度。

2. 结构合理

"结构合理"即形成一个与实体经济发展需求结构相匹配的合理金融发展结构。新结构主义的观点认为，一个合理的金融发展结构（最优金融结构）同样是实现最优经济增长的重要前提。原因在于，处于一定发展阶段的经济体的要素禀赋结构决定了该经济体的最优产业结构、具有自生能力的企业的规模特征和风险特性，从而形成对金融服务的特定需求，而各种金融制度安排在动员储蓄、配置资金和分散风险方面各有优势和劣势，因此各个经济发展阶段的最优金融结构需要与相应阶段实体经济对金融服务的需求相适应。① 这里的金融结构不仅包括传统意义上的银行

---

① 林毅夫、孙希芳、姜烨：《经济发展中的最优金融结构理论初探》，《经济研究》2009 年第 8 期。

主导型结构和市场主导型结构及二者内部的细分结构（如大银行主导型结构和中小银行主导型结构等），还包括由此所决定的面向实体经济发展需求的各类金融资源、工具、服务的供给结构等。从目前中国金融结构发展的现实情况来看，银行主导型结构特别是大银行主导型结构是金融发展结构偏离最优金融结构的集中体现，并导致金融资源、工具、服务的供给结构与实体经济的需求结构发生系统性偏离，是导致金融错配的最重要成因。因此，从金融服务实体经济的本质要求来看，建立一个"结构合理"的金融发展模式，需要紧扣经济发展阶段演进过程中实体经济对金融资源、工具及服务的需求结构及其变化，深入推进金融体系的结构性变革（如加快发展中国的金融市场和中小金融机构等），通过结构层面的动态调整与优化来构建一个合理的金融发展结构，为金融发展模式建立一个有效的结构维度。

3. 功能优化

"功能优化"即建立一个与实体经济发展需求层次递进相匹配的动态优化的金融功能体系。以莫顿和博迪为代表的金融功能观点认为，清算和支付结算的功能、聚集和分配资源的功能、在不同时间和不同空间之间转移资源的功能、管理风险的功能、提供信息的功能、解决激励问题的功能构成了金融体系的基本功能。然而，尽管金融体系的基本功能在长期来看具有相对稳定性①，但是金融体系的功能结构则可能随着发展阶段演进过程中实体经济发展的金融功能需求变化而发生潜在变化，这种变化决定了现实金融功能结构需要根据这种潜在的金融功能结构变化来进行调整与优化。比如以要素禀赋结构所划分的经济发展阶段演

---

① 与金融机构观点有所不同，金融功能观点认为金融功能比金融机构更稳定，同时，金融功能也优于金融组织。

进过程中，经历了由劳动密集型主导到资本密集型主导再到技术密集型主导的演进，由此决定了金融体系功能优化也必然匹配于服务劳动密集型经济发展需求到服务资本密集型经济发展需求再到服务技术密集型经济发展需求的特征演进。从中国经济已由高速增长阶段转向高质量发展阶段的基本现实出发，创新驱动、效率提升、结构优化构成了现阶段经济发展的基本特征，由此决定了聚集和分配资源的功能、管理风险的功能、提供信息的功能将成为现阶段与实体经济发展需求相吻合的主导型金融功能，因此需要通过金融功能的不断优化来建立一个高度匹配且动态演进的金融功能体系，为金融发展模式建立一个有效的功能维度。

4. 效率增进

"效率增进"即建立一个与实体经济发展效率实现动态匹配的效率增进的金融体系。在高质量发展阶段，提升实体经济效率已成为阶段发展的重要内涵与关键抓手。实体经济效率提升离不开金融资源有效配置与金融服务效率优化的重要支持，也为现阶段金融体系发展效率提升提出了新的内在要求。金融体系的效率增进不仅包括与实体经济投资资本相连接的储蓄动员与资本配置等储蓄向投资转化效率，也包括满足实体经济需求的各类金融服务效率，还包括金融机构和金融市场自身的运行效率，因而金融体系的效率增进具有丰富的效率内涵与发展层次。针对当前中国经济发展转型过程中较为突出的资本错配问题，在效率增进的金融体系建设过程中，要更加突出金融体系作为实体经济资本要素配置的基础与核心作用，推进以资本配置优化为主导的金融效率增进体系，为金融发展模式建立一个良好的效率维度。

5. 兼顾公平

"兼顾公平"即建立一个与各类经济主体和社会群体的金融

需求实现平等普惠的包容性金融体系。长期以来，金融排斥现象广泛存在于各国（各地区）金融体系之中，以贫困和低收入人群、小微企业为代表的经济主体和社会群体成为金融排斥问题最为突出的领域。为有效缓解金融排斥问题，以更加公平、更加包容的方式来提升上述经济主体和社会群体的金融可得性，普惠金融发展就成了建立一个"兼顾公平"的金融体系的必要与可行方式。就中国而言，习近平总书记在党的十九大报告中明确指出，"中国特色社会主义新时代，我国社会主要矛盾已经转化为人民日益增长的美好生活需要和不平衡不充分发展之间的矛盾"。由于金融发展的不平衡不充分，长期以来中国存在较为严重的金融排斥问题，特别是小微企业、贫困与低收入人群往往面临着较大的金融可得性约束，已成为反映广大群体金融资源需要与金融资源不平衡不充分之间矛盾的重要方面。兼顾公平，不仅是新时代有效化解不平衡不充分矛盾的客观要求，而且是高质量发展阶段全面提升实体经济发展质量的必然要求。与社会经济主要矛盾变化与经济发展演进特征相适应，通过不断丰富金融发展层次、不断突破金融排斥约束、不断满足各类主体金融可得性需求，建立一个"兼顾公平"的包容性金融体系，能够为金融发展模式建立一个有效的普惠维度。

6. 稳健运行

"稳健运行"即建立一个与实体经济健康发展相辅相成的稳健运行的金融体系。实体经济的健康发展是确保经济在平稳运行中迈向高质量发展的重要前提，与一国（或地区）金融体系的稳健运行具有密不可分的联系。金融危机的历次事实表明，金融体系的不稳定性及系统性风险向实体领域的快速传染，是导致金融危机向经济危机演变和造成对实体经济发展毁灭性打击的重要原因，因而一个稳健运行的金融体系对促进实体经济健康发展而言具有重要性。当前，中国经济已进入高质量发展阶段，在外部形势不确定性不稳定性因素增加、内部经济增速放缓和结构调整阵痛并存的总体风险环境中，既要通过加强金融监管协调来守住不发生系统性金融风险的底线，又要充分发挥金融体系管理宏观经济风险的基本功能，构建一个与实体经济健康发展相辅相成的稳健运行的金融体系，为金融发展模式提供有效的稳定维度。

三 最优金融条件导向下我国金融体制改革路径

（一）改革方向

制度经济学的基本逻辑表明，制度及其有效改革是构建特定经济发展模式的重要基础，是推动国家和地区经济发展模式演进的最根本力量。建立与我国新发展阶段相适应的"规模适度、结构合理、功能优化、效率增进、兼顾公平、稳健运行"的新型金融发展模式，需要为其构建一个良好匹配、支撑有力、动态有效的金融体制。结合新发展阶段最优金融条件的新内涵特征以及相应金融发展模式的基本架构，新时期金融体制改革要贯彻落实新发展阶段、新发展理念、新发展格局的基本要求，以服务实体经济的本质要求为根本出发点，以深化金融供给侧结构性改革为主线，坚持最优金融条件目标导向，围绕建立现代金融体系、构建金融服务体系、健全金融调控体系、健全风险防控体系、完善金融开放体制等主攻方向，科学谋划新时期我国金融体制改革的支持路径。

（二）主要路径

围绕建立现代金融体系、构建金融服务体系、健全金融调控体系、健全风险防控体系、完善金融开放体制等改革方向，系统设计推进我国金融体制改革的主要路径。具体包括以下五种。

1. 以建立现代金融体系为方向的金融体制改革路径

以建立现代金融体系为方向的金融体制改革，就是要建立健全支持具有高度适应性、竞争性、普惠性的现代化金融体系发展的体制机制。基本路径包括：一是要以市场化改革为核心，深化国有商业银行改革，支持中小银行和农村信用社持续健康发展，形成各类金融机构公平竞争的金融体系结构；二是要改革优化政策性金融，提升政策性金融支持国家战略的能力；三是要优化融资结构，创新债券市场和多层次资本市场发展体制机制，提高直接融资比重；四是要统筹优化登记托管、清算结算、支付、征信、反洗钱等金融基础设施建设，构建适应金融双向开放的基础设施管理体系。

2. 以构建金融服务体系为方向的金融体制改革路径

以构建金融服务体系为方向的金融体制改革，就是要为金融更好地服务实体经济发展构建体制机制支撑。基本路径包括：一是强化制度激励。构建金融有效支持实体经济的体制机制，要从制度上激励金融机构加大对制造业、现代服务业等国民经济重点领域的中长期融资，建立引导金融机构支持传统产业转型升级、扩大战略性新兴产业投资、支持民营中小微企业创新融资的激励体系，为经济结构调整提供高水平金融支持。二是强化开放创新。依法合规支持符合条件的各类资本进入金融业，激发市场主体竞争和创新活力，促进各类金融机构平等竞争、创新合作。三是强化普惠共享。推进普惠金融体制改革，加大普惠金融对国民经济薄弱环节的支持力度，健全农村金融服务体系，探索数字普惠金融新机制，以普惠金融实现发展成果共享。

3. 以健全金融调控体系为方向的金融体制改革路径

以健全金融调控体系为方向的金融体制改革，就是要为高效运转、健康持续的金融体系构建良好的体制机制。基本路径包括：一是健全现代中央银行制度。完善中央银行流动性创造、资本与利率约束的长效机制，保持货币增速和社会融资规模增速同名义经济增速基本匹配。二是提高货币政策的规则性和透明度。建立制度化的货币政策沟通机制，有效管理和引导预期。三是完善央行政策利率体系。完善以公开市场操作利率为短期政策利率和以中期借贷便利利率为中期政策利率的央行政策利率体系，健全利率走廊机制，构建市场利率围绕政策利率波动的良性机制。四是促进宏观经济政策协调。构建货币政策和财政政策协同机制，构建货币政策与就业、产业、投资、消费、环保、区域等政策统筹配合的宏观经济政策协调机制。

4. 以健全风险防控体系为方向的金融体制改革路径

以健全风险防控体系为方向的金融体制改革，就是要为金融体系和实体经济的稳定运行、互促共进提供基本的制度支持。基本路径包括：一是完善现代金融监管体系。建立健全宏观审慎政策框架，继续完善中央和地方双层金融监管体制，提高金融监管透明度和法治化水平。二是健全风险防控机制。健全金融风险预防、预警、处置、问责制度体系，健全防范化解风险长效制度，完善系统重要性金融机构和金融控股公司等金融集团监管机制，完善高风险金融机构市场化、法治化退出机制。

5. 以完善金融开放体制为方向的金融体制改革路径

以完善金融开放体系为方向的金融体制改革，就是要在新发展格局下继续为推动金融业更大范围、更宽领域、更深层次对外开放构建更高水平的开放型金融新体制。基本路径包括：一是要推动全面落实准入前国民待遇加负面清单制度，推动金融业标准化、系统化、制度化开放。二是统筹推进金融服务业开放、人民币汇率形成机制改革和人民币国际化。三是坚持市场驱动与创新驱动，建立健全以人民币自由使用为基础的新型互利合作机制，更好地发挥宏观经济自动稳定器功能，实现内部均衡和外部均衡的再平衡。四是积极参与全球经济治理体系改革，建立健全"一带一路"金融合作网络，深度参与国际经济金融规则的制定与完善，参与和推动全球经济金融治理机制变革。五是要统筹发展和安全，构建开放条件下更宽领域的金融安全网，使监管能力与开放水平相适应。

四 优化提升我国金融资源配置效率的支持性政策

围绕把握新发展阶段、贯彻新发展理念、构建新发展格局的总体要求，以资源配置功能建设为核心，完善金融发展政策支持体系，促进金融资源配置效率优化提升，增强金融更好服务我国实体经济发展的基本能力。

（一）提高货币政策组合逆周期有效性

围绕稳健把握货币政策逆周期调节力度、保持银行体系流动性供需均衡、发挥结构性货币政策工具作用、疏通政策利率到市场利率传导机制、人民币汇率弹性浮动、调整宏观审慎政策工具以及打造数字人民币新优势七大方面，进一步提高新阶段我国货币政策组合逆周期有效性，构筑新时期我国货币政策稳健运行体系，强化货币政策对金融资源配置的基础性引导作用。

1. 科学稳健把握货币政策逆周期调节力度

为引导金融资源有效配置和支持经济高质量发展，要实施稳健货币政策，科学稳健把握逆周期调节力度，促进货币信贷、社会融资规模增长与经济发展需求相适应。疏通政策利率向市场利率传导机制，动态调整人民币汇率参考货币篮子，通过宏观审慎政策工具引导金融资源有效配置。构建逆周期资本缓冲评估和调整机制，适时调整逆周期资本缓冲比率，适时调整外汇风险准备金率。要综合运用并创新多种货币政策工具，保持流动性合理充裕，推动金融、科技和产业形成良性循环。

2. 积极发挥结构性货币政策工具作用

持续改善货币供应调控机制，综合运用公开市场操作、中期借贷便利、法定准备金率、再贷款再贴现等多种货币政策工具，保持信贷体系流动性的总量合理充裕和期限配置供需均衡。运用好再贷款再贴现和抵押补充贷款等多样化信贷支持工具，发挥信贷政策的结构引导作用，保持制造业中长期贷款稳定增长，支持传统制造业转型升级，加大对战略性新兴制造业的贷款支持和创业板支持力度。

3. 合理引导金融机构服务经济建设

引导金融机构加大对符合新发展理念相关领域的支持力度，引导金融机构加大对小微企业、民营企业、乡村振兴等国民经济重点领域和薄弱环节的支持力度，引导金融机构加大面向新型消费方式和现代服务业的信贷支持与金融创新力度。构建中小银行可持续的资本补充体制机制，加大对中小银行发行永续债等资本补充工具的支持力度，提升银行服务实体经济和防范化解金融风险的能力。完善贷款市场报价利率（LPR）改革，建立基于 LPR 的商业银行内部资金转移定价（FTP）基准，促进贷款利率和融资成本进一步降低。

4. 加快打造数字人民币新优势

加快推进数字人民币试点建设，鼓励数字人民币在供应链金融、小微金融中发挥重要作用，比如鼓励数字人民币实现供应链金融的在线自动确权、降低确权复杂度，通过小微企业的经营数据数字化的信用转化，提升小微金融首贷率。推进支付清算等领域的制度变革与系统革新，配合数字人民币提升运营效率和风险防范能力。

（二）健全具有高度适应性的现代金融体系

围绕新发展阶段实体经济金融需求，不断优化金融机构布局，加快促进投融资市场稳健高效运转，有效集聚和配置优质金融要素，健全具有高度适应性的现代金融体系，加快提升金融体系资源配置效率。

1. 积极支持全国性金融机构资源集聚

充分发挥大中型商业银行支撑作用，支持政策性、开发性金融机构强化服务能力，加强重点领域、薄弱环节信贷投放，有力保障国家重大战略落地实施。积极争取证券、保险、资产管理等金融机构的资源配置，在股权投资、债券发行、保险资金运用、金融租赁、资产处置等方面给予大力支持。

2. 做精做优中小银行机构

支持城市商业银行专注服务民营和小微企业，加强审慎经营，合理确定经营范围，增强差异化、特色化发展优势。深化农信联社改革，完善风险防范和处置机制，增强服务农信系统能力。支持农村商业银行保持县域法人地位总体稳定，强化支农支小功能，提升服务乡村振兴和共同富裕能力。稳妥推进村镇银行发展，支持民营银行规范创新发展。

3. 规范提升各类地方金融组织

加快地方金融组织数字化发展。深化政府性融资担保机构体系改革，构建以省担保集团为龙头、以市级担保机构为骨干的担保体系，加强与国家融资担保基金对接合作。推动融资租赁公司支持企业设备更新和技术升级改造。支持商业保理公司创新供应链金融服务。提高小额贷款公司、典当行服务于小微企业和"三农"的能力。增强地方资产管理公司不良资产处置能力，探索组建新型地方资产管理公司。规范地方各类交易场所、民间融资服务企业、农民专业合作社发展，促进民间融资规范化、阳光化。鼓励金融机构与地方金融组织深化合作。

4. 积极发展非银行金融机构

鼓励有条件的金融机构设立理财子公司、金融资产投资公司，探索新设一批非银行金融机构。推动信托公司发展财富管理信托等本源业务。支持金融租赁公司拓展租赁物的广度和深度，优化金融租赁服务。支持企业集团财务公司提高资金使用效率。支持消费金融公司、汽车金融公司更好地满足居民多样化的金融需求。

5. 稳健发展各类投资基金

创新发展政府产业基金，强化各级政府产业基金联动。加快培育私募股权投资基金，支持金融机构、中央企业、省属国企发起或参与设立母基金和引导基金，带动创业投资、私募股权投资发展。提升公募基金财富管理服务能力，规范发展证券类、资产配置类私募投资基金。

6. 发展壮大专业化服务机构

支持法律、会计、资产评估等服务机构发展壮大，提升执业能力、质量和公信力，规范从事金融相关服务。加强征信机构、信用评级机构培育。支持国内外先进金融科技企业设立子公司、分公司和研发中心，加快培育发展有核心竞争力的金融科技企业。

（三）促进绿色金融、供应链金融支持产业链现代化

促进金融支持产业链现代化发展，是新时期推进金融体系资源配置能力建设的重要突破口。要重点围绕绿色金融、供应链金融等新兴金融发展方向，继续做好顶层设计和规划，提升绿色金融、供应链金融支持产业链现代化发展的能力，推进金融资源优化调整与合理配置。

1. 构建和完善金融支持绿色低碳转型的顶层设计与长效机制

研究出台金融支持绿色低碳发展专项规划及政策，系统部署和统筹优化金融支持绿色低碳发展和应对气候变化的顶层方案。不断完善激励约束机制和健全宏观审慎管理，逐步将气候变化等环境风险纳入宏观审慎政策框架，推动金融机构开展风险评估、压力测试与业务创新。充分发挥金融市场配置资源的决定性作用，推动高碳行业全面低碳化转型，重点支持绿色建筑、绿色交通、可再生能源等绿色产业融资发展。持续加大对绿色技术产业化、清洁生产、工业部门数字化绿色转型的金融支持力度。

2. 大力创新面向绿色低碳领域的金融产品和服务

创设碳减排支持工具，鼓励金融机构通过优惠再贷款、碳基

金、绿色保险、绿色资产证券化、绿色资产支持票据等产品及服务创新方式，支持碳减排、绿色产业等领域加快发展。推进碳交易市场扩容、提质、增效，不断完善基础设施、丰富参与主体、健全法规监管、形成合理定价，引导资源有效配置和绿色低碳转型发展。创新发展数字绿色金融，加强数字技术和金融科技在环境信息披露和共享等方面的应用，降低金融机构与绿色主体之间的信息不对称性。

3. 强化对先进制造业发展的金融支持

根据标志性产业链和产业集群培育升级的金融需求，推动金融机构精准实施"一链一策一方案"服务，构建一体化金融供给体系。加大对制造业数字化、智能化、绿色化改造的支持力度，推动制造业中期流动资金贷款增量扩面。完善政金企合作机制，集聚政策性、开发性、商业性金融机构资源，加大对重大产业平台、产业投资工程等的金融支持力度。

4. 创新供应链金融服务模式

运用区块链等技术，整合物流、资金流和信息流，构建"核心企业＋协同企业＋链网式金融"综合金融服务模式，提供数字化、场景化、生态化的供应链金融解决方案。深化应收账款融资服务平台、供应链票据平台建设，推广应用动产融资统一登记公示系统、全国供应链金融科技平台，提高供应链上下游中小微企业融资效率。

（四）多层次全链条推进资本市场建设

围绕企业主体、各类投资主体多元化的融资及金融服务需求，应多层次、全链条推进我国资本市场建设，不断丰富金融工具、提升市场交易效率、满足各类金融需求，促进我国资本市场完备和高效发展，提升资本市场在金融资源配置中的决定性作用。

1. 加大对企业股改扶持力度

坚持省、市、县联动，完善企业股改上市扶持政策，建立健全培育清单，坚持"一事一议"协调解决股改培育问题、难题。有效发挥股权投资基金项目及人才、资金等优势，充分调动银行、证券、保险等机构资源，强化与沪深证券交易所对接沟通机制，精准培育规范现代企业。

2. 积极推动优质企业多渠道上市

支持主业突出的成熟型企业到主板上市、成长性强的创新创业企业到创业板上市、符合国家战略和具有核心竞争能力的科技型企业到科创板上市。支持符合条件的新三板企业进入精选层，并实现转板上市。支持有条件的优质企业到境外上市，鼓励优质红筹企业回归境内上市，支持上市公司分拆子公司在境内外上市。

3. 支持上市公司再融资

支持上市公司用好资本市场再融资注册制、小额快速融资机制，采用定向增发、配股、优先股及可转债、公司债等方式拓展融资渠道。争取直接融资创新工具先行先试，推进权益类基金产品服务创新。鼓励金融机构通过并购贷款等方式，为上市公司提供融资支持。

4. 推动上市公司高质量并购重组

发挥资本市场的并购重组主渠道功能，鼓励上市公司围绕主业，整合国内产业链上下游资源，加速强链、补链、畅链、护链。鼓励上市公司实施跨境并购，获取进口替代技术、人才、品牌和市场资源。支持各地建设并购项目产业园，承接并购产业项目落地，支持本地优质企业高质量融资发展。

5. 加快推进区域性股权市场创新试点建设

鼓励各地与沪深证券交易所、全国中小企业股份转让系统合作，加快推进区域性股权市场创新试点建设。建立全面对接注册制的企业上市培育、登记信息衔接、挂牌企业上市协调等机制，拓展挂牌企业多样化融资渠道。优化整合政策资源，加大力度支持优质企业股改规范、数据共享、市场监管对接、政府基金引导等领域建设。依法开展私募投资基金份额登记与报价转让平台试点，建设股权登记交易系统和企业成长数据库，建立完善资本市场普惠服务体系。

6. 积极发挥期货服务实体经济功能

深化期货公司与银行、保险等机构的合作，加强大宗商品"期货＋保险""仓单质押＋场外期权"等服务模式创新。加强与国内外期货、现货交易市场合作，发展期货保税交割、仓单交易、异地流转、期现仓单互认互换等业务。加强期货公司与现货商合作，发挥期货公司风险管理优势，帮助实体企业对冲价格波动风险，促进资源有效配置。

（五）持续提升普惠金融服务水平

普惠金融是新时期我国经济高质量发展的重要方向，也是我国金融体系转型发展和功能升级的重要突破口。从中长期转型发展的角度看，我国应充分把握数字化转型的大趋势，以数字化转型为突破口，打造集融资扩面增量、服务提质增效、综合融资成本降低、农村普惠机制建设等于一体的普惠金融服务新体系，持续提升普惠金融服务水平。

1. 推动融资扩面增量

鼓励金融机构在同等条件下，对不同所有制市场主体的贷款条件、贷款利率、尽职免责条件要求保持一致，审慎规范民营企业贷款保证担保，提升民营经济贷款、企业信用贷款比重。深入开展首贷户拓展行动，扩大普惠小微企业贷款规模。全面推行银行机构授权、授信和尽职免责清单，督促银行机构向省、市、县分支机构下放贷款审批权限，缩短融资链条，下沉服务重心。健全企业发债融资支持机制，扩大债务融资工具、公司债、企业债等融资规模。

2. 推进融资服务提质增效

全面实施小微企业信贷"增氧"计划和金融服务"滴灌"工程，创新金融支持民营企业政策工具。推动数智金融赋能，持续破解中小微企业信用评估、风险定价等难题，创新推广"贷款码""信易贷"等金融便捷服务。深化政策性担保体系建设，完善银担"总对总"合作机制，提高政府性融资担保能力和倍数效应。推进地方金融组织深化小微企业服务，疏通金融服务"毛细血管"。

3. 降低综合融资成本

充分用好各类结构性货币政策工具，鼓励和支持金融机构发放优惠利率贷款。深化金融机构利率定价体系建设，加强利率政策引导。大力推广小微企业无还本续贷、中期流动资金贷款，深化运用保险、银行保函替代保证金。进一步规范信贷融资收费，全面清理各类不合理费用，推动小微企业综合融资成本稳中有降。

4. 推进农村普惠金融机制建设

健全农村金融机构体系，大力支持法人在县域、业务在县域的金融机构发展，鼓励银行建立服务乡村振兴的内设机构，提升基层金融网点服务功能、半径和能力。优化"三农"信贷供给，创新支持新型农村集体经济、新型农业经营主体和农村新产业、新业态的信贷产品，有力保障农业基础设施、种养殖业、美丽乡村建设等资金需求。深化农村信用体系及农业信贷担保、农村互助担保、渔业互助保险、农产品"保险＋期货"等机制建设。深化农户小额普惠贷款机制，规范发展移动支付、互联网贷款、互联网保险、互联网理财等数字普惠金融服务，更好地满足百姓多样化金融需求。

（六）打造创新驱动发展的金融支持体系

金融是发展高技术产业、建设创新型国家的基础性条件，应进一步彻底打通创新驱动发展的金融痛点、堵点，贯通"金融－创新－发展"链条，更大程度地发挥直接融资等金融功能支持自主创新的关键作用，有序引导更多民间资本投入创新型经济，加快打造创新驱动发展的金融支持体系，有序促进金融资源向创新领域自由流动与高效配置。

1. 完善支撑科技创新的金融体系

建立健全科技贷款中心、科技金融事业部、科技支行、科技保险公司等机构（平台），推行专门的经营团队及信贷管理、风险防控、考核激励等制度。搭建金融支持创新发展服务联盟、实验平台，强化金融对接创新联合体，提供长期稳定的伙伴式科技金融服务。加快发展知识产权交易及法律、会计、管理咨询、评估认证、信用评级等方面配套服务机构，构建全方位、多层次、多渠道的金融支持科技创新体系。

2. 加大对科创企业的股权资本投入

打造政府产业基金引领、社会资本参与、市场化运作的科技创新基金体系，促进创新资本形成与发展，重点支持"互联网＋"、高端装备制造、生命健康、新材料、数字经济等领域关键核心技术攻关和科技成果转化。充分利用金融特色产业园区集聚私募基金优势，孵化培育一批科技型中小微企业和高新技术企业。大力推动高成长型、成熟型科技企业在科创板、创业板等上市。

3. 强化科技创新的金融综合服务支持

建立适合科技创新的信贷支持模式，推广知识产权、股权质押贷款。完善股债联动机制，推广"贷款＋直投""贷款＋期权"等服务，扩大双创债券融资规模。发展科技保险，扩大重大技术装备保险等业务覆盖面，探索专利综合保险。优化人才银行、人才保险、人才担保、人才小贷等金融服务。

4. 创新科技金融服务跨场景应用

促进政府、金融机构、企业、居民协同，加快推动金融、产业、企业、公共服务等领域数据集成共享。集成各类金融服务平台，按照一体化、智能化平台要求，加快金融综合服务平台、企业信用信息平台与数字政府、数字经济、数字社会等综合应用信息充分共享、功能高效协同。加快金融机构数字化发展，用好大数据、区块链等新技术，推动金融服务向实体经济、百姓财富管理及教育、医疗、旅游等多场景拓展提升，塑造数字时代金融服务新面貌。深化金融科技应用试点，推动金融机构优化业务形态、完善产品供给、丰富服务渠道、降低服务成本，加快金融科技守正创新、行稳致远。

（七）推进金融治理体系和治理能力现代化

在我国市场化进程中，稳定的金融体系和畅通的投融资渠道，是促进金融资源配置效率提升的重要条件，而推进金融治理体系和治理能力现代化则是促进金融平稳高效运行的重要基础。推进金融治理体系和治理能力现代化，就是要紧扣金融服务实体经济本质要求，夯实治理基础、完善治理层次、创新治理方式、提升治理能力，为金融体系高质量发展创造新条件。

1. 提升数字化治理能力

打造金融数字化平台，为金融治理提供技术、手段的有效支持。织密织牢"天罗地网"风险监测网，深化"技防＋人防""线上＋线下"监测防控体系建设。依托一体化、智能化公共数据平台，推动数字化金融治理平台与党政机关数字治理、数字政府、数字法治等综合应用互联互通，促进数据开放共享，实现金融风险智能化防控。

2. 加强金融治理闭环管控

完善金融工作议事协调机制，建立健全金融风险评估、监测预警、会商研判、防范化解和协同处置长效机制。压实金融机构和有关非金融企业主体责任，规范公司治理，适度杠杆经营。加强行业自律等机制建设。加强金融管理部门协作，深入实施存款保险制度，提高跨行业、跨市场交叉性金融风险处置能力。落实地方政府属地责任，提高风险应急处置能力。

3. 加大金融消费者权益保护力度

按照卖者尽责、买者自负原则，督促金融机构规范营销宣传行为，防止虚假宣传、夸大宣传、误导客户，防止将金融产品提供给不适当的投资者和金融消费者。加强金融知识教育、宣传和普及，提高企业和居民金融安全意识和风险管理能力。完善投资者和金融消费者权益保护协调联动机制。

4. 优化金融信用环境

加强守信激励和失信惩戒，深化企业破产重组、信用修复等机制建设，探索个人破产制度，严厉打击恶意逃废债行为。鼓励各地建设金融纠纷调解机构，一站式解决金融领域矛盾纠纷。深化社会信用体系建设，增强企业和居民信用意识，营造诚实守信的社会环境。

5. 防范化解重点领域风险

坚持金融、房地产同实体经济均衡发展，加强金融机构资金流向管理、地方政府性债务风险管控和国有企业债务约束，防范房地产金融化、泡沫化。提升各类市场主体流动性管理水平，有效防控大型企业债券违约、上市公司股票质押、企业资金链担保链等风险。稳妥有序处置"僵尸企业"，争取把风险损失降到最低。防范化解影子银行风险，加快不良资产处置，支持地方法人金融机构多渠道充实资本金，把风险控制在较低水平。

6. 严厉打击各类非法金融活动

落实《防范和处置非法集资条例》，坚持防范为主、综合治理、稳妥处置，健全防范和处置非法集资长效机制。完善交易场所清理整顿工作机制，有效防范化解私募投资基金风险。持续做好网络借贷风险后续处置，加大追赃挽损、资产处置等工作力度。严厉打击洗钱、涉恐融资和其他金融违法犯罪活动，为促进金融市场健康发展提供良好环境。

第九章　结论与展望

一　主要结论

本书以我国经济转型阶段的金融资源错配问题为研究对象，从最优金融条件视角出发，按照"提出问题－理论分析－现实检验－解决问题"的基本逻辑思路，对我国金融资源错配的形成、效应与纠正机制展开研究。第一，依托发展金融学、经济增长理论、资源错配理论、制度经济学理论等，围绕相关领域研究脉络与最新成果，紧扣金融发展与经济增长的内在关系、金融资源配置与经济增长、资源错配理论及其研究的新进展、金融资源错配相关问题研究等方面展开系统深入的文献述评；第二，在对改革开放以来我国金融体系资源配置功能的演进特征进行梳理与总结的基础上，分析了我国资本配置效率的时空特征，从地区间错配、部门间错配、产业间错配、企业间错配四个维度深入剖析了我国金融资源错配的主要表现形式与典型事实；第三，从金融发展与经济增长的内生关系出发，提出和论证经济发展中的最优金融条件假说，建立了最优金融条件、金融资源错配与经济增长的理论分析框架，分析了金融条件扭曲情况下金融资源错配的形成机理及制度根源，从经济效率减损、产业结构扭曲、技术创新阻滞、经济风险累积等多个维度系统分析了金融资源错配对经济增长的抑制机理；第四，从地区间错配、产业间错配、企业间错配三个层面，利用相应数据，对我国不同层面金融资源错配的基本特征及变化趋势进行深入分析；第五，从规模维度与结构维度建立最优金融条件估计模型，对我国省际层面的最优金融条件和金融条件扭曲进行测度，通过建立金融条件扭曲与金融资源错配的地区面板模型，实证分析金融条件扭曲对金融资源错配的实际影响；第六，利用我国产业层面和企业层面数据建立面板计量分析模型，从经济效率减损效应、产业结构扭曲效应、技术创新阻滞效应、经济风险累积效应四个维度，系统分析金融资源错配对我国经济增长的多重抑制效应；第七，在分析我国新发展阶段的最优金融条件新内涵的基础上，基于最优金融条件目标导向，从模式建设、体制改革、政策设计三个维度，构建"模式－体制－政策"三位一体的金融资源错配纠正机制体系。通过上述研究，本书形成的主要结论具体如下。

第一，改革开放以来，我国金融体系的资源配置功能演进经历了形成、深化、转型、市场化四个阶段，在这一过程中金融资源配置功能不断完善和健全，金融体系在促进资源流动与有效配置中的关键性作用逐渐增强。然而，资本配置效率的测算结果表明，我国的资本配置效率总体上不仅存在大幅波动且提升缓慢的时序特征，也存在由东向西梯度递减且地区间差异较大的空间特征。这一事实深刻地指出，我国存在较为普遍且严重的金融资源错配现象，地区间错配、部门间错配、产业间错配、企业间错配正在成为我国金融资源错配的主要表现形式，其中，金融虹吸效应与地区间金融资源不平衡、"脱实向虚"与实体经济"挤出效应"、非效率投资与产能过剩/不足并存、所有制歧视与民营企业融资困境等正在成为分别反映我国金融资源地区间错配、部门间错配、产业间错配、企业间错配的重要典型事实。

第二，最优金融条件假说来源于对经典金融发展理论中关于金融发展与经济增长内在关系的理论反思以及金融发展的经济增长效应由线性效应向非线性效应转变的全球经验事实，是"金融－增长"关系机理研究中的一个新理论，能够为金融资源错配问题研究提供一个全新的系统性的理论分析框架。研究表明，经济发展中的最优金融条件具有客观性、内生性、动态性内涵，最优金融规模和最优金融结构共同构成了实现最优金融条件的两个必要且共存的条件，过度金融抑制和过度金融自由化均是破坏这一双重条件并造成现实金融条件偏离最优金融条件进而形成金融条件扭曲的重要原因。那么，最优金融条件、金融条件扭曲与金融资源配置功能有效性之间存在何种理论关联？本书对此研究的结论显示，最优金融条件的实现是产生金融资源配置的帕累托最优效率的重要前提，而金融条件扭曲则成为金融资源错配进而导致金融资源配置效率损失的重要来源。进一步结论显示，过度金融抑制情况下的金融规模扭曲和金融结构扭曲构成了抑制型金融资源错配形成的重要原因，而过度金融自由化情况下的金融规模扭曲和金融结构扭曲也同样构成了自由化型金融资源错配形成的重要原因。更深层次地看，金融制度变迁的"路径依赖"特性，是导致不适宜金融政策产生锁定效应进而造成金融条件扭曲以及金融资源错配的制度根源。在金融资源错配的上述形成机理之下，金融资源错配产生了对经济增长的各种抑制机制，研究表明，经济效率减损、产业结构扭曲、技术创新阻滞、经济风险累积是金融资源错配抑制经济增长的重要渠道和来源。

第三，从地区间、产业间、企业间三个层面对我国金融资源错配特征及趋势进一步测算分析的结果显示：我国在地区层面、产业层面、企业层面普遍存在较严重的金融资源错配问题。从地区间错配来看，国内各省份大多存在严重的资本错配，但资本错配程度总体上呈现随时间推移逐渐降低的趋势，而资本错配呈现恶化迹象的省份主要集中在中南、西北等地区；从产业间错配来看，三次产业均存在较严重的资源错配问题，主要表现为资本配置相对不足而劳动力配置过剩，但三次产业的资源错配程度均呈现降低且逐渐收敛趋势，表明产业之间资源错配程度及差异在不断降低与缩小；从企业间错配来看，我国工业行业企业层面同样普遍存在较严重的资本错配问题，劳动密集型行业（除金属制品类）、知识密集型行业（除工业自动化仪表制造业）等行业的资本错配程度呈现逐渐加深的变化趋势。由此表明，我国金融资源错配问题已较为普遍和严重，正在成为影响全国经济高质量发展的一个重大现实问题。

第四，基于最优金融条件对我国金融资源错配形成机制的实证分析结论如下。①我国金融发展尚未实现最优金融条件的理想状态，仍然存在来自规模层面和结构层面的双重金融条件扭曲，主要表现为存在正向的金融规模扭曲和负向的金融结构扭曲并存的金融条件扭曲叠加形态，且金融结构扭曲相较于金融规模扭曲已成为反映我国金融条件扭曲的最重要方面。②金融条件扭曲是我国金融资源错配的重要来源，无论是金融规模扭曲还是金融结构扭曲均呈现出对金融资源错配的显著正向影响，且金融结构扭曲相对于金融规模扭曲具有对金融资源错配更重要的边际影响。③当金融条件扭曲处于 0 时，金融发展达到最优金融条件，经济体不存在金融资源错配（金融资源配置实现了帕累托效率或最优效率），而随着金融条件扭曲程度的加大，金融发展偏离最优金融条件的程度加剧，经济体的金融资源错配程度也在提高（金融资源配置效率不断下降）。研究结果较好地验证了本书的实证研究假设"最优金融条件是实现一国（或地区）金融资源配置的帕累托效率（最优效率）的基本前提，实际金融条件与最优金融条件的偏离所产生的金融条件扭曲是导致金融资源错配的重要原因"。

第五，对我国金融资源错配的经济增长抑制效应进行来自经济效率、产业结构、技术创新、经济风险等多维度的实证分析，结果表明：首先，金融资源错配对企业生产率具有显著的负向影响，即金融资源错配造成了企业生产率减损，这是导致经济效率损失的重要因素。针对不同所有制企业的分析结果显示，不同所有制企业的金融资源错配对企业生产率的影响存在显著差异，民营企业相对于国有企业，表现出更为明显的金融资源错配的经济效率减损效应。其次，金融资源错配对我国制造业结构高度化存在显著的负向影响，金融资源错配程度提高会使高端技术制造业面临更高的资本成本，进而导致制造业结构高度化下降，这表明金融资源错配对我国制造业结构产生了扭曲效应。再次，金融资源错配对我国企业技术创新产生了显著的阻滞效应，将金融资源错配按照资本配置不足型和资本配置过度型分组回归结果显示，不同类型的金融资源错配对企业技术创新的阻滞效应具有显著差异，资本配置不足型相较于资本配置过度型而言，对企业技术创新具有更强的阻滞效应。最后，金融资源错配对我国企业系统性风险及经济风险存在显著的累积效应，不同类型的金融资源错配对经济风险的累积效应具有显著差异，资源配置过度型相对于资源配置不足型而言，对经济风险累积具有更强的效应。

第六，当前我国已进入高质量发展的新阶段，从高质量发展的高效率增长、有效供给增长、结构优化增长、包容性和普惠性增长等阶段性新特征出发，最优金融条件在客观上具有与新发展阶段相匹配的深度内涵、结构内涵、效率内涵、功能内涵、普惠内涵、改革内涵等诸多与时俱进的新内涵。构建我国金融资源错配的纠正机制的重要思路在于，紧扣新发展阶段我国最优金融条件演进的动态新内涵，建立以最优金融条件为目标导向的"模式－制度－政策"三位一体的金融资源错配纠正机制体系，从更深层次、更广范围、更强力度促进新时期我国金融资源配置效率的提升。最优金融条件导向下我国金融发展模式建设方面，要始终将金融服务实体经济的本质要求作为遵循最优金融条件内在客观规律的重要前提，坚持围绕新发展阶段实体经济的需求特征来建立、调整和优化各项金融安排，加快推进金融发展与新时期实体经济发展实现内生适应、动态匹配与互促共进，以此建立形成一个以"规模适度、结构合理、功能优化、效率增进、兼顾公平、稳健运行"为基本架构的适宜且有效的新型金融发展模式。最优金融条件导向下我国金融体制改革路径方面，要为新型金融发展模式构建一个良好匹配、支撑有力、动态有效的金融体制基础，新时期金融体制改革要贯彻落实新发展阶段、新发展理念、新发展格局的基本要求，以服务实体经济和人民生活为根本出发点，以深化金融供给侧结构性改革为主线，坚持最优金融条件目标导向，围绕建立现代金融体系、构建金融服务体系、健全金融调控体系、健全风险防控体系、完善金融开放体制等主攻方向，科学谋划新时期我国金融体制改革的支持路径。优化提升我国金融资源配置效率的支持性政策方面，要以资源配置功能建设为核心，通过改善货币政策组合逆周期有效性、健全具有高度适应性的现代金融体系、促进绿色金融与供应链金融支持产业链现代化发展、多层次全链条推进资本市场建设、持续提升普惠金融服务水平、打造创新驱动发展的金融支持体系、推进金融治理体系和治理能力现代化等方面举措，加快完善金融发展政策支持体系，促进金融资源配置效率优化提升，增强金融更好地服务我国实体经济的能力。

二 研究展望

在充分吸收经典理论和学者研究成果的基础上，本研究从最优金融条件视角出发，为金融资源错配问题研究构建了一个新的系统性分析框架，并开展了富有一定成果的理论与实践研究，形成了一系列有益的思想、观点、方法和结论，能够为相关研究和实践活动开展奠定较好的基础，具有启示作用。展望未来研究，应主要从理论和现实两个角度对相关研究进一步深化。

从理论方面来看，最优金融条件理论正在成为重新审视金融发展与经济增长内在关系的前沿理论，也是有效识别和破解"金融－增长"联结机制障碍如金融资源错配问题并建立金融改革与发展合理机制的重要理论。因此，未来需要进一步深化最优金融条件理论研究，特别是需要更进一步完善和健全最优金融条件与金融资源错配问题研究的理论框架，建立一个理论基础更加深厚、思想方法更加先进且更加适合我国发展实际的新的理论体系。

从现实方面来看，如何从我国经济发展的阶段性新特征和新需求出发，探索建立一个以动态最优金融条件为导向的高度适应性的金融发展体系，并建立与之形成良好匹配的金融体制改革路径与金融政策创新体系，有效激活、完善和提升以资源配置为核心的现代金融功能体系，是更好地把握新发展阶段、贯彻新发展理念、构建新发展格局的金融实践重点。

参考文献

中文文献

[1] 安强身、姜占英：《金融资源配置效率、TFP 变动与经济增长——来自中国的证据（2003～2013）》，《金融经济学研究》2015 年第 3 期。

[2] 巴曙松、白海峰、胡文韬：《金融科技创新、企业全要素生产率与经济增长——基于新结构经济学视角》，《财经问题研究》2020 年第 1 期。

[3] 白钦先、谭庆华：《论金融功能演进与金融发展》，《金融研究》2006 年第 7 期。

[4] 白钦先、徐沛：《当代金融理论中的股票市场：功能与作用条件的再认识》，《金融研究》2003 年第 3 期。

[5] 蔡昉：《中国经济增长如何转向全要素生产率驱动型》，《中国社会科学》2013 年第 1 期。

[6] 蔡四平：《虹吸现象对农村经济发展的制约》，《求索》2004 年第 12 期。

[7] 曹玉书、楼东玮：《资源错配、结构变迁与中国经济转型》，《中国工业经济》2012 年第 10 期。

[8] 曹源芳：《金融错配对宏观经济下行风险存在异质性冲击吗？——基于规模效应与效率效应的维度》，《审计与经济研究》2020 年第 2 期。

[9] 曹源芳、袁秀文、张景菲：《强监管下金融错配风险趋于收敛了吗？——基于互联网金融发展的视角》，《经济问题》2019年第10期。

[10] 陈斌开、金箫、欧阳涤非：《住房价格、资源错配与中国工业企业生产率》，《世界经济》2015年第4期。

[11] 陈斌开、林毅夫：《金融抑制、产业结构与收入分配》，《世界经济》2012年第1期。

[12] 陈国进、陈睿、杨翱、赵向琴：《金融发展与资本错配：来自中国省级层面与行业层面的经验分析》，《当代财经》2019年第6期。

[13] 陈林、李康萍：《公平竞争审查视阈下行政性垄断与资源错配》，《产业经济研究》2018年第4期。

[14] 陈平、李广众：《经济增长中金融体系作用的功能分析》，《中山大学学报（社会科学版）》2000年第5期。

[15] 陈小亮、陈伟泽：《垂直生产结构、利率管制和资本错配》，《经济研究》2017年第10期。

[16] 陈永伟、胡伟民：《价格扭曲、要素错配和效率损失：理论和应用》，《经济学（季刊）》2011年第4期。

[17] 崔书会、李光勤、豆建民：《产业协同集聚的资源错配效应研究》，《统计研究》2019年第2期。

[18] 戴国强、方鹏飞：《利率市场化与银行风险——基于影子银行与互联网金融视角的研究》，《金融论坛》2014年第8期。

[19] 戴小勇：《资源错配视角下全要素生产率损失的形成机理与测算》，《当代经济科学》2018年第5期。

[20] 邓富华、沈和斌：《进口贸易自由化对制造业资源错配的影响——基于中国加入WTO的自然实验》，《国际经贸探索》2020年第6期。

[21] 杜勇、张欢、陈建英：《金融化对实体企业未来主业发展的影响：促进还是抑制》，《中国工业经济》2017 年第 12 期。

[22] 樊茂清：《中国产业部门产能利用率的测度以及影响因素研究》，《世界经济》2017 年第 9 期。

[23] 盖庆恩、朱喜、程名望、史清华：《要素市场扭曲、垄断势力与全要素生产率》，《经济研究》2015 年第 5 期。

[24] 龚关、胡关亮：《中国制造业资源配置效率与全要素生产率》，《经济研究》2013 年第 4 期。

[25] 龚六堂、谢丹阳：《我国省份之间的要素流动和边际生产率的差异分析》，《经济研究》2004 年第 1 期。

[26] 龚强、张一林、林毅夫：《产业结构、风险特性与最优金融结构》，《经济研究》2014 年第 4 期。

[27] 韩剑、郑秋玲：《政府干预如何导致地区资源错配——基于行业内和行业间错配的分解》，《中国工业经济》2014 年第 11 期。

[28] 韩珣、李建军：《金融错配、非金融企业影子银行化与经济"脱实向虚"》，《金融研究》2020 年第 8 期。

[29] 杭静、郭凯明、牛梦琦：《资源错配、产能利用与生产率》，《经济学（季刊）》2021 年第 1 期。

[30] 胡本田、王一杰：《地方政府行为与经济波动——基于资源错配的中介效应》，《软科学》2020 年第 5 期。

[31] 胡海峰、宋肖肖、郭兴方：《投资者保护制度与企业韧性：影响及其作用机制》，《经济管理》2020 年第 11 期。

[32] 黄茂兴、李军军：《技术选择、产业结构升级与经济增长》，《经济研究》2009 年第 7 期。

[33] 黄群慧、余泳泽、张松林：《互联网发展与制造业生产率提升：内在机制与中国经验》，《中国工业经济》2019 年第 8 期。

[34] 黄益平、黄卓：《中国的数字金融发展：现在与未来》，《经济学（季刊）》2018 年第 4 期。

[35] 季书涵、朱英明：《产业集聚的资源错配效应研究》，《数量经济技术经济研究》2017 年第 4 期。

[36] 简泽、徐扬、吕大国、卢任、李晓萍：《中国跨企业的资本配置扭曲：金融摩擦还是信贷配置的制度偏向》，《中国工业经济》2018 年第 11 期。

[37] 靳来群：《地区间资源错配程度分析（1992～2015）》，《北京社会科学》2018 年第 1 期。

[38] 靳来群、林金忠、丁诗诗：《行政垄断对所有制差异所致资源错配的影响》，《中国工业经济》2015 年第 4 期。

[39] 靳来群：《所有制歧视所致金融资源错配程度分析》，《经济学动态》2015 年第 6 期。

[40] 康志勇：《金融错配阻碍了中国本土企业创新吗?》，《研究与发展管理》2014 年第 5 期。

[41] 李春涛、闫续文、宋敏、杨威：《金融科技与企业创新——新三板上市公司的证据》，《中国工业经济》2020 年第 1 期。

[42] 李广众：《银行、股票市场与长期经济增长：中国的经验研究与国际比较》，《世界经济》2002 年第 9 期。

[43] 李静、彭飞、毛德凤：《资源错配与中国工业企业全要素生产率》，《财贸研究》2012 年第 5 期。

[44] 李俊青、苗二森：《资源错配、企业进入退出与全要素生产率增长》，《产业经济研究》2020 年第 1 期。

[45] 李青原、李江冰、江春：《金融发展与地区实体经济资本配置效率——来自省级工业行业数据的证据》，《经济学（季刊）》2013 年第 2 期。

[46] 李青原、潘雅敏、陈晓：《国有经济比重与我国地区实体经

济资本配置效率——来自省级工业行业数据的证据》，《经济学家》2010 年第 1 期。

[47] 李思龙、郭丽虹：《市场依赖度、资本错配与全要素生产率》，《产业经济研究》2018 年第 2 期。

[48] 李欣泽、陈言：《金融摩擦与资源错配研究新进展》，《经济学动态》2018 年第 9 期。

[49] 李旭超、鲁建坤、金祥荣：《僵尸企业与税负扭曲》，《管理世界》2018 年第 4 期。

[50] 李勇刚、罗海艳：《土地资源错配阻碍了产业结构升级吗？——来自中国 35 个大中城市的经验证据》，《财经研究》2017 年第 9 期。

[51] 李玉山、陆远权：《金融歧视、金融错配与技术创新》，《研究与发展管理》2020 年第 4 期。

[52] 廖常文、张治栋：《稳定经济增长、产业结构升级与资源错配》，《经济问题探索》2020 年第 11 期。

[53] 林滨、王弟海、陈诗一：《企业效率异质性，金融摩擦的资源再分配机制与经济波动》，《金融研究》2018 年第 8 期。

[54] 林毅夫、姜烨：《经济结构、银行业结构与经济发展——基于分省面板数据的实证分析》，《金融研究》2006 年第 1 期。

[55] 林毅夫、刘培林：《经济发展战略对劳均资本积累和技术进步的影响——基于中国经验的实证研究》，《中国社会科学》2003 年第 4 期。

[56] 林毅夫、孙希芳、姜烨：《经济发展中的最优金融结构理论初探》，《经济研究》2009 年第 8 期。

[57] 刘朝、赵志华、步晓宁：《资本动态投入、生产率波动与资本错配》，《南开经济研究》2018 年第 1 期。

[58] 刘满凤、刘熙、徐野、邓云霞：《资源错配、政府干预与新

兴产业产能过剩》，《经济地理》2019 年第 8 期。

[59] 刘盛宇、尹恒：《资本调整成本及其对资本错配的影响：基于生产率波动的分析》，《中国工业经济》2018 年第 3 期。

[60] 刘小玄、周晓艳：《金融资源与实体经济之间配置关系的检验——兼论经济结构失衡的原因》，《金融研究》2011 年第 2 期。

[61] 鲁晓东：《金融资源错配阻碍了中国的经济增长吗》，《金融研究》2008 年第 4 期。

[62] 鲁晓东：《收入分配、有效要素禀赋与贸易开放度——基于中国省际面板数据的研究》，《数量经济技术经济研究》2008 年第 4 期。

[63] 马光荣：《制度、企业生产率与资源配置效率——基于中国市场化转型的研究》，《财贸经济》2014 年第 8 期。

[64] 毛文峰、陆军：《土地资源错配、城市蔓延与地方政府债务——基于新口径城投债数据的经验证据》，《经济学家》2020 年第 4 期。

[65] 孟娜娜、粟勤、雷海波：《金融科技如何影响银行业竞争》，《财贸经济》2020 年第 3 期。

[66] 米建国、李建伟：《我国金融发展与经济增长关系的理论思考与实证分析》，《管理世界》2002 年第 4 期。

[67] 聂辉华、谭松涛、王宇锋：《创新、企业规模和市场竞争：基于中国企业层面的面板数据分析》，《世界经济》2008 年第 7 期。

[68] 宁薛平、张庆君：《企业杠杆率水平、杠杆转移与金融错配——基于我国沪深 A 股上市公司的经验证据》，《南开管理评论》2020 年第 2 期。

[69] 潘文卿、张伟：《中国资本配置效率与金融发展相关性研究》，《管理世界》2003 年第 8 期。

［70］ 彭俞超、黄志刚：《经济"脱实向虚"的成因与治理：理解十九大金融体制改革》，《世界经济》2018 年第 9 期。

［71］ 冉茂盛、同小歌：《金融错配、政治关联与企业创新产出》，《科研管理》2020 年第 10 期。

［72］ 饶品贵、姜国华：《货币政策、信贷资源配置与企业业绩》，《管理世界》2013 年第 3 期。

［73］ 邵挺：《金融资源错配、所有制结构与资本回报率：来自 1999～2007 年我国工业企业的研究》，《金融研究》2010 年第 9 期。

［74］ 沈春苗、郑江淮：《资源错配研究述评》，《改革》2015 年第 4 期。

［75］ 沈红波、寇宏、张川：《金融发展、融资约束与企业投资的实证研究》，《中国工业经济》2010 年第 6 期。

［76］ 盛天翔、范从来：《金融科技、最优银行业市场结构与小微企业信贷供给》，《金融研究》2020 年第 6 期。

［77］ 师文明、王毓槐：《金融发展对技术进步影响的门槛效应检验——基于中国省际面板数据的实证研究》，《山西财经大学学报》2010 年第 9 期。

［78］ 宋敏、周鹏、司海涛：《金融科技与企业全要素生产率——"赋能"和信贷配给的视角》，《中国工业经济》2021 年第 4 期。

［79］ 苏基溶、廖进中：《金融发展的倒 U 型增长效应与最优金融规模》，《当代经济科学》2010 年第 1 期。

［80］ 孙国茂、孙同岩：《金融相关比率、证券化率与全要素生产率的关系研究——以山东省数据为例》，《山东社会科学》2017 年第 3 期。

［81］ 孙立坚：《金融体系的脆弱性不会影响经济增长吗？——来自对中国案例实证分析的答案》，（厦门）全国金融理论高

级研讨会会议论文，2003。

[82] 孙志红、张娟、周婷：《金融可得性、居民幸福感与特色小镇建设研究——基于新疆特色小镇居民的调研》，《新疆农垦经济》2020 年第 12 期。

[83] 唐建新、陈冬：《金融发展与融资约束——来自中小企业板的证据》，《财贸经济》2009 年第 5 期。

[84] 唐松、赖晓冰、黄锐：《金融科技创新如何影响全要素生产率：促进还是抑制？——理论分析框架与区域实践》，《中国软科学》2019 年第 7 期。

[85] 唐宇菲、严勇：《经济新常态下上海自贸区对浙江经济的虹吸和溢出效应分析》，《管理观察》2015 年第 35 期。

[86] 田树喜、恽晓方、王毅：《中国金融资源配置对经济增长作用的实证分析》，《东北大学学报（社会科学版）》2012 年第 5 期。

[87] 王春桥、夏祥谦：《金融发展与全要素生产率：技术进步还是效率改善——基于随机前沿模型的实证研究》，《上海金融》2015 年第 4 期。

[88] 王定祥、李伶俐、冉光和：《金融资本形成与经济增长》，《经济研究》2009 年第 9 期。

[89] 王广谦：《真正把金融业作为现代产业来发展》，《金融信息参考》1997 年第 1 期。

[90] 王国忠、王群勇：《经济虚拟化与虚拟经济的独立性特征研究——虚拟经济与实体经济关系的动态化过程》，《当代财经》2005 年第 3 期。

[91] 王磊、邓芳芳：《市场分割与资源错配——基于生产率分布视角的理论与实证分析》，《经济理论与经济管理》2016 年第 11 期。

[92] 王满、徐晨阳：《金融错配下融资约束能抑制企业过度投资

吗?》,《经济问题探索》2016年第9期。

[93] 王韧、张奇佳:《金融资源错配与杠杆响应机制:产能过剩领域的微观实证》,《财经科学》2020年第4期。

[94] 王宋涛、温思美、朱腾腾:《市场分割、资源错配与劳动收入份额》,《经济评论》2016年第1期。

[95] 王文、牛泽东:《资源错配对中国工业全要素生产率的多维影响研究》,《数量经济技术经济研究》2019年第3期。

[96] 王晓芳、高继祖:《中国金融发展与经济效率的实证分析》,《中南财经政法大学学报》2006年第3期。

[97] 王欣、曹慧平:《金融错配对中国制造业全要素生产率影响研究》,《财贸研究》2019年第9期。

[98] 王勋、赵珍:《中国金融规模、金融结构与经济增长——基于省区面板数据的实证研究》,《财经研究》2011年第11期。

[99] 王亚飞、廖甍、陶文清:《自由贸易试验区设立能矫正资本错配吗?——兼论产业集聚的调节效应》,《中国管理科学》2021年第5期。

[100] 王永中:《浅析金融发展、技术进步与内生增长》,《中国社会科学院研究生院学报》2007年第4期。

[101] 王竹泉、段丙蕾、王苑琢、陈冠霖:《资本错配、资产专用性与公司价值——基于营业活动重新分类的视角》,《中国工业经济》2017年第3期。

[102] 魏蓉蓉:《金融资源配置对经济高质量发展的作用机理及空间溢出效应研究》,《西南民族大学学报(人文社会科学版)》2019年第7期。

[103] 文东伟:《资源错配、全要素生产率与中国制造业的增长潜力》,《经济学(季刊)》2019年第2期。

[104] 吴海兵、唐艳芳:《我国金融制度变迁的路径依赖和演化趋势分析》,《山西财经大学学报》2006年第1期。

［105］吴仁水、董秀良、钟山：《信贷约束、资源错配与全要素生产率波动》，《宏观经济研究》2019 年第 6 期。

［106］吴信如：《金融发展的福利收益和"门槛效应"——一个动态最优增长分析》，《财经研究》2006 年第 2 期。

［107］谢富胜、匡晓璐：《制造业企业扩大金融活动能够提升利润率吗？——以中国 A 股上市制造业企业为例》，《管理世界》2020 年第 12 期。

［108］邢天才、庞士高：《资本错配、企业规模、经济周期和资本边际生产率——基于 1992～2013 年我国制造业上市企业的实证研究》，《宏观经济研究》2015 年第 4 期。

［109］杨胜刚、阳旸：《资产短缺与实体经济发展——基于中国区域视角》，《中国社会科学》2018 年第 7 期。

［110］杨校美、肖红叶：《双向直接投资协同发展对中国资源错配的影响》，《商业经济与管理》2020 年第 7 期。

［111］杨洋、赵茂：《金融发展的经济增长效应：线性还是非线性——基于面板门限模型的跨国经验研究》，《现代财经（天津财经大学学报）》2016 年第 8 期。

［112］姚洋：《非国有经济成分对我国工业企业技术效率的影响》，《经济研究》1998 年第 12 期。

［113］姚耀军、董钢锋：《中小企业融资约束缓解：金融发展水平重要抑或金融结构重要？——来自中小企业板上市公司的经验证据》，《金融研究》2015 年第 4 期。

［114］易宪容、黄瑜琴、李薇：《消费信贷、信用约束与经济增长》，《经济学动态》2004 年第 4 期。

［115］于泽、陆怡舟、王闻达：《货币政策执行模式、金融错配与我国企业投资约束》，《管理世界》2015 年第 9 期。

［116］余静文、谭静、蔡晓慧：《高房价对行业全要素生产率的影响——来自中国工业企业数据库的微观证据》，《经济评

论》2017 年第 6 期。

[117] 余静文：《最优金融条件与经济发展——国际经验与中国案例》，《经济研究》2013 年第 12 期。

[118] 余壮雄、米银霞：《地区产业转型中的企业行为与资源错配》，《中国工业经济》2018 年第 6 期。

[119] 曾康霖：《试论我国金融资源的配置》，《金融研究》2005 年第 4 期。

[120] 战明华：《金融摩擦、货币政策银行信贷渠道与信贷资源的产业间错配》，《金融研究》2015 年第 5 期。

[121] 张成思、刘贯春：《中国实业部门投融资决策机制研究——基于经济政策不确定性和融资约束异质性视角》，《经济研究》2018 年第 12 期。

[122] 张成思、刘贯春：《最优金融结构的存在性、动态特征及经济增长效应》，《管理世界》2016 年第 1 期。

[123] 张成思、张步昙：《中国实业投资率下降之谜：经济金融化视角》，《经济研究》2016 年第 12 期。

[124] 张春：《经济发展不同阶段对金融体系的信息要求和政府对银行的干预：来自韩国的经验教训》，《经济学（季刊）》2001 年第 1 期。

[125] 张春田：《中国金融发展、投资与经济增长》，吉林大学出版社，2008。

[126] 张建华、杨小豪：《政府干预、金融错配与企业创新——基于制造业上市公司的研究》，《工业技术经济》2018 年第 9 期。

[127] 张建华、邹凤明：《资源错配对经济增长的影响及其机制研究进展》，《经济学动态》2015 年第 1 期。

[128] 张建伟：《国家转型与治理的法律多元主义分析——中、俄转轨秩序的比较法律经济学》，《法学研究》2005 年第

5 期。

[129] 张杰、杨连星：《资本错配、关联效应与实体经济发展取向》，《改革》2015 年第 10 期。

[130] 张洁、唐洁：《资本错配、融资约束与企业研发投入——来自中国高新技术上市公司的经验证据》，《科技进步与对策》2019 年第 20 期。

[131] 张军扩、侯永志、刘培林、何建武、卓贤：《高质量发展的目标要求和战略路径》，《管理世界》2019 年第 7 期。

[132] 张苗、彭山桂、刘璐：《土地资源错配阻碍新旧动能转换的作用机制研究》，《中国土地科学》2020 年第 11 期。

[133] 张佩、马弘：《借贷约束与资源错配——来自中国的经验证据》，《清华大学学报（自然科学版）》2012 年第 9 期。

[134] 张平、刘霞辉等：《中国经济增长的低效率冲击与减速治理》，《经济研究》2014 年第 12 期。

[135] 张庆君、李萌：《金融错配、企业资本结构与非效率投资》，《金融论坛》2018 年第 9 期。

[136] 张庆君、李雨霏、毛雪：《所有制结构、金融错配与全要素生产率》，《财贸研究》2016 年第 4 期。

[137] 张庆君：《要素市场扭曲、跨企业资源错配与中国工业企业生产率》，《产业经济研究》2015 年第 4 期。

[138] 张少辉、余泳泽：《土地出让、资源错配与全要素生产率》，《财经研究》2019 年第 2 期。

[139] 张兴龙：《投入产出关联对资源错配损失效应的放大机理及实证——基于中国投入产出表的分析》，《产业经济研究》2019 年第 4 期。

[140] 赵飞：《金融科技与经济高质量发展：来自省份层面的证据》，《金融经济》2021 年第 3 期。

[141] 赵强：《金融资源配置扭曲对全要素生产率影响的实证分

析》,《河南社会科学》2017 年第 12 期。

[142] 赵勇、雷达:《金融发展与经济增长:生产率促进抑或资本形成》,《世界经济》2010 年第 2 期。

[143] 钟娟、魏彦杰、沙文兵:《金融自由化改善了投资配置效率吗?》,《财经研究》2013 年第 4 期。

[144] 周彬、谢佳松:《虚拟经济的发展抑制了实体经济吗?——来自中国上市公司的微观证据》,《财经研究》2018 年第 11 期。

[145] 周海波、胡汉辉、谢呈阳、戴萌:《地区资源错配与交通基础设施:来自中国的经验证据》,《产业经济研究》2017 年第 1 期。

[146] 周黎安、赵鹰妍、李力雄:《资源错配与政治周期》,《金融研究》2013 年第 3 期。

[147] 周申、海鹏、张龙:《贸易自由化是否改善了中国制造业的劳动力资源错配》,《世界经济研究》2020 年第 9 期。

[148] 周新苗、钱欢欢:《资源错配与效率损失:基于制造业行业层面的研究》,《中国软科学》2017 年第 1 期。

[149] 周煜皓、张盛勇:《金融错配、资产专用性与资本结构》,《会计研究》2014 年第 8 期。

[150] 朱红军、何贤杰、陈信元:《金融发展、预算软约束与企业投资》,《会计研究》2006 年第 10 期。

[151] 祝树金、赵玉龙:《资源错配与企业的出口行为——基于中国工业企业数据的经验研究》,《金融研究》2017 年第 11 期。

外文文献

[152] Abiad A., Oomes N. & Ueda K., "The quality effect: Does financial liberalization improve the allocation of capital?"

Journal of Development Economics, Vol. 87, No. 2, 2008.

[153] Allen F., Qian J. & Qian M., "Law, finance, and economic growth in China", *Journal of Financial Economics*, Vol. 77, No. 1, 2005.

[154] Allen, Franklin, and Dougals Gale, *Comparing Financial Systems*, Cambridge: MIT Press, 2000.

[155] Ang, James B., "A survey of recent developments in the literature of finance and growth", *Journal of Economic Surveys*, Vol. 22, No. 3, 2008.

[156] Arcand J. L., Berkes E. & Panizza U., "Too much finance?" *Journal of Economic Growth*, Vol. 20, No. 2, 2015.

[157] Arestis P., Chortareas G. & Desli E., "Technical Efficiency and Financial Deepening in the non-OECD Economies", *International Review of Applied Economics*, Vol. 20, No. 3, 2006.

[158] Bagehot W., *Lombard Street: A Description of the Money Market*, London: HS King & Company, 1873.

[159] Bailliu J., *Private Capital Flows, Financial Development, and Economic Growth in Developing Countries*, Ottawa: Bank of Canada, 2000.

[160] Banerjee A. V. & Moll B., "Why does misallocation persist?" *American Economic Journal: Macroeconomics*, Vol. 2, No. 1, 2010.

[161] Bangaké C. & Eggoh J., "Finance-Growth Link In OECD Countries: Evidence From Panel Causality And Cointegration Tests", *Brussels Economic Review*, Vol. 53, No. 3/4, 2010.

[162] Bebchuk, Lucian Arye, and Mark J. Roe, "A theory of path dependence in corporate ownership and governance", *Stan. L. Rev.*, Vol. 52, 1999.

[163] Beck, Thorsten, Asli Demirgüç-Kunt, and Ross Levine, "A

new database on the structure and development of the financial sector", *The World Bank Economic Review*, Vol. 14, No. 3, 2000.

[164] Beck T. & Levine R., "Industry growth and capital allocation: does having a market-or bank-based system matter?" *Journal of Financial Economics*, Vol. 64, No. 2, 2002.

[165] Beck T., Levine R. & Loayza N., "Finance and the Sources of Growth", *Journal of Financial Economics*, Vol. 58, No. 1 – 2, 2000.

[166] Benhabib J. & Spiegel M. M., "The role of financial development in growth and investment", *Journal of Economic Growth*, Vol. 5, No. 4, 2000.

[167] Boot, Arnoud WA, and Anjan V. Thakor, "Financial system architecture", *The Review of Financial Studies*, Vol. 10, No. 3, 1997.

[168] Boyd J. H. & Smith B. D., "The evolution of debt and equity markets in economic development", *Economic Theory*, Vol. 12, No. 3, 1998.

[169] Brandt L., Tombe T. & Zhu X., "Factor market distortions across time, space and sectors in China", *Review of Economic Dynamics*, Vol. 16, No. 1, 2013.

[170] Broda C., Greenfield J. & Weinstein D. E., "From groundnuts to globalization: A structural estimate of trade and growth", *Research in Economics*, Vol. 71, No. 4, 2017.

[171] Butler A. W. & Cornaggia J., "Does access to external finance improve productivity? Evidence from a natural experiment", *Journal of Financial Economics*, Vol. 99, No. 1, 2011.

[172] Caggese A. & Cuñat V., "Financing constraints, firm dynamics,

export decisions, and aggregate productivity", *Review of Economic Dynamics*, Vol. 16, No. 1, 2013.

[173] Calderón C. & Liu L., "The direction of causality between financial development and economic growth", *Journal of Development Economics*, Vol. 72, No. 1, 2003.

[174] Caporale G. M., Rault C. & Sova A. D. et al., "Financial development and economic growth: Evidence from 10 new European Union members", *International Journal of Finance & Economics*, Vol. 20, No. 1, 2015.

[175] Chow, Gregory C. "How and why China succeeded in her economic reform?" *China Economic Review*, Vol. 4, No. 2, 1993.

[176] De Gregorio, Jose, and Pablo E. Guidotti. "Financial development and economic growth", *World Development*, Vol. 23, No. 3, 1995.

[177] Deidda, Luca, and Bassam Fattouh. "Non-linearity between finance and growth", *Economics Letters*, Vol. 74, No. 3, 2002.

[178] Demirgüç-Kunt A. & Maksimovic V., "Funding growth in bank-based and market-based financial systems: evidence from firm-level data", *Journal of Financial Economics*, Vol. 65, No. 3, 2002.

[179] Demirguc-Kunt, Asli, and Ross Levine, "Financial structure and economic growth: Perspectives and lessons", *Financial Structure and Economic Growth: A cross-country comparison of banks, markets, and development*, 2001.

[180] Diamond, Douglas W., "Financial intermediation and delegated monitoring", *The Review of Economic Studies*, Vol. 51, No. 3, 1984.

[181] Dollar D. & Wei S. , "Das (Wasted) Kapital: Firm Ownership and Investment Efficiency in China", *IMF Working Papers*, Vol. 2007, No. 009, 2007.

[182] Ductor L. & Grechyna D. , "Financial development, real sector, and economic growth", *International Review of Economics & Finance*, Vol. 37, 2015.

[183] Eggoh, Jude C. , Chrysost Bangaké, and Christophe Rault. "Energy consumption and economic growth revisited in African countries", *Energy Policy*, Vol. 39, No. 11, 2011.

[184] Eisfeldt A. L. & Rampini A. A. , "Managerial incentives, capital reallocation, and the business cycle", *Journal of Financial Economics*, Vol. 87, No. 1, 2008.

[185] Fink, Gerhard, Peter R. Haiss, and Hans C. Mantler, "The Finance-Growth Nexus: Market Economies vs. Transition Countries", *Transition Countries*, February 2005.

[186] Flannery, Maik J. , and Kasturi P. Rangan, "Partial adjustment toward target capital structures", *Journal of Financial Economics*, 79. 3, 2006.

[187] Fukao K. , Miyagawa T. , Kawai H. , et al. , "Sectoral Productivity and Economic Gwowth in Japan: 1970 – 98 (in Japanese)", *Economic Analysis*, Vol. 170, 2003.

[188] Fuster A. , Plosser M. & Schnabl P. et al. , "The role of technology in mortgage lending", *The Review of Financial Studies*, Vol. 32, No. 5, 2019.

[189] Galindo A. , Schiantarelli F. & Weiss A. , "Does financial liberalization improve the allocation of investment: Micro-evidence from developing countries", *Journal of Development Economics*, Vol. 83, No. 2, 2007.

［190］ Gibbard, Allan, and Hal R. Varian, "Economic models", *The Journal of Philosophy*, Vol. 75, No. 11, 1978.

［191］ Goldsmith, Raymond William, "Financial structure and development", No. HG174 G57. 1969.

［192］ Gorodnichenko, Yuriy, and Monika Schnitzer, "Financial constraints and innovation: Why poor countries don't catch up", *Journal of the European Economic Association*, Vol. 11, No. 5, 2013.

［193］ Greenwood J. & Jovanovic B., "Financial development, growth, and the distribution of income", *Journal of Political Economy*, Vol. 98, No. 5, Part 1, 1990.

［194］ Gurley J. G., "The Central Bank Potential in Economic Activity", *Social Science*, Vol. 29, No. 4, 1954.

［195］ Haiss, Peter, Hannes Juvan, and Bernhard Mahlberg, "The impact of financial crises on the finance – growth relationship: A European perspective", *Economic Notes: Review of Banking, Finance and Monetary Economics*, Vol. 45, No. 3, 2016.

［196］ Harris R. D., "Stock markets and development: A re-assessment", *European Economic Review*, Vol. 41, No. 1, 1997.

［197］ Hicks, John, *A Theory of Economic History*, Oxford: Clarendon Press, 1969.

［198］ Holmström, Bengt, and Jean Tirole, "Market liquidity and performance monitoring", *Journal of Political Economy*, Vol. 101, No. 4, 1993.

［199］ Hsieh C. & Klenow P. J., "Misallocation and manufacturing TFP in China and India", *The Quarterly Journal of Economics*, Vol. 124, No. 4, 2009.

［200］ Jaffee D. M. & Russell T., "Imperfect information,

uncertainty, and credit rationing", *The Quarterly Journal of Economics*, Vol. 90, No. 4, 1976.

[201] Jayaratne, Jith, and John Wolken, "How important are small banks to small business lending: New evidence from a survey of small firms.", *Journal of Banking & Finance*, Vol. 23, No. 2, 1999.

[202] Jensen, Michael C., and Kevin J. Murphy, "Performance pay and top-management incentives", *Journal of Political Economy*, Vol. 98, No. 2, 1990.

[203] Khurana I. K., Martin X. & Pereira R., "Financial development and the cash flow sensitivity of cash", *Journal of Financial and Quantitative Analysis*, Vol. 41, No. 4, 2006.

[204] King, Robert G., and Ross Levine. "Finance and growth: Schumpeter might be right", *The Quarterly Journal of Economics*, Vol. 108, No. 3, 1993.

[205] Lee, Jaewoo, "Financial development by learning", *Journal of Development Economics*, 50. 1, 1996.

[206] Lerner J. & Schoar A., "Does legal enforcement affect financial transactions? The contractual channel in private equity", *The Quarterly Journal of Economics*, Vol. 120, No. 1, 2005.

[207] Levine R., "Bank-based or market-based financial systems: which is better?" *Journal of Financial Intermediation*, Vol. 11, No. 4, 2002.

[208] Levine R., "Financial development and economic growth: views and agenda", *Journal of Economic Literature*, Vol. 35, No. 2, 1997.

[209] Levine R. & King R. G., "Finance, entrepreneurship, and growth: Theory and evidence", *Journal of Monetary Economics*,

Vol. 32, No. 3, 1993.

[210] Levine, Ross, "Stock markets, growth, and tax policy", *The Journal of Finance*, Vol. 46, No. 4, 1991.

[211] Liberti J. M. & Mian A. R. , "Collateral spread and financial development", *The Journal of Finance*, Vol. 65, No. 1, 2010.

[212] Liebowitz, Stan J. , and Stephen E. Margolis, "Path dependence, lock-in, and history", *Journal of Law, Economics, & Organization*, 1995.

[213] Lin J. Y. & Rosenblatt D. , "Shifting patterns of economic growth and rethinking development", *Journal of Economic Policy Reform*, Vol. 15, No. 3, 2012.

[214] Love I. , "Financial development and financing constraints: International evidence from the structural investment model", *The Review of Financial Studies*, Vol. 16, No. 3, 2003.

[215] Masten A. B. , Coricelli F. & Masten I. , "Non-linear growth effects of financial development: Does financial integration matter?" *Journal of International Money and Finance*, Vol. 27, No. 2, 2008.

[216] McKinnon R. I. , "Financial growth and macroeconomic stability in China, 1978 – 1992: implications for Russia and other transitional economies", *Journal of Comparative Economics*, Vol. 18, No. 3, 1994.

[217] McKinnon R. I. , *Money and Capital in Economic Development*, Washington: Brookings Institution Press, 1974.

[218] Merton, R. C. and Z. Bodie, *A Conceptual Framework for Analyzing the Financial Environment*, *The Global Financial System A Functional Perspective*, Brighton: Harvard Business School Press, 1995.

[219] Nakakuki, M. , A. Otani, and S. Shiratsuka, "Distortions in Factor Markets and Structural Adjustments in the Economy", Hi-Stat Discussion Paper Series, Vol. 22, No. 2, 2004.

[220] Nourzad F. , "Financial development and productive efficiency: A panel study of developed and developing countries", *Journal of Economics and Finance*, Vol. 26, No. 2, 2002.

[221] Obstfeld, Maurice, "Evaluating risky consumption paths: The role of intertemporal substitutability", *European Economic Review*, Vol. 38, No. 7, 1994.

[222] Olley G. S. & Pakes A. , "The dynamics of productivity in the telecommunications equipment industry", *Econometrica*, Vol. 64, No. 6, 1996.

[223] Pagano M. , "Financial markets and growth: an overview", *European Economic Review*, Vol. 37, No. 2 – 3, 1993.

[224] Parente, Stephen, and Edward C. Prescott. " Technology adoption and growth ", NBER Working Paper, No. 3733, 1991.

[225] Pareto, Vilfredo, "L'ofelimità nei cicli non chiusi", *Giornale degli economisti*, Vol. 33, 1906.

[226] P. M. , "Endogenous technological change", *Journal of Political Economy*, Vol. 98, No. 5, Part 2, 1990.

[227] Qian J. & Strahan P. E. , "How laws and institutions shape financial contracts: The case of bank loans", *The Journal of Finance*, Vol. 62, No. 6, 2007.

[228] Rajan R. G. & Zingales L. , " Financial Dependence and Growth", *American Economic Review*, 1998.

[229] Ram R. , "Financial development and economic growth: Additional evidence", *Journal of Development Studies*, Vol. 35,

No. 4, 1999.

[230] Reinhart C. M. & Sbrancia M. B., "The liquidation of government debt", *Economic Policy*, Vol. 30, No. 82, 2015.

[231] Rioja, Felix, and Neven Valev. "Finance and the sources of growth at various stages of economic development", *Economic Inquiry*, Vol. 42, No. 1, 2004.

[232] Rioja F. & Valev N., "Does one size fit all: a reexamination of the finance and growth relationship", *Journal of Development Economics*, Vol. 74, No. 2, 2004.

[233] Rousseau P. & Wachtel P., "Financial Intermediation and Economic Performance: Historical Evidence from Five Industrialized Countries", *Journal of Money, Credit and Banking*, Vol. 30, No. 4, 1998.

[234] Santomero A. M. & Seater J. J., "Is there an optimal size for the financial sector?" *Journal of Banking & Finance*, Vol. 24, No. 6, 2000.

[235] Schumpeter, Joseph, *The Theory of Economic Development*, Cambridge: Harvard University Press, 1912.

[236] Shaw E. S., *Financial Deepening in Economic Development*, New York: Oxford University Press, 1973.

[237] Shaw E. S. & Tarshis L., "A Program for Economic Mobilization", *The American Economic Review*, Vol. 41, No. 1, 1951.

[238] Solow R. M., "A contribution to the theory of economic growth", *The Quarterly Journal of Economics*, Vol. 70, No. 1, 1956.

[239] Song F. & Thakor A. V., "Financial system architecture and the co-evolution of banks and capital markets", *The Economic*

Journal, Vol. 120, No. 547, 2010.

[240] Song Z. & Wu G L. , " Identifying capital misallocation ", Working Paper of the University of Chicago, 2015.

[241] Stark, David, " From system identity to organizational diversity: Analyzing social change in Eastern Europe ", *Contemporary Sociology*, Vol. 21, No. 3, 1992.

[242] Stiglitz J. E. & Weiss A. , " Credit rationing in markets with imperfect information ", *The American Economic Review*, Vol. 71, No. 3, 1981.

[243] Stulz R. , " Does financial structure matter for economic growth? A corporate finance perspective ", *Financial Structure and Economic Growth: A Cross-country comparison of banks, markets, and development*, 2001.

[244] Thiel, Michael. " Finance and economic growth a review of theory and the available evidence ", *European Economy-Economic Papers*, Vol. 2008 – 2015, No. 158, 2001.

[245] Wang K. , Chen Y. & Huang S. , " The dynamic dependence between the Chinese market and other international stock markets: A time-varying copula approach ", *International Review of Economics & Finance*, Vol. 20, No. 4, 2011.

[246] Wurgler J. , " Financial markets and the allocation of capital", *Journal of Financial Economics*, Vol. 58, No. 1 – 2, 2000.

图书在版编目（CIP）数据

中国金融资源错配：形成、效应与纠正／杨洋，赵
茂，史一翔著. -- 北京：社会科学文献出版社，2022.4（2024.8 重印）
ISBN 978 - 7 - 5228 - 0023 - 3

Ⅰ.①中… Ⅱ.①杨… ②赵… ③史… Ⅲ.①金融 -
资源分配 - 研究 - 中国 Ⅳ.①F832.1

中国版本图书馆 CIP 数据核字（2022）第 062473 号

中国金融资源错配：形成、效应与纠正

著　　者／杨　洋　赵　茂　史一翔

出 版 人／冀祥德
责任编辑／周雪林
责任印制／王京美

出　　版／社会科学文献出版社
　　　　　地址：北京市北三环中路甲 29 号院华龙大厦　邮编：100029
　　　　　网址：www. ssap. com. cn
发　　行／社会科学文献出版社（010）59367028
印　　装／唐山玺诚印务有限公司

规　　格／开　本：787mm×1092mm　1/16
　　　　　印　张：18.25　字　数：237 千字
版　　次／2022 年 4 月第 1 版　2024 年 8 月第 2 次印刷
书　　号／ISBN 978 - 7 - 5228 - 0023 - 3
定　　价／89.00 元

读者服务电话：4008918866